뉴 그린 컨슈머 가이드

The New Green Consumer Guide
Copyright ⓒ 2007 by Julia Hailes
Korean Translation Copyright ⓒ 2012 by Sechang Publishing Co.
Korean edition is published by arrangement
with Sara Mengue Literary Agency
through Duran Kim Agency

뉴 그린 컨슈머 가이드

초판 1쇄 발행 2012년 9월 20일
초판 2쇄 발행 2014년 2월 10일
_
지은이 줄리아 헤일즈
옮긴이 녹색소비자연대
펴낸이 이방원
편집 조환열·김명희·안효희·강윤경
디자인 박선옥·손경화
마케팅 최성수
_
펴낸곳 세창미디어
출판신고 2013년 1월 4일 제312-2013-000002호
주소 120-050 서울시 서대문구 경기대로 88 냉천빌딩 4층
전화 02-723-8660
팩스 02-720-4579
이메일 sc1992@empal.com
홈페이지 http://www.sechangpub.co.kr
_
ISBN 978-89-5586-155-6 03300

이 도서의 국립중앙도서관 출판시도서목록(CIP)은 서지정보유통지원시스템 홈페이지(http://seoji.nl.go.kr)와
국가자료공동목록시스템(http://www.nl.go.kr/kolisnet)에서 이용하실 수 있습니다. (CIP제어번호: CIP2012004514)

NEW GREEN CONSUMER GUIDE

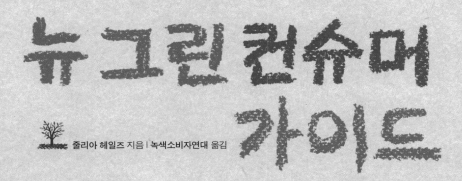

뉴 그린 컨슈머 가이드

줄리아 헤일즈 지음 | 녹색소비자연대 옮김

세창미디어

Contents | 차례

01 미래의 소비 · 013

02 집과 정원 · 063

줄리아가 공동 저작으로 『그린 컨슈머 가이드Green Consumer Guide』(1988)를 냈을 때, 우리는 처음으로, 우리들이 구입한 제품과 그것이 환경에 미치는 영향 사이의 관계를 이해할 수 있었다. 당시에는 시장에 친환경 제품이 그리 많지 않았고, 심지어 환경문제가 과연 심각하게 고려해야 할 만한 것인지에 대한 논쟁도 매우 빈번했다.

하지만 오늘날, 환경위기를 부정할 수 있는 사람은 없을 것이다. 우리는 지구온난화로부터 지구를 지키기 위해 당장 행동해야 한다. 아직도 많은 사람들이 개개인의 노력으로는 환경문제와 같은 큰 사안을 변화시킬 수 없다고 여긴다. 그건 너무나도 짧은 생각이다. 우리들 대다수가 올바른 방법으로 삶을 꾸리고, 물건을 사고, 여가를 보낸다면 엄청난 변화가 일어날 것이다. 이러한 변화는 정치인과 제조업자들에게 우리가 그들을 지켜보고 있다는 걸 상기시키고, 그들이 내릴 중대한 결정에 영향을 미칠 것이다.

그런데 어디서부터 시작해야 할까? 지금 시장에는 '그린Green'이라는 단어를 붙인 제품들이 쏟아져 나온다. 우리가 무엇을 사고, 무엇을 사지 말아야 하는지에 대한 조언은 끝이 없고, 상반된 조언들을 감당하기가 어렵다. 걱정 많은 소비자들이 체념하며 포기한 것도 이해가 된다.

바로 이를 위해 『뉴 그린 컨슈머 가이드』가 나왔다. 줄리아는 이 멋진 책에서 단순히 사야 할 제품, 피해야 할 제품만을 나열하지 않고, 왜 우리가 판단을 내려야 하는지를 설명한다. 또한 그녀가 제시한 몇 가지 결론들은 정말로 놀랍기 그지없다.

비닐봉지 챙기기

1년에 약 100억 개의 비닐봉지가 사용된다. 한 사람당 200여 개라는 믿기 어려운 양이다. 쓰레기 매립지를 가득 채운 비닐봉지들은 나에게는 늘 환경의 악몽이었다. 그렇다고 종이봉투가 더 나을까? 줄리아는 아니라고 말한다. 오히려 비닐봉지가 종이봉투보다 더 나을 수 있다. 또한 생분해성 비닐봉지 역시 해답이 아니다.

또 다른 놀라운 점은, 줄리아가 '그린'이 붙은 브랜드 세제를 추천하지 않는다는 것이다. 그녀는 이러한 제품들의 생분해성 능력은 중요한 문제가 아니라고 본다. 이보다 더 중요한 것은 낮은 온도에서 씻기는 세제를 선택하는 것이다.

나는 '그린'으로 살기에 가장 어려운 부분 중 하나로 항공여행을 하지 않는 것이라고 생각한다. 줄리아는 매우 현실적인 사람이기 때문에 이에 대한 보편적인 견해들을 이해한다. 그래서 그녀는 항공료가 무턱대고 저렴해지는 것보다는 조금 더 비싸져서, 탑승자의 수를 한정해야 한다고 주장한다. 화상 회의를 더 자주하는 건 어떨까? 뉴욕에서 변호사로 일하는 한 친구는 9·11 테러 이후, 한 번도 비행기를 타지 않았다. 그 대신, 의뢰인과 화상 연결을 위한 새로운 기술들을 활용해 보기도 했지만 아쉽게도, 그 시도는 채 몇 달도 지속되지 못했다.

혹시 나처럼 여러분도 어떤 대체 에너지 자원이 정말 효과가 있을지 잘 모르겠다면, 줄리아가 여러분을 옳은 방향으로 안내해 줄 것이다. 시장에서는 무수히 많은 회사들이 경쟁하고 있다. 그래서 보일러를 새로 설치하거나 영국 정치인 데이비드 카메론처럼 지붕 위에 풍력발전기를 설치하기 전에 좋은 정보들로 무장할 필요가 있다. 하지만 줄리아의 지적처럼, 에너지의 미래는 가정에 있다. 우린 화력발전소에서 만들어내는 전기의 겨우 1/5 정도만 사용할 뿐이다.

우리 인류는 단일 종의 소비로 보기에는 믿기 어려울 만큼 낭비적이다. 매년 100만 톤에 달하는 엄청난 양의 음식을 먹어 치우고, 지금 이 순간에도 평균 8장의 셔츠를 산다(누가 다 입는다고). 인류가 소유한 가축의 수는 개인당 4마리가 될 정도다. 요약하면, 우리는 탐욕스럽고, 모든 것을 너무 많이 가지고 있다. 이런 정신 상태는 바뀌어야만 한다.

앞으로는, 허용된 에너지가 얼마이건 간에 이를 제한해야만 한다. 때문에 우리의 소비를 줄여줄 제품과 서비스들의 이용이 불가피하다. 환경위기가 닥칠 때에는 이미 늦다. 지금 당장, 우리 개개인은 인간이 환경에 남긴 자취와 지구상에서 가볍게 살아가는 방법을 배울 수 있다. 『뉴 그린 컨슈머 가이드』는 여러분이 어디서부터 시작해야 하는지를 보여준다. 아직 기회가 남아 있는 지금, 우리는 함께 시작하여야 한다.

_로지 보이콧

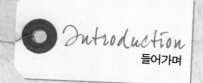

Introduction
들어가며

1989년, 나는 리처드와 주디의 미니 시리즈 〈This Morning〉을 촬영하기 위해 뉴캐슬에 갔다. 그런데 깨끗한 속옷을 챙기는 걸 깜빡했다. 그래서 속옷패키지를 사기 위해 막스앤스펜서로 곧장 달려갔다. 그리고 영수증을 받으면서 종이봉투는 사양했다. 계산하는 종업원은 끝까지 봉투에 담으려고 했지만, 내 생각은 확고했다. 그녀가 매니저를 부를 때까지 계속 버텼다. 뒤의 줄은 점점 길어졌지만 나는 아랑곳하지 않았다. 매니저에게 난 종이봉투는 불필요한 낭비라고 말했다. 결국, 그들은 이 성가신 고객을 포기했고 나는 그 물건을 손에 들고 나올 수 있었다.

몇 주 뒤, 나는 이 이야기를 《Today》 신문에 '그린 슈퍼마켓'을 주제로 한 기사에 실었다. 신문사는 '그린 공주, 막스앤스펜서에서 감옥도 무릅쓰다'라는 표제로 크게 보도했다. 그 사건 뒤 6개월도 지나지 않은 어느 날, 지하철에서 막스앤스펜서의 봉투를 든 사람을 봤다. 거기에는 '환경을 위해 이 봉투를 재활용합시다'라고 적혀 있었다. 나 때문일까? 그건 나도 모를 일이다.

큰 변화

어떤 변화가 있었을까. 오늘날 모든 슈퍼마켓들이 비닐봉지의 사용을 줄이기 위해 고민한다. 이는 '그린'으로 가는 행보 중 일부일 뿐이다. 모든 제품이나 산업은 이러한 도전에 발맞추고 있다. 전등, 관, 컴퓨터, 휴대폰, 배터리, 자동차까지 지구에 미치는 영향을 최소화하기 위한 신기술, 새로운 아이디어, 방법들이 넘쳐난다.

바로 이 덕분에 이 책을 즐겁고 도전적으로 쓰게 되었다. 이 책은 1988년에 존과 내가 함께 집필한 『그린 컨슈머 가이드』와는 상당 부분이 다르다. 당시에 우리가 좋은 '그린' 행동 방식에 대한 사례를 찾아야 했다면, 이번에는 무수히 많은 선택지에서부터 최고의 '그린'을 추려내야만 했다.

1980년대 후반에는 오존층을 다룬 기사가 대서특필되면서 기후변화가 중요한 사안 중 하나로 떠올랐다. 하지만 이제는 기후변화나 지구온난화에 관한 주요기사에서 오존층은 간간이 다루어질 뿐이다.

규모

문제가 너무나 심각해서 개인의 노력으로는 아무것도 할 수 없다고 여기는 듯하다. 그러나 이는 잘못된 생각이다. 물론 한 사람이 자동차 대신 자전거를 이용하거나 지붕에 태양열 패널을 설치한다고 해서 별다른 티가 나는 건 아니다. 그렇지만 백만 명의 사람들이 모인다면, 그 변화가 상대적으로 미약하더라도, 엄청난 반향을 일으킬 것이다. 심지어 미국의 엄청난 자원 소모와 중국의 경제성장도 우리 행동을 막지 못할 것이다.

중국에서 생산된 물건을 다량으로 구매한다는 점에서 우리는 중국에서 발생하는 환경오염에 어느 정도 책임이 있다. 우리는 다른 국가들이 같은 실수를 하지 않게끔 이끌어야 한다.

소비자의 힘

소비자로서 우리의 선택은 3가지 효과를 이끌어낸다. 첫 번째는 개개인의 단위에서 환경오염을 줄일 수 있다. 두 번째로 판매업자와 제조업자에게 우리가 원하는 것과 그렇지 않은 것에 대해 또렷이 전달할 수 있다. 이것은 정말 쉽고 효과적인 '고객의 소리'다. 마지막으로, 이는 정부에 보내는 메시지가 된다. 나는 5년마다 하는 선거보다 소비자로서 우리의 선택이 훨씬 더 큰 영향을 발휘한다고 생각한다.

오늘날 슈퍼마켓은 너나 할 것 없이 '에코'를 내세우고, '그린 소비자'에게 다가가기 위해 전력을 기울인다. 이것이 수익으로 이어지기 때문이다. 막스앤스펜서는 최근 엄청난 매출을 냈다. 나는 그 원인을 환경문제를 염두에 둔 파격적인 접근을 했기 때문이라고 본다. 또한 세계적 대기업인 월마트의 자회사인 아스다(Asda)도 작년부터 환경문제에 대한 관심을 급격하게 기울이고 있다.

어떤 이들은 기업들이 단지 '시류에 편승하는 건' 아닌가 하고 염려한다. 하지만 나는 더 많은 사람들이 시류를 따를수록 좋다고 본다. 어쩌면 그들은 여러분이나 나만큼 헌신하지는 않을 것이다. 그게 뭐 어떤가? 만일 그들이 변화할 준비가 된다면, 우리는 그들을 지지하고 응원하여 한 걸음 더 나아갈 것이다.

우리는 기업들이 제품을 어떻게 개발하고, 발전시키고, 또 생산하는지 알기를 원한다. 우리는 그들에게 물어봐야 한다. 바로 이것이 이 책에서 다루고자 하는 핵심이다. 이 책은 이슈들을 소개하고, 대안을 제안하면서 여러분이 어떤 질문을 해야 할지를 결정하도록 도울 것이다. 여러분이 사거나 사지 않는 것이 무엇이든, 여러분은 지구를 위한 행동에 찬성하거나 반대하고 있다는 것을 명심해야 한다.

당신의 선택

『뉴 그린 컨슈머 가이드』는 주로 환경문제와 관련된 것을 다루고 있다. 그렇다고 해서 건강, 윤리, 공정무역 혹은 동물보호 같은 이야기를 완전히 배제하진 않았다. 이런 주제들은 서로 연관이 있고, 소위 '지속가능성'의 한 부분이기도 하다. 나는 가장 중요하고 특별한 이슈를 찾고자 했고, 나의 생각과 지금까지 해온 것들 혹은 시도해온 것들을 분명히 했다. 그리고 때로는 '그린' 선택은 어려웠다.

여러분은 미래를 결정해야만 한다. 나의 유일한 바람은 『뉴 그린 컨슈머 가이드』가 앞으로 나아가는 여러분을 돕는 것이다.

책의 구성

『뉴 그린 컨슈머 가이드』는 총 5장으로 구성되어 있다. 제1장은 '미래의 소비'에 관련된 이슈들을 소개한다. 여기서는 기후 변화, 핵에너지와 풍력뿐만 아니라 사라지고 있는 열대 우림, 유기농 농작과 남획 어업 등을 다룬다. 유전자변형식품(GM식품) 도입과 관련된 논란을 통해, 쓰레기더미를 어떻게 처리해야 할 것인지를 알아볼 것이다. 그리고 생분해성 비닐에 대해 기존에 우리가 알지 못한 부분도 살펴보겠다.

나머지 4개의 장은 쇼핑안내서로 구성했다. '집과 정원', '음식', '수송', 그리고 '개인적인 문제들'이다.

제2장 | '집과 정원'에서는, 집과 사무실에서 사용할 새 전등을 선택할 때 에너지 소비를 줄여주는 것을 고르는 방법, 왜 수입된 저렴한 변기가 엄청난 물을 낭비하게 하는지, 그리고 '그린'세제가 실제로 환경에 유익한지 등을 알 수 있다. 이는 전기공급자의 등록을 돕고, 여러분의 집에 열과 동력을 생산할 만한 가치가 있는지를 조언한다. 또한, 집에서 페인트칠하기부터 새로운 비품을 사거나 바닥재 바꾸기, 두엄 만들기, 잔디 깎기, 화학약품 없이 정원 가꾸기, 컴퓨터와 TV 등에서 전기 아끼기에 이르기까지 모든 것에 대한 정보를 담고 있다.

제3장 | '음식'에서는, 값싼 고기를 먹는 것의 실상, 우리가 먹는 음식이 얼마나 먼 여행을 해야만 하는지, 농약 잔여물이 왜 여전히 허용되는지, 어떤 생선을 블랙리스트로 분류해야 하는지 등을 다루었다. 그리고 이 주제와 관련해서 선도 슈퍼마켓 7개의 실태를 비교했다.

제4장 | '수송'에서는, 어떻게 '그린' 자동차를 고르는지, 어째서 바이오연료는 생각보다 좋은 연료가 아닌지, 자동차를 타지 않는 방법과 왜 항공료를 인상해야 하는지를 담았다.

제5장 | '개인적인 문제들'에서는, 왜 일회용 기저귀가 가장 '그린'적인 선택인지, 절화(切花: cut-flower) 산업이 어떤 영향을 우리에게 끼치고 있는지, 금과 다이아몬드를 사용하지 말아야 하는 이유, 어떤 은행이나 건설업계가 절약 문제에 최상의 접근을 하고 있는지, 그리고 가장 '그린'적인 장례 방법에 대해 알아볼 수 있을 것이다.

마지막 결론에서는 여러분의 생태발자국을 살펴보고, 최우선으로 해야 할 것과 절대로 하지 않아야 할 것을 목록으로 만들었다. 그리고 여러분도 함께 동참할 수 있도록 변화를 위한 나의 소망 Top 20을 적었다. 미래는 우리에게 달려 있다. 미래는 '그린'이기를!

"Nobody made
a greater mistake than
he who did nothing because
he could only do a little."

_ Edmund Burk

조금밖에 할 수 없을까봐
아예 아무것도 하지 않는 사람보다
더 큰 실수를 하는 사람은 없습니다.
_ 에드먼드 버크

01
미래의 소비

『뉴 그린 컨슈머 가이드』는 환경을 생각하는 여러분에게 즉각 효과를 얻을 수 있는 방법을 알려준다. 이 장은 바로 지금, 지구에서 일어나는 일에 대한 것이다. 또한 다음의 질문들에 답하기 위한 유익한 가이드를 제공할 것이다.

- 기후 변화는 우리를 더 덥게 만들까, 더 춥게 만들까?
- 풍력과 조력 발전은 원자력 발전의 실질적인 대안인가?
- 재활용은 진정 가치가 있을까?
- 유기농은 충분한 식량을 제공할 수 있을까?
- 왜 금지되어야 할 화학약품이 여전히 사용되는 것일까?

다리에 비닐봉지가 휘감긴 채로 나는 일몰을 응시하며 하얀 모래사장에 서 있었다. 멀리서 울리는 체인톱 소리를 들으며, 열대우림이 늘어선 아름답고도 광활한 공간을 바라보았다. 1983년, 나는 페루에서부터 남미를 횡단하는 여행의 마지막을 앞두고 브라질에 있었다. 그것이 눈을 현혹하는 섬광은 아니었지만, 나는 거기에 사로잡혔다. 나는 열대우림을 구하고, 세상을 더 나은 곳으로 만들고 싶었다.

중미를 둘러본 또 다른 광대한 여행에서 돌아왔을 때인 1986년에 이르러서야 나는 환경운동을 하기 시작했다. 1988년에 『그린 컨슈머 가이드』를 함께 쓴 존 엘킹턴을 따라 캠페인 조직에 합류했다. 당시 나는 여전히 열대우림에 상당한 관심을 갖고 있었는데, 캠페인 조직에 합류 후 이와 관련한 다른 이슈들이 존재한다는 걸 알게 되었다.

체르노빌 원전사고 후 길지 않은 시간이 지났다. 우리는 산성비를 걱정했고, 오존층에 구멍이 뚫린 것을 인식하게 되었다. 그리고 20년 동안 많은 것들이 변했다. 긍정적인 면에서 보면 산성비는 더 이상 이슈가 되지 않고 오존층의 구멍은 더 작아지고 있을지 모른다. 그러나 열대우림은 불타고 있고, 원자력 발전은 늘어가고 있으며 지구온난화는 실제적인 위협이 되었다.

기후 변화

50년 내에 우리는 21세기 초를 되돌아볼 것이고, 그 시대를 전환점으로 생각할 것이다. 특히 2006년은 기후변화에 주목한 해였다. 기후변화는 세계를 관통하는 헤드라인 뉴스가 되었고, 과학자들은 합의에 도달했으며, 세계 지도자들은 이것을 무시하기가 점점 더 어려워진다는 사실을 받아들였다.

　도대체 기후변화란 무엇인가? 실제로 어떤 일이 일어나고 있을까? 이것은 모두 태양으로부터 오는 열로 이루어져 있다. 지구는 온열의 일부를 흡수하고 나머지는 우주로 내보낸다. 대기는 담요나 온실처럼 열의 많은 부분을 보존하여 밖으로 나가는 것을 막는다. 그렇게 발생하는 온실효과는 우리가 알다시피 생명에게는 필수적이다.

　지금까지는 아무런 걱정이 없었다. 문제는 자연적으로 발생하는 대기보다 더 많은 양을 우리가 만든다는 데에 있다. 이산화탄소 같은 온실효과 가스들은 석탄이 타거나 차를 운전하거나 심지어 동물의 호흡을 통해서도 방출된다. 방출되는 가스의 양이 늘어난다는 것은 담요가 점점 더 두꺼워지고, 더 많은 열이 가둬지고 있다는 것, 즉 지구온난화를 뜻하는 것이다.

● 더워지는 세계

　이건 단순하게 생각할 일이 아니다. 알려진 대로 지구온난화나 기후변화의 영향은 거대하고 복잡하다.

매년 줄어들고 있는
북극의 얼음

기후변화는 단지 세계가 더 따뜻해진다는 걸 의미하지는 않는다. 이것은 더 극단적인 기후, 더 심한 가뭄, 더 잦은 홍수와 폭풍을 의미한다. 뉴올리언스를 덮친 허리케인 카트리나의 충격을 회상하면 여러분은 폭풍이 더욱더 무자비해진다는 말에 놀라지 않을 수 없을 것이다. 실제로, 과거 35년 동안 전 세계에 걸쳐 매우 강력했던 허리케인의 수는 2배 가까이 늘었다.

신기하게도, 국내에서는 날씨가 더 더워지거나 더 추워지는지가 명확하지 않다. 기후변화에 의한 해양온난화가 멕시코 만류의 속도를 감속시킨다는 건 명백하다. 이러한 난류는 국내의 기후를 비슷한 위도의 다른 장소보다 더 온난하게 만든다. 모스크바가 런던보다 단지 약간 더 북쪽에 있을 뿐인데, 일반적으로 영하 15도나 그 아래인 한겨울 온도를 유지한다는 것을 생각해보면, 이상하단 생각이 들 것이다. 과학자들은 멕시코 만류의 속도가 느려져서 유럽에 도달하는 열이

적어지고, 그로 인해 더 한랭한 극단적인 겨울 기후가
되는 데에 우려를 표한다.

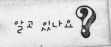
　　온난화의 영향을 이미 느끼고 있는 곳은 극지방이
다. 북극에서 20세기보다 20배 더 빠르게 기온이 오르고
있다. 봄은 더 빨리, 가을은 더 늦게 오고, 여름은 더 뜨겁
다. 북극해의 만년설은 지난 30년 동안 약 40%나 줄어들었다.

　　여러분은 얼음이 컵에서 녹을 때, 물의 높이가 변하지 않는다는 걸 알 수 있
다. 마찬가지로 해수면의 높이는 빙산이 녹아도 상승하지 않을 것이다. 그러나
땅 위의 눈이나 얼음은 다른 문제이다. 그것이 녹으면 바다로 흘러갈 것이고, 실
제로 바닷물의 양은 늘어난다. 세계 담수의 70%와 얼음의 90%는 대부분이 육지
인 남극대륙에 있다. 만약 모든 사람에게 동일한 양으로 이것들을 나누어 준다
면, 우리들 각자는 거대한 피라미드보다 큰 얼음덩어리를 갖게 될 것이다.

　　급속한 해빙은 이번 세기 내로 해수면을 1m가량 상승시킬 가능성이 있다.
이로 인해 약 1.6km 정도의 연안 후퇴가 예상된다.
유감스럽게도 나는 템스강 강둑이 런던에 큰 도움
이 되지는 못한다고 생각한다. 세계 각지의 연안 도
시들은 완전히 사라질 것이다.

　　물론, 기후변화의 영향을 받는 건 인간만이 아
니다. 한 과학연구는 모든 지상동물의 1/4(거의 100만
종 이상)이 2050년까지 멸종할 것이라고 발표했다.
해양생물에게도 영향은 미칠 것이다. 해양생물의
1/4 정도가 서식하는 산호초는 지구온난화에 매우
민감하다. 약간의 바다 온도 상승만으로도 산호초는
하얗게 되면서 죽을 수 있다. 심지어 세계 최대 산호
초로 알려진 호주의 대보초(the Great Barrier Reef)는 이

미국은 세계 이산화탄소 총 방출량의
거의 1/4 정도에 대한 책임이 있다.

● 온실가스 생산국 상위 10위

미국
중국
러시아
일본
인도
독일
영국
캐나다
한국
우크라이나

미 이런 식으로 적어도 5% 정도 파괴되었다. 풍부한 해양생태시스템 전체는 공포에 직면해 있다.

● 세 계 속 에 서 우 리 는 무 엇 을 하 고 있 나 ?

이제 기후변화가 현실이라는 점에 폭넓게 공감하지만, 우리가 무엇을 해야 하는가에 대한 합의에는 여전히 도달하지 못했다. 어려운 문제 중 하나는 바로 기후변화로 인해 방글라데시와 같은 저개발국이 오히려 가장 큰 피해를 입게 된다는 것이다.

개발도상국들은 부유한 나라들보다 이산화산소를 덜 발생시킨다. 평균적으로 세계의 모든 사람들은 1년에 약 1톤씩 탄소를 만들어낸다. 영국은 1인당 연간 약 12톤이고 미국은 1인당 연간 25톤이다.

미국이 가장 큰 오염원이라는 가정 하에, 여러분은 미국이 이 문제를 해결하기 위해 앞장 설 것이라고 생각할지도 모른다. 그러나 실상은 다르다. 2005년, 141개국이 기후변화에 관한 국제 협약인 교토의정서에 서명했지만, 미국은 여기에 서명하지 않았고, 호주는 탈퇴했다.

하지만 세계에서 가장 큰 골칫거리는 아마도 세계인구의 1/5을 차지하며 경제적으로 급성장하는 중국일 것이다. 중국은 매 2주마다 새 석탄화력발전소를 만들고 있으며, 현재 석유 소비와 온실가스 생산에서 미국에 이어 두 번째를 차지하는 나라다. 중국은 이미 광대역 통신망 가입자 수에서 미국을 앞질렀으며, 오염 부분에서도 선두가 되는 데에 그리 오랜 시간이 걸릴 것 같지 않다.

결코 쉬운 해답은 없다. 그러나 우리는 개인으로서의 우리의 헌신과 지지가 없다면, 정치에서 어떤 일도 할 수 없다는 걸 알고 있다. 이 거대한 지구가 닥친 문제 해결은 바로 우리 손에 달려 있다. 이것은 그들이 무엇을 하고 있는가를 묻는 것이 아니라 우리가 무엇을 준비해야 하는가에 대한 질문이다. 그렇게 된다면 이산화탄소 방출량은 더 이상 증가하지 않게 될 것이다.

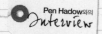

극지방 탐험가 펜 해도에게 기후변화를 묻다

〈지오그래피컬Geographical〉 잡지는 펜 해도를 매우 숙련된 극지방 탐험가로 소개한다.

2003년 5월, 해도는 홀로 재보급 없이 매우 위험한 루트를 따라 북극으로 향한 최초의 사람이 되었다. 64일이 걸린 약 770km의 여행은 극단적인 인내의 위업이었다. 그는 130kg의 썰매를 운반해야 했을 뿐만 아니라 어떤 때는 얼음물 속을 헤엄치기도 했다. 한번은 보호복 없이 빠진 적도 있다.

해도는 항상 에너지가 넘치고 아이디어가 가득하다. 그는 어린 시절 남극을 탐험한 스콧의 아들인 피터 스콧과 같은 유모에게서 자랐기에 북극탐험을 동경해왔다고 말한다. 북극은 해도에게 열정이 되었고, 그는 기후변화의 위기를 세계에 알리기 위해 노력하고 있다. 그는 "미국 과학자들은 북극해가 앞으로 15년 내에 상당한 양의 빙산이 사라지는 첫 번째 여름을 맞이하게 될 것으로 예측하고 있다"고 말한다.

해도는 세계가 주로 남극에서 발생하고 있는 사건들에 주목하고 있다고 지적한다. 그러나 북극에서의 기후변화 충격 역시, 남극처럼 심각하며 어쩌면 훨씬 더 짧은 시간 내로 발생할 수 있다고 본다. 나는 북극에서는 얼음 두께가 3m에도 못 미친다는 걸 알게 되자 무서워졌다. 반면에 남극의 얼음은 평균 두께가 2km 정도이고, 장소에 따라서는 최고 5km도 된다.

탐험기간 동안 해도는 오랫동안 얼음 위를 걸을 수 없는 곳에서는 헤엄을 쳐야 했다. 그는 북극의 얼음이 빨리 줄어들고 있다는 걸 알고 있다. 과학자들은 10년마다 북극 얼음의 8%가 사라지고 있다고 말한다. 이것은 1980년 후의 프랑스 면적의 대략 2배에 해당하는 크기이다.

해도는 지표면으로 들어오는 태양에너지를 멀리 반사시키는 눈과 얼음의 중요성에 대해 설명하면서 또한 이것을 염려한다. 눈은 태양에너지의 85%를 반사하지만, 바다는 단지 15%만을 반사한다. 그래서 더 많은 열이 흡수되고 바다는 따뜻해진다. 따뜻해진 물은 팽창하여 해수면의 높이를 상승시킬 뿐만 아니라 복잡한 연쇄반응으로 멕시코 만류의 속도를 감소시킨다. 해도는 점점 기후변화 문제에 대한 대변인이 되어가고 있다. 그는 사람들이 따뜻해지는 세계가 단지 더 늘어나는 티셔츠를 입는 날씨와 일

광욕을 의미하지 않는다는 걸 깨닫길 원한다고 말한다. 그는 심각한 가뭄이나 홍수로 피해가 생길 나라들에서 어떤 일이 발생할 것인지와 사람들의 거대한 이동에 우리가 어떤 반응을 보일지에 관심을 가진다. 핀란드에서의 크로스컨트리 스키 탐험에서 극심한 추위를 경험해봤기에 나는 북극에 유혹되진 않았지만, 해도는 무엇이 일어나고 있는지 처음으로 보길 원하는 사람들이 탐험대를 조직하는 것을 돕고 있다. 북극으로 가는 사람들은 기후변화에 관한 정보를 제공받고 있으며 그들은 이 여행으로 탄소감소를 위한 비용 조성에 기여하게 될 것이다.

해도의 탐험은 나를 기쁘게 한다. 그의 메시지는 기후변화의 영향은 심각하며 우리가 당장 행동해야 한다는 것이다.

 www.penhadow.co.uk

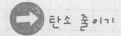

탄소 줄이기

어떤 사람들은 탄소방출량을 줄이기 위해 극단적이다 싶은 조치까지도 할 준비가 되어 있다. 나는 한 환경운동가 부부가 결코 다시는 비행기를 타지 않을 것이기 때문에 해외에서 열리는 아들의 결혼식에 참석하지 않겠다고 선언한 이야기를 들었다. 그러나 이런 엄격한 탄소할당제가 아니더라도 우리가 할 수 있는 일은 여전히 많다.

앞서 말한 대로 극적인 생활방식의 변화, 즉 탄소감축을 위한 대안적인 타협책이 있다. 이것은 자동차, 가정 난방, 비행기에서 여러분의 탄소 방출을 줄이도록 노력하는 것이다. 그런 뒤에 탄소 방출을 감축하는 목재 공장이나 에너지효율이 높은 기술에 투자하는 조직에 충분한 자금을 지원할수 있다.

물론 이것은 완전한 해법이 아니다. 그러나 이 방법이 사람들을 전보다 오염에 더 신경 쓰도록 변화시킨다면, 충분하다고 본다. 중요한 건 우리가 행동하고 있다는 것이다.

영국의 주요 탄소감축 조직

C-Change 재단 · www.thec-changetrust.com
2006년 설립. 공동체 이익을 위해 영국에서 나무를 재배하면서 탄소를 줄인다.

Carbon Clear · www.carbon-clear.com
여러분의 가정, 차, 비행기로부터 탄소방출량을 감소시키기 위한 패키지를 제공한다. 자금은 케냐, 우간다, 탄자니아, 인도의 생계 농부들을 대상으로 삼림파괴, 가뭄, 기근으로 생긴 피해를 복구하기 위해 사용된다.

탄소중립회사 · www.carbonneutral.com
구 '미래 삼림'. 이 회사는 영국에서 가장 잘 운영되는 탄소감축회사이다. Coldplay와 같은 음악밴드가 지원한다. 이 회사는 탄소 없는 결혼과 태엽 방식 휴대폰 충전기 등을 포함한 인상적인 선물 세트를 제공한다. 그리고 나무 재배와 재생 에너지 등 세계적인 프로젝트에 투자한다.

기후 관리 · www.climatecare.org
개발도상국에서 사람들의 삶을 향상시키고 환경 영향을 줄이기 위한 간단한 기술 등에 투자한다(www.practicalaction.org). 이 뛰어난 웹사이트는 여러분이 남긴 탄소발자국을 줄일 수 있도록 해준다.

이산화탄소 균형 · www.co2balance.com
특별한 이벤트를 위한 나무 재배를 포함하여 다양한 상품들을 판매한다. 다른 탄소감축조직과는 달리 이곳은 나무와 나무를 심은 땅을 갖고 있다.

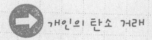

개인의 탄소 거래

여러분은 돈 관리에 능숙한가? 어떤 대답이든, 여러분은 여러분의 탄소방출에 대한 가계부도 써야 할 필요가 있다. 이 방법은 기후변화에 큰 기여를 할 것이다. 우리는 평균적으로 개인당 연간 10~12톤의 이산화탄소를 만든다. 이 양의 거의 절반은 가정과 개인 교통수단에 있다. 모든 사람에게 허용량이 제한된 탄소 사용 할당제도가 시행되리라는 예측이 커진다. 탄소배출권은 우리가 청구서결제, 자동차 주유, 휴일 비행을 할 때마다 공제된다. 아주 빠른 속도로 이것을 탕진하는 사람도 분명히 있을 것이다. 따라서 거래가 생겨나고, 에너지 고소비층은 저소비층으로부터 탄소배출권을 살 수 있을 것이다. 이런 계획의 주요 이점은 엄청난 생활방식의 변화로 대중에게 각인된다는 점이다. 겨울 동안 해외로 휴가갈 것인가 집에 있을 것인가를 선택해야 한다는 걸 생각해보자. 더불어 혁신적이고 창조적인 에너지 절감기술과 계획은 현실적인 인센티브도 제공할 것이다. 대중들이 탄소감축이 구체적으로 무엇인지 깨닫게 된다면, 거센 반대 여론이 생길 수 있다. 특히 부유층에서 더할 것이다. 그러나 더 온화한 기후에서 살기 위한 탄소 거래는 우리에게 가장 긍정적인 대안이 아닐까?

기후변화 웹사이트

BBC 기후변화 · www.bbc.co.uk/climate
기후변화를 모든 측면에서 간단한 설명을 해주는 뛰어난 웹사이트

- -

탄소 센스 · www.carbonsense.org.uk
"우리는 공기를 나눈다"라고 일컫는 독창성으로 예술과 드라마를 통해 탄소방출에 대한 인식을 고양시킨다.

- -

지구의 벗(FoE) · www.foe.co.uk/campaigns/climate
기후변화 이슈에 대한 캠페인

- -

온실가스 온라인 · www.ghgonline.org
온실가스와 과학적 발전에 대한 정보

- -

기후변화에 대한 정부 간 패널 · www.ipcc.ch
기후변화 조사와 분석의 독립적 평가를 제공한다. UN과 세계기상기구에 의해 설립되었다.

- -

기후 혼란을 멈춰라 · www.stopclimatechaos.org
FoE, 그린피스, RSPB, WWF 등 기후변화 운동을 위한 캠페인을 하는 조직들의 연대

- -

세계자연보호기금(WWF) · www.panda.org
기업이 할 수 있는 일에 특히 초점을 맞춘 기후 변화 캠페인

에너지와 물

에너지에 대한 수요가 급증하는 동안에, 에너지를 생산하는 방법에 대한 논쟁은 격렬해지고 있다. 단순한 사실은 재정적으로든, 사회적으로든, 환경적으로든 모든 에너지 생산에는 비용이 든다는 것이다. 보통은 이 세 가지 비용이 모두 들어간다.

● 전력 부족

금세기 초반 25년간은 세계의 전기 소비량은 거의 두 배 늘 것이며, 기름 수요는 약 60% 증가할 것으로 예측된다. 지금의 추세가 지속된다는 가정 하에서 그러하다. 개발도상국의 사람들이 부유한 나라의 일반적인 소비자가 사용하는 만큼 에너지를 쓴다면, 전 세계 소비는 2050년까지 8배 증가할 것이다. 그 결과는 상상할 수 없을 것이다.

오늘날 우리는 전력 공급을 석탄, 석유, 가스에 절대적으로 의존하고 있다. 이 화석 연료는 3억 년 전에 살았던 선사시대 식물과 동물의 잔해에서 형성된다. 오랜 시간 동안 탄소는 지구 표면 아래에 안전하게 저장되어 왔다. 산업혁명이래로 우리는 엄청나게 화석 연료를 태우고, 공기 중으로 막대한 양의 탄소를 배출하고 있다. 그 결과로 현재 대기 중 이산화탄소량은 지난 650,000년 중 가장 많은 수준이고, 이전의 어떤 시기보다도 200배나 더 빨리 늘어나고 있다.

석탄 화력발전소는 대부분 개발도상국에서 매주 하나 이상 건설되고 있다. 문제는 이 중 많은 나라들이 오염물질 방출을 감소시키는 최신 기술을 도입할 만한 여력이 없다는 것이다. 심지어 선진국조차 지구온난화를 막기 위한 이산화탄소 저장시설을 갖추지 못하고 있다. 현실적으로 탄소 저장은 2015년까지는 실효성이 없을 듯하다. 그리고 그 뒤로도 확신할 수 없다.

향후 200년간 사용할 수 있는 충분한 석탄이 있겠지만, 석탄 사용이 지구를 인간이 살기에 어려운 환경으로 만든다는 점은 아이러니다. 반면에, 석유는 고갈되고 있다. 일부 과학자들은 전 세계가 유용한 공급량의 절반을 소비한 2005년이 정점이었다고 믿는다. 물론 그때를 정확한 정점으로 보지 않더라도 석유 생산량이 빠르게 감소하고 있는 것은 명백하다.

새로운 자원은 구하기 어려울 뿐만 아니라, 덜 생산적이고 더 환경 파괴적이다.

가스는 석유나 석탄보다 깨끗하다. 그러나 가스 탐사 역시 바다에서든 육지에서든 환경에 영향을 주지 않고는 할 수 없는 노릇이다. 그리고 다른 화석 연료처럼 가스도 매장량에 한도가 있다.

> "세계는 하루에 8천만 배럴 이상의 석유를 소비하고, 그 수요는 여전히 급속도로 높아지고 있다."

현재 가스 공급에 대한 정치적 긴장은 예전보다 주목받고 있다. 유럽의 가스 파이프라인은 미래에 핵저장고와 같은 불안요소가 될 것이다. 우리가 모두 알다시피, 석유의 정치화는 이미 폭발력이 있음이 입증되었다. 이라크가 많은 유전을 가지고 있지 않았다면 사담 후세인 제거가 우선적으로 고려되지 않았을 것이라고 많은 사람은 절대적으로 확신한다.

모든 화석 연료 또는 이미 알려진 비재생성 자원의 대안을 모색하는 건 비관적으로 되어가고 있다. 마치 수많은 선택권이 있는 것처럼, 가능한 방법에 대해서도 수많은 의견이 있다는 점이 이를 어렵게 한다.

● 핵 에 너 지 로 의 전 환

원자력은 항상 논쟁의 대상이었다. 최근 논쟁에서 흥미로운 점은 토론 대상이 매우 다르다는 점이다.

오늘날 쟁점은 원자력이 기후변화에 대응하기 위한 구심점이 될 것인가라는 점이다. 확실히, 핵 반응로가 작동할 때 이산화탄소는 발생하지 않는다. 현재 핵 옵션에 투자함으로써 매해 이산화탄소 방출이 50년간 8% 감소될 것이라는 예측도 있다. 지지자들은 또한 현대적 원자로는 이삼십년 전에 지어진 것보다 훨씬 더 안전하다고 주장한다.

이러한 주장에 설득되는 환경주의자는 적은 편이고, 나 역시 동의하지 않는다. 왜 그럴까?

우선, 폐기물 문제가 따른다. 2000년까지 생산된 모든 고준위 핵폐기물을 용해하려면, 지구에 있는 수량보다 두 배 이상 많은 물이 필요하다. 고준위 폐기물은 폐기물 중에서 아주 적은 양일 뿐이지만, 방사능의 95%를 지니고 있다. 즉 정말로 위험한 작은 것이다.

이 폐기물은 너무 뜨거워서 20년에서 50년에 걸쳐서 냉각해야 한다. 여러 세기 동안 접근이 어렵고 유독성은 천 년이나 간다. 부식성이 매우 높아 로봇 장비를 이용하여 운반해야 하고, 특별한 용기에 담아 트럭째 쇠사슬에 묶어 철도로 운송한다. 저장 시스템이 철저하게 안전해야 하지만, 항구적인 처리에 효과적이라고 입증된 안전한 방법은 아직 없다.

사고가 일어나지 않을지도 모르지만, 그렇다고 해서 그런 일이 없을 것이라고 확신할 수 있을까? 핵 물질은 그것이 가진 문제에 대한 반향이 잠재적으로 매우 크다는 점에서 아주 골칫거리다. 체르노빌 핵사고 뒤 10여 년이 흘렀지만, 스칸디나비아의 순록과 웨일스의 양은 여전히 식용으로는 부적합하다고 판정된다. 수천 킬로미터나 떨어져 있지만, 폭발로 오염된 식물을 먹고 자란 동물들의 체내에는 방사능이 축적된다. 이 사고로 방사능 폐기물 중에서 극히 일부만이 실제로 유출되었을 뿐인데도 말이다.

테러는 또 다른 위협이다. 언제 어떻게 올지 모를 공격을 막는 건 쉽지 않으며 핵시설보호 비용도 이미 상당히 많이 지출되고 있다. 또 한 가지 문제는 정치적으로 불안정한 나라에서 원자력 도입이 핵무기 생산으로 이어질 수 있다는 것이다. 우리가 자신은 편의를 취하면서 다른 사람에게는 똑같은 일을 못 하게 하도록 강요하기는 어려운 법이다.

에너지효율을 위한 투자는 핵 옵션에 수십억을 투자하는 것보다 더 많은 이산화탄소를 저장할 잠재력을 가지는 것이다. 어떤 산업전문가는 다음과 같이 말한다. "치명적인 진실은 아직 아무도 원자로가 돈을 태우는 것처럼 효과적으로 우라늄을 태울 수 있도록 관리하지 못했다는 겁니다." 그는 계속해서 "원자력이 전쟁이 아니라 평화를 위해 일하도록 하는 방법은 아무도 발견하지 못했습니다"라고 덧붙였다.

● 태양, 바람, 파도

우리가 연간 지구에 흡수된 태양에너지의 1/1000이라도 활용할 수 있다면, 이것은 화석연료를 충분히 대체하고도 남을 것이다. 물론 이것은 실용적이지 않지만, 태양에너지는 생각보다 훨씬 더 큰 잠재력을 가지고 있다.

지붕 위의 태양전지는 많은 공간을 차지하지 않고 설치도 쉬우며 도시에도 설치할 수 있다. 단점은 비용이다. 태양광을 얻기 위한 지출은 얻는 것에 비해 너무 많다. 그러나 1970년대 이래로 태양기술이 대중화되면서 가격은 90%나 떨어졌다. 앞으로도 가격인하가 이어질 것이 확실하다.

우리나라는 태양에너지를 도입하기에 가장 적합한 나라는 아니더라도, 풍력에너지 적용에는 유럽에서 가장 좋은 곳이다. 그러나 불행히도 실제로 설치된 풍력 터빈의 수는 너무나도 적다. 또한 이처럼 청청하고 환경에 적은 영향을 끼치는 기술에 대한 지원 역시 아주 적다.

과거 수년간 풍력에너지는 논쟁의 중심에 설 만큼 큰 이슈가 되었다. 일부 사람은 풍력 발전기를 끔찍한 풍경으로 여기며 에너지 생산도 적다고 말한다. 다른 이들은 돌아가는 풍차의 안정성에 열광하면서 더 많은 곳에서 이것을 보고 싶어 한다. 나는 후자에 속한다.

우리는 태양과 바람을 충분히 이용해 오지 못했으며, 더구나 파력(波力)과 조력(潮力) 발전에 대한 투자는 아주 하찮은 수준이다. 파력과 조력 발전은 충분한 잠재력을 지녔지만 이 기술에 대한 투자는 풍력 발전에 비해 약 15년 정도 뒤처져 있다. 해양에너지는 전기의 20% 정도나 공급할 수 있을 것으로 측정되고, 가격경쟁력이 있다고 추정된다. 그러나 2020년까지는 전기 사용량의 3%만을 실제 파력과 조력에서 얻게 되리라고 예측된다.

파도에서 발생하는, 가공하지 않은 거대한 에너지는 대개 연안에 있다. 실질적인 이득 중 하나는 비교적 적은 환경오염으로 이것을 얻을 수 있다는 점이다. 비교적 넓은 지역을 파력 발전을 위해 출입금지구역으로 만드는 건 야생동물에게 안전한 서식지를 제공한다는 이점도 될 수 있다.

조력 에너지는 풍력, 파력과 달리 현존하는 동력공급원에 적용하기 매우 쉽다는 장점이 있다. 그래서 풍력, 파력, 조력 에너지의 조합은 현재 논의되는 해법보다 더 큰 부분을 차지할 수도 있다. 우리가 기후변화에 진지하게 대응하길 원한다면, 정부는 이 방법들을 리스트의 최상위로 올려야 할 것이다.

"풍력 터빈을 고속도로 옆으로
줄지어 세워야 한다!"

넘치는 바람, 부족한 바람

_바람은 충분할까?

우리나라에는 우리가 사용하는 것보다 훨씬 더 큰 풍력에너지를 만들 수 있는
충분한 바람이 분다. 스코틀랜드의 풍력발전지역 한 곳에는 겨울철 전력 수요
량의 두 배 이상을 생산할 수 있는 바람이 분다.

_바람이 같은 속도로 불어야 하지 않을까?

풍속이 달라지는 건 그리 큰 문제가 되지 않는다. 전력회사는 바람의 세고 약하
기에 따라 전력혼합 변화를 제대로 예측할 수 있어야 한다.

_풍력발전은 효율적인 에너지일까?

풍력 터빈이 소비전력을 생산하려면 설치와 생산에 3~10개월이 걸린다.

_풍력발전은 지나치게 비싼가?

2020년이 되면 풍력은 모든 발전을 통틀어 가장 저렴한 에너지가 될 것이다. 그
리고 심지어 탄소배출량을 줄이기 위한 비용을 계산할 필요조차 없다. 그렇지
만 만약 풍력을 방대한 규모로 전환한다면 전기료는 기하급수적으로 상승할 것
이다.

_풍력발전은 새들에게 악영향을 미친다?

새에게 심각한 영향을 주는 풍력발전지역이 해외에 있다고는 하지만, 우리나라
에서는 그런 일에 대한 보고가 없다.

_풍력발전은 눈에 거슬리는가?

풍력터빈의 시각적인 단점으로는, 우선 뛰어난 자연경관과 어울리지 않는다는
데에 있을 것이다. 이러한 단점을 감소시키며 효율성을 향상시키기 위해 풍력
터빈을 눈에 덜 띄는 곳에 설치하는 방법이 있다.

_풍력발전은 연안지역에서 더 효과적이다?

풍력발전지역 설치비용은 바닷가가 육지보다 훨씬 더 비싸다. 그리고 전기를
소비자에게 전달하기 위한 비용도 더 늘어난다.

● 가정은 에너지의 미래다

거대 규모의 석탄과 가스 발전소에서 생산되는 열이 60%나 낭비된다. 그것은 냉각탑을 통해서 대기 중으로 흩어진다. 여전히 전기를 전국으로 분배하는 일은 손실이 더 많다. 그렇다면 우리 가정에서는 어떠할까? 우리는 이를 통해 생산된 전기의 1/5밖에 사용하지 못한다는 걸 알게 될 것이다.

그리고 이것이 실제 전기를 소비하는 곳과 가까운 장소에 열 혹은 전력 생산을 위한 기지를 구축하는 이유이다. '분산식(중앙집중화되지 않은) 에너지 혹은 자가 전력은 공기, 물, 지구로부터 열을 얻는 목재난방시설, 풍력터빈, 태양열판, 열펌프, 소집단을 위한 열에너지시스템 같은 소규모 에너지 생산 시스템을 말한다.

분산식 에너지의 이점은 셀 수 없이 많다. 가동 시작 시 낭비를 줄이고, 무엇보다도 깨끗한 에너지 기술을 위한 더 많은 지원, 일자리, 자립, 그리고 어디서 어떻게 전력이 생산되는가에 대한 관심을 불러일으킨다. 사람들은 에너지가 어디에서 오는지를 알게 된다면, 훨씬 더 많은 에너지를 절약하게 될 것이다. 또한 태양열과 풍력에 드는 비용은, 대규모 생산으로 동시에 이루어진다면 바로 낮아질 것이다.

또 다른 중요한 요소는 안정성이다. 큰 발전소 혹은 저장소는 큰 사고를 일으킬 수 있다. 만약 여러 시스템을 전국적으로 분산시킨다면, 사고가 일어나더라도 그 충격은 훨씬 줄어들 것이다.

지난 세기에 설계된 크고 지저분한 발전소에 집착하는 것보다 금전적으로도 가치 있는 혁신적이고 무공해인 해결책을 찾기 위한 대담한 행동을 하는 게 나을 것이다. 그러나 혁신의 일부분은 우리가 에너지를 더 효율적으로 사용하기 위한 노력 속에서 이루어져야 하므로 수요를 줄이는 것도 잊지 말아야 할 것이다.

환경보호론자들은 '전력회사가 전기를 덜 생
산하도록 우리는 왜 더 돈을 지불하지 않는가?'라
고 묻는다. 이 급진적인 제안은 에너지효율이 높
은 새 건물을 짓고, 이중벽을 설치하고, 에너지소
비가 많은 전등의 생산을 멈추게 할 것이다.

어떤 이점이 있든 간에 우리에게는 에너지 사
용의 절약이 필요하다. 이것을 실천할 수 있는 방
법은 다양하다. 여러분이 에너지를 생산하든 소비하든, 에너지의 미래는 가정에
서부터 출발할 것이며 이 책은 여러분에서 그 시작에 대한 아이디어를 제공해줄
것이라고 믿는다.

쓰레기와 재활용

● 쓰 레 기 산

세상 모든 사람이 우리들의 평균만큼 쓰레기를 버린다고 가정하면, 우리는
지금보다 8배나 큰 지구가 필요할 것이다. 사실 우리 모두는, 자신의 몸무게만
큼의 쓰레기를 적어도 2달마다 버리고 있다. 쏟아지는 산업쓰레기는 런던에 있
는 앨버트 기념 회관을 2시간 만에 채울 수 있을 정도이다. 그리고 우리가 만들
어내는 쓰레기는 갈수록 늘어나고 있다. 쓰레기 산에서는 어떤 일이 일어나고
있을까?

대부분 쓰레기는 매립지의 큰 구멍으로 사라진다. 그러나 쓰레기를 처리하
기 위한 공간은 점점 줄어들고 있다. 또한 이런 매립 구멍은 오염될 수 있다. 실
제로 썩어가는 폐기물에서 나오는 메탄은 이산화탄소보다 약 24배 이상 강력하

쓰레기를 줄이는 방법

- 냅킨, 수저, 접시, 배터리, 카메라, 바비큐 등과 같은 일회용 제품을 쓰지 않는다.
- 병, 가방, 옷, 포장지, 봉투, 노끈 등을 가능한 한 재활용한다.
- 물건을 사러 갈 때는 장바구니를 꼭 챙겨간다.
- 생수보다는 수돗물을 마신다.
- 제품에 과도한 포장을 하는 업체에 항의한다.
- 계획적인 식단으로 불필요한 음식 구매를 줄인다.
- 가전제품 수리 방법을 배우거나 도움을 줄 수 있는 지인을 찾는다.
- 패션과 유행에 집착하지 않는다. 휴대폰은 고장 날 때까지 쓴다.
- 새로운 물건이 사고 싶다면, 그것이 진정 여러분에게 필요한 것인지 또는 원하는 것인지를 고민한다.
- 포일이나 랩에 집착하지 않는다. 음식 저장과 운반에 플라스틱이나 금속 용기를 사용한다.
- 과일이나 채소를 지역생산자에게서 사라. 그들은 보통 슈퍼마켓보다 덜 포장한다.
- 생일축하나 크리스마스카드는 이메일로 보내라. 그럴 수 없다면 직접 만드는 것도 좋은 방법이다.
- 화장실 종이, 포장, 사무실 종이, 유리, 정원 가구는 재활용된 제품으로 구매하라.
- 메일 설정 서비스를 사용해 스팸메일을 줄여라.
- 필요한 것보다 많은 옷을 사지 마라.

다. 그렇기 때문에 공기나 물로 배출되는 오염물질의 양은 엄격하게 제한된다. 그러나 이것은 여전히 문제가 되고 있다.

● 소 각 로 에 서

현재 폐기물 소각량은 10%에 못 미친다. 이것은 매우 뜨거운 감자다. 환경론자들과 그린피스 회원들은 이것이 에너지의 원천으로 사용된다고 하더라도 이

를 못마땅해 한다. 그들은 소각으로 인해 독성물질이 배출되는 것뿐만 아니라 소각로가 폐기물을 줄이기 때문에 제품 재활용의 입지를 좁게 하는 것을 걱정한다. 새로 소각장이 건설될 곳 주위에 거주하는 사람들은 이런 염려를 공유하고 있는 듯 보인다.

님비(NIMBY: Not In My Back Yard, 새로운 개발을 찬성하면서도 그런 일이 자기 집 가까이에서 이뤄지거나 자기 생활에 방해가 되는 것은 반대하는 사람)라는 말을 경멸적으로 사용하는 건 나를 항상 언짢게 한다. 만약 여러분들이 여러분의 뒤뜰에서 일어나는 일에 아무런 신경을 쓰지 않는다면, 도대체 여러분들은 어디에 관심을 둘 것인가? 하지만 나는 모든 소각에 전적으로 반대하지 않는다. 특히 소규모 소각에 대해서 더욱 그러하다. 최근의 연구는 만약 에너지가 회수된다면, 그것이 환경에 끼치는 영향은 매립지에 폐기물을 보내는 것보다 더 적다고 한다. 반면에 진정 걱정되는 건 '기술맹신자'가 소각을 빠르고 쉬운 일이라고 생각하는 것이다. 큰 소각로는 굶주린 거대한 괴물처럼 항상 24시간, 하루 종일 먹을 걸 필요로 한다. 거대 소각로가 너무 많다면, 이는 우리가 쓰레기 산을 줄이기 위해 기울이는 혁신과 창조적 해결책을 정면으로 방해할 것이다.

● 낭 비 하 는 습 관

폐기물에 대해 잘 알려진 문구가 있다. 필수 우선순위: 줄이기, 고치기, 다시 사용하기, 재활용, 마지막엔 폐기하기. 하지만 우리가 쓰레기를 더 줄이려고 한다면, 마음가짐부터 바꿔야 한다. 우리는 일회용 카메라, 바비큐, 플라스틱 컵, 기저귀 그리고 포장을 할 때, 아무런 생각도 하지 않는다. 모든 것을 일회용 봉투에 담고, 다시 사용하는 건 매우 적고, 거의 아무것도 수리하지 않는다.

문제의 원인으로 슈퍼마켓과 제조업자를 비난하는 건 쉽다. 왜 우리가 산 모든 물건을 계산대에서 바로 포장하며, 기계적으로 비닐봉지에 넣는지, 왜 물건은 단지 몇 번 사용했을 뿐인데 그리도 쉽게 망가지는지 물으며 비난할 것이다. 하지만 얼마나 많은 사람이 물건을 살 때 장바구니를 챙길까?

우리는 우리 스스로가 만든 쓰레기 산을 줄이기 위해 무엇을 할 수 있는지 생각할 필요가 있다. 물론 여러분은 이미 실행하고 있겠지만, 우선 재활용할 수 있는 폐기물을 분류하는 것부터 시작하면 어떨까?

● 물 질 세 계

쓰레기 매립지에는 오랫동안 재활용 가능한 쓰레기가 넘칠 것이란 무서운 말이 여전히 들려온다. 하지만 재활용은 거의 모든 물건에서부터, 그리고 언제든지 할 수 있는 것이다.

광물을 캐든, 나무에서 종이를 만들든, 석유를 정제하든, 새로운 제품을 생산하기 위해 원료를 추출하는 것은 심각한 파괴를 가져올 수 있다. 종종 유용한 제품을 만드는 것보다 몇 배나 많은 쓰레기가 나올 때도 있다. 마찬가지로 제조

과정에서는 막대한 에너지와 물, 화학물질이 사용된다. 그리고 이 과정에서 나온 쓰레기를 어떻게 처리할 것인가 하는 문제가 남는다. 그러나 재활용을 한다면 이러한 문제에 대한 고민을 덜 수 있다.

정부는 오랫동안 재활용 정책을 전면적으로 추진해왔다. 나는 가정용 재활용 분류박스의 도입이 이 정책에 탄력을 주었다고 생각한다. 예전에도 나는 병, 캔, 신문 등의 재활용에 신경을 썼다. 하지만 재활용 분류박스를 활용한 뒤 플라스틱 병, 금속 포일, 낡은 옷가지, 골판지 계란 상자를 포함해 더 다양하게 분류할 수 있게 되었다. 어떤 것도 재활용 분류박스 안에서 일주일 이상 머물지 않는다. 그리고 덕분에 실제로 버리는 쓰레기의 양은 매우 적어졌다. 그렇지만 여전히 재활용이 불가능한 몇 가지 물건이 있다는 건 내 기분을 언짢게 한다. 소형 형광등, 배터리, 카펫이 바로 그러한 것들이다.

다음은 재활용 박스에 들어가는 가장 흔한 물건들에 대한 장단점이다.

유리

유리는 재활용 횟수에 제한이 없다. 유리병 하나를 재활용한다면, 부엌의 전구 10개를 모두 높은 에너지효율 전구로 바꾸어 1시간 동안 켜는 것과 같은 효과를 얻을 수 있다. 현재 우리는 유리병의 1/3 이상을 재활용한다. 충격적인 건, 대량으로 유리병이 버려지는 술집이나, 클럽, 식당에서는 재활용 비율이 그리 높지 않다는 것이다. 이것은 제도상의 문제로 비용 부담에서 혼란이 있기 때문으로 보인다. 그렇기 때문에 이 문제는 어렵지 않게 해결할 수 있을 거라고 생각된다.

- 색별로 유리용기를 분류하면 어떤 이점이 있을까? 분명히 시도해볼 만하다고 생각된다. 투병한 병은 색이 들어간 병보다 더 많은 수익을 낼 수 있기 때문이다. 맑은 유리용기로 더 많은 걸 만들 수 있다. 그리고 폐기되는 유리는 도로 공사, 단열, 물의 여과 등에 사용될 수 있다. 하지만 이런 경우, 다시 유리용기로

만드는 경우보다 환경적으로 이익을 보기는 힘들다.

- 환경을 위해 더 많은 유리병을 만들어야 할까? 유리의 단점은 무겁다는 것이다. 이는 운반 시 플라스틱보다 훨씬 더 많은 연료를 소비하게 한다.

금속

1980년대 후반에는 오직 캔(깡통)의 2%만을 재활용했다. 지금은 거의 50%에 가까이 재활용된다. 하지만 이는 여전히 100억 개 이상의 캔이 매립되고 있다는 걸 의미한다. 캔을 생산할 때 사용되는 알루미늄 등의 금속은 모두 재활용해야 한다.

새로운 알루미늄 캔을 만들기 위해서는 단 하나를 재활용하는 것에 비해 20배나 많은 에너지가 필요하다. 만약 여러분이 알루미늄 1톤을 재활용한다면, 여러분은 6톤의 보크사이트(알루미늄의 주요 원소), 4톤의 화학물질, 그리고 일반적인 4인 가족이 3년 동안 사용할 수 있는 충분한 전력을 절약할 수 있다.

대부분 음료 캔들은 알루미늄으로, 음식을 담는 캔은 강철로 만들어진다. 평균적으로 가정에서는 매년 이것들을 600개 정도 사용한다. 재활용을 통해 새로운 캔을 만드는 데 사용되는 에너지 75%를 절약할 수 있고, 그 이상으로 공기 및 수질 오염을 줄일 수 있다. 사용된 캔은 새로운 캔과 자전거, 자동차 부품 등으로 재활용된다.

강철 캔과 비슷하게 내 생각에는 우리에게 꼭 필요하지는 않은 것 중 하나로 에어로졸이 있다. 대부분의 지역에서는 캔 속에 있는 에어로졸 재활용을 장려하고 있다. 그러나 헤어스프레이와 공기정화기 같은 에어로졸을 사용하는 제품이 휘발성유기화물(VOC) 방출에서 4%를 차지한다는 점 때문에 큰 공감을 얻기는 힘들다. 우유병 꼭지, 빵, 냉동식품, 초콜릿 등 포장에 쓰이는 포일 역시 재활용이 가능하단 걸 잊지 말아야 한다.

종이와 판지

우리 쓰레기통의 약 1/5 정도는 종이와 판지로 차 있다. 그리고 그 중 절반 이상이 신문과 잡지다.

종이 1톤을 재활용한다는 건 30,000리터의 물을 절약하고 새로 제작하는 것에 비해 단지 5%의 대기오염만을 일으킨다는 걸 의미한다. 더구나 일반적인 가정 전력소비량의 1년치도 절약할 수 있다.

숲에도 물론 이점이 있다. 흔히 생각하는 것과는 반대로, 종이 재활용은 나무 보호와 직결되지는 않는다. 하지만 재활용이 숲을 보호한다는 건 명백하다. 종이 재활용을 늘릴 수 있도록 우리는 어떤 행동이든 실천해야 한다. 동시에 재활용 제품의 시장도 지켜야 한다. 이것은 여러분이 재활용 종이, 공책, 사무실용 종이를 구매하는 것으로 이루어질 수 있다. 그리고 부엌용 타월과 냅킨도 재활용 대상이다.

오렌지 주스, 우유 혹은 다른 음료용기를 담는 판지상자는 종이와 플라스틱, 포일의 혼합으로 만들어진다. 이것들도 재활용 가능하지만 아직 재활용 업체가 부족한 편이다. 영국의 판지 상자를 만드는 회사 중 하나는 재활용 담당 인원을 늘리고, 전담 부서를 만들고, 관련 시설에 투자하는 등 이런 제품을 재활용하기 위한 절차를 밟고 있는 중이다.

플라스틱

오늘날 우리나라에서만 사용하는 플라스틱 양은 1950년대의 전 세계 사용량과 맞먹는다. 그리고 그것은 경고할 만한 수준으로 증가하고 있다. 최근에는 플라스틱을 만드는 과정에서 8% 이하의 석유가 사용되며, 그 중 단지 15%만이 재활용된다.

의회는 유리와 종이에서 그러하듯이, 플라스틱을 재활용하는 것에 별다른 관심을 보이지 않는다. 이것은 재활용의 기준이 일반적으로 무게로 설정되기 때문이다. 플라스틱은 가볍기 때문에 큰 고려 대상이 아니다. 또 하나의 문제는 플라스틱 재활용은 다른 방식으로 처리해야 한다는 것이다. 이 방식은 분류 작업에서 기계가 아닌 수작업만이 가능하다는 데서 놀라울 뿐이다.

하지만 재활용은 2/3의 에너지 감소, 90%의 물 절약, 2.5배의 이산화탄소 배출 감소로 이어진다. 심지어 이러한 절약은 쇼핑백으로 쓰거나 가정에서 물을 담는 용도로 플라스틱을 다시 사용한 것보다 훨씬 더 긍정적인 결과를 가져온다. 소매상들이 이를 인식하고, 수송이나 농산품 진열을 위해 플라스틱 상자를 사용하는 경우가 빠르게 늘어간다. 또한 여러 회사들이 생분해성 플라스틱의 잠재성을 찾고 있다. 예를 들면, 맥도날드에서는 플라스틱 수저를 제공하는데, 이것은 음식물 쓰레기와 함께 퇴비로 쓸 수 있다.

나는 차라리 플라스틱 폐기물을 중국에 수출하는 것이 환경파괴범죄가 아니라 하나의 가능한 상상이라는 걸 알게 된 뒤 호기심이 발동했다. 매년 많은 양의 수출이 4년에 걸쳐 이루어졌고, 그것은 2005년까지 4배나 늘어났다. 이는 중국의 폭발적인 경제성장 때문으로 그들은 새로운 제품을 만드는 데 사용될 재활용 물질에 대해 지갑을 열 수 있다는 걸 의미한다. 중국에서 오는 화물선박이 우리 제품의 수출이 적기 때문에 중국으로 돌아갈 때는 텅텅 비어 있다는 점은 재활용품을 수출하기에 좋은 조건이다. 그러나 이러한 수출을 위한 충분한 재활용 플라스틱이 국내에서 확보되지 못한다는 문제가 여전히 남아 있다.

우리는 비닐봉지를 증오해야 할까?

매년 우리는 비닐봉지 100억 개를 사용한다. 이는 모든 사람들이 각자 연간 200개씩이란 말이다. 많은 사람은 이것을 가장 큰 환경파괴범죄라고 여긴다. 과연 그럴까?

여러분은 내가 비닐봉지를 종이봉투보다 더 나은 친환경적 선택이라고 말한다면 아마 놀랄 것이다. 우리는 모두 종이는 재생 가능한 원천인 나무에서 온다는 것을 알고 있다. 그리고 종이가 생분해성이라는 것도 안다. 당연히 종이가 더 나은 선택이어야 할 것이다.

종이봉투는 비닐봉지보다 6배 더 무겁다. 그리고 매립할 때 밀도 때문에 10배는 더 많은 공간을 차지한다. 또한 종이봉투 제조는 비닐봉지 제조 과정에 쓰이는 양과 거의 비슷한 화석연료를 사용한다.

생분해성에 대해서는 어떠한가. 어떤 것이 '생분해 가능하다'는 건 그것이 세월이 흐르면서 박테리아나 벌레에 의해서 부서진다는 것을 말한다. 부패 작용 또한 이산화탄소와 메탄가스를 포함한 온실가스를 발생시킨다. 쓰레기 매립지는 이런 가스가 가득하다. 마찬가지로 유럽의 법은 생분해 가능한 쓰레기를 그들이 수습할 수 있는 양만큼으로 제한하고 있다. 이것은 그들이 더 많은 썩는 제품을 원하는 것이 아니라는 걸 의미한다.

● 생분해성 비닐

생분해성 비닐봉지는 어떨까? 대중은 생분해성 비닐봉지를 그리 믿는 것 같지 않다. 그렇다면 지금 나는 생분해성 비닐봉지가 완벽한 해결책이라고 말해야 할까?

체인 슈퍼마켓인 테스코는 '생분해성'이라는 문구를 넣은 비닐봉지를 사용한다. 이 봉지의 분해작업은 벌레와 미생물에 의해서라기보다는 화학 공정을 통해 진행된다. 다른 비닐봉지처럼 이것 역시 화석연료를 통해 만들어졌다. 하지만 시간이 지나면서 분해 가능하도록 화학성분이 추가되었다.

사람들이 썩어가는 쓰레기를 기피하기 때문에 결국은 매립장에 묻힐 거라면, 생분해성 봉지를 만들 이유가 있을까. 그러나 이런 봉지들이 퇴비로 사용된다면, 이는 가치 있을 것이다. 봉지는 분해되어서, 농장과 대지에 유용한 토양개량제가 될 것이다.

'생분해성' 비닐봉지의 다른 유형은 햇빛으로 분해되는 것이다. 이 또한 난센스다. 이 방법은 쓰레기를 탁 트인 공간에 두고 분해하는 것을 의미한다. 완전히 분해되는 오랜 시간 동안 흉물스럽게 방치될 것이다.

옥수수나 감자와 같은 농작물로 만든 비닐봉지는 생산과정에서 1/3만큼의 에너지를 줄일 수 있는 이점이 있다고 바이오플라스틱 제조업체들은 말한다. 만약 사실이라면, 큰 장점이 될 것이다. 그러나 나는 그것이 깨끗하고 건강한 결과를 줄 수 있을지 의심된다. 바이오플라스틱 회사들이 가격 경쟁에서 이기기 위해서는 제품에 사용될 농작물을 집중적으로 경작할 수 있는 곳이 있어야 하며, 이것은 일반적으로 엄청난 양의 화학 또는 GM(Genetic Modification: 유전자조작) 기술을 사용한다는 것을 의미한다.

평범한 비닐봉지의 장점은 또 다시 사용할 수 있다는 것이다. 여러분이 체육관에 갈 때, 소풍을 가거나 장을 볼 때, 이미 사용한 비닐봉지를 충분히 재활용할 수 있다. 비닐봉지 문제의 진정한 해결책은 그것을 적게 사용하는 것이고, 한 번 사용한 봉지를 다시 쓰는 것이다. 닳아 해어질 때까지 써야 한다. 하지만 이것을 마지막 대안으로 여기면 안 된다. 비닐봉지는 보는 것처럼 그리 좋은 물건이 아니다.

● 음 식 물 쓰 레 기

여러분이 고층에 산다면, 음식물 쓰레기가 생길 때마다 바로바로 처리할 수는 없을 것이다. 다른 사람들도 마찬가지다. 아직 모든 경우에 다 해당되지는 않지만, 당국은 음식물 쓰레기를 분류하여 퇴비로 사용하는 등 쓰레기장에 매립되는 양을 제한하고자 한다. 이는 충분한 공간이 없거나 퇴비를 만들 필요가 없는 가정에게 매우 긍정적인 또 다른 재활용 방법이다. 음식물 쓰레기 수거업자는 이런 쓰레기를 수거할 것이다.

우리는 1년에 600만 톤의 음식을 버린다. 이 250kg에 달하는, 매주 각자 5kg씩 내버리는 음식은 쓰레기의 1/3을 차지하는 양이다. 실제로는 많은 사람이 이보다 더 음식물을 버린다. 그리고 외식산업의 경우는 더하다. 사람들이 사먹는 음식의 절반 정도를 남기기 때문이다!

한곳에 모인 음식물 쓰레기는 혼합과정을 거친 뒤 잘게 조각난다. 그리고 그것들은 친환경쓰레기 등과 혼합되어서 밀폐된 터널로 투입된다. 마지막으로 적어도 10일 동안 충분히 건조시킨 뒤 농부, 정원사 등에게 팔려서 농약 대신 사용된다.

연료 낭비

음식물 쓰레기를 퇴비로 활용하는 건 영양소를 대지로 돌려주는 재활용의 좋은 예이다. 더구나 음식물 쓰레기는 자동차의 연료나 전기 생산의 에너지원이 될 수도 있다.

음식은 썩으면서 바이오가스로 알려진 메탄과 이산화탄소를 발생한다. 널리 알려졌듯이 이산화탄소는 주요 온실가스이며, 메탄은 대기에 배출되면 이산화탄소보다 24배 정도로 지구온난화에 강한 영향을 준다. 하지만 메탄은 이산화탄소로 전환될 수 있고, 만약 그것들을 에너지로 이용한다면 지구온난화에 큰 도움이 될 것이다. 메탄을 생산하고 모으는 가장 효과적인 방법은 혐기성 소화를 이용하는 것이다. 용어만으로는 상당한 기술력이 필요한 것처럼 들리지만, 사실은 퇴비가 공기 중으로 방출되지 않도록 막는 것일 뿐이다. 이 시스템은 메탄 방출을 막고, 연료 생산과 음식물 폐기 과정에서 소실되는 영양분이 전혀 없다는 점에서 엄청난 장점을 지녔다. 즉 비료로서 대지로 되돌아가는 것이다.

얼마나 많은 음식이 식당에서 버려지고 있는지 상상해 보자. 이 버려진 쓰레기는 메탄으로 전환되어 난방, 전등, 운송기간 등에 연료로 사용될 수 있을 것이다. 가정에서 나오는 음식과 폐기물 역시 연료로 바뀔 수 있다. 사실, 이미 영국에서 이런 방법이 쓰이지만 가능한 종류가 제한적이다.

이것은 산더미 같은 폐기물 해결을 위해 우리에게 필요한 이상적인 방안이다. 만약 이 캠페인이 마음에 든다면, 이것을 여러분이 지겨울 정도로 큰 이슈로 만들길 바란다. 여러분의 지역 의회, 폐기물 담당 정부 부서, 식당, 심지어 국회의원들에게까지 이것을 알리자.

폐기물과 재활용품 웹사이트

알루미늄 재활용 협회(Aluminium Packaging Recycling Association) ·
www.alupro.org.uk

- -

영국유리협회(British Glass) · www.britglass.org.uk

- -

영국 금속 재활용 협회(British Metals Recycling Assosiation) · www.recyclemetals.org

대체과학기술센터(Centre for Alternative Technology) · www.cat.org.uk

프리사이클(Freecycle) · www.freecycle.org

재사용 네트워크(Funiture Reuse Network) · www.frn.org.uk

주요 분위기 UK(Key Mood UK) · http://www.therecyclingpeople.co.uk/

재활용합시다(Let's Recycle) · www.letsrecycle.com

유해한 가정용품 낭비에 관한 국립 포럼(National Household Hazardous Waste Forum) · www.nhhwf.org.uk

오일 관리 캠페인(Oil Care Campaign) · www.oilbankline.org.uk

옥스팸(Oxfam) · www.oxfam.org.uk

플라스틱 캔 유한책임회사(PlasCan Ltd) · www.plascancrusher.com

프리즘 프로젝트(Prism Project) · www.prismproject.co.uk

렉 앤 본(Rag and Bone) · www.rag-and-bone.co.uk

리쿱/보상(Recoup) · www.recoup.org

되찾기(Reconvinyl) · www.recovinyl.com

재활용(Recycled) · www.recycledproducts.org.uk

재활용 더하기(Recycle More) · www.recycle-more.co.uk

유리재생(Recyclingglass.co.uk) · www.recyclingglass.co.uk

재사용(Reuze.co.uk) · www.reuze.co.uk

재활용(Re-cycle) · www.re-cycle.org

컵 아끼기(Saveacup) · www.saveacup.co.uk

고철 캔 재활용(Steel Can Recycling Information Bureau) · www.scrib.org

테트라 팩(Tetra Pak) · www.tetrapakrecycling.co.uk

온라인 폐기물(Waste Online) · www.wasteonline.org.uk

폐기물 주의(Waste watch) · www.wastewatch.org.uk

땅과 바다

● 시골과 농업

시대의 변화 : 많은 사람은 빅토리아 시대의 들판의 패치워크와 시골의 산울 타리를 전원을 상징하는 것으로 받아들일 것이다. 하지만 이런 시대의 이면에는 농장 노동자들의 힘겨운 수고와 낮은 생산성이 있다. 오늘날 산업화된 세계에 사는 우리는 우리가 먹는 양보다 더 많은 음식을 만든다. 그것은 수십 킬로미터의 산울타리를 부수고, 트랙터와 같은 농기계를 쓸 수 있는 넓은 들판이 필요한, 그래서 야생동물이 더 이상 살아갈 수 없다는 것을 뜻한다.

전통적인 농업은 윤작과 비옥하고 생산적인 토양 유지에 기반을 둔다. 이제는 훨씬 좁은 범위에서 농작물을 재배하며 일부에서는 잦은 농약 사용과 한 가지 작물만을 재배하는 경우도 나타난다. 토양의 영양 또한 악화되고 있다. 사람이 만든 비료는 충분한 영양분을 공급하지 못하며, 추수기에 미네랄을 함유하지 못하기 때문이다.

급격한 변화는 옥수수 재배에만 영향을 미치는 게 아니다. 농장의 동물들은 공장 생산라인에 속한 작은 부품으로 취급되고, '단백질'로 언급되고, 면적당 부피 단위로 측정된다. 이 동물들의 천연거름은 토지를 풍족하게 해줄 질 좋은 비료로 생각되기보다는 호숫가에 쌓인 더러운 배설물 덩어리로 취급되고 처리해야 할 쓰레기로 여겨진다.

우리는 대지와 시골에서 발생하는 이런 근본적인 변화의 영향을 생각해야 한다. 두드러진 변화는 우리가 버는 수입에 비해 음식의 가격이 올라간다는 것이다.

유전자 조작(GM) : 한 가지 기술의 변화는 종종 다른 결과로 이어지기도 한다. 근대에 살충제는 옥수수 해충을 효과적으로 없앴고 수확량을 증가시켰다. 그러나 많은 나라에서 노동자들은 독성 화학물질에 노출되었다. 살충제의 전면 살포는 해충과 마찬가지로 유익한 곤충도 죽이며 공해를 일으킨다.

유전자 조작(GM)은 작물에 묻어 필연적으로 음식에 잔류될 독성 화학물질 중독을 막을 수 있는 대안이다. 약품 대신에 농작물은 유전자 조작을 통해서 해충에 대한 저항력을 갖는다. 이것으로 무분별한 화학약품 사용은 크게 줄어들 것이며 환경 보호에도 매우 긍정적이 될 것이라고 확신하는 사람들이 많다.

유전자 조작은 또 다른 혁신을 가져온다. 물이 모자라면 빛이 나는 식물, 비타민D가 풍부한 쌀, 장기간 보관 가능한 토마토, 지방 없는 돼지, 거대한 연어 등이다. 하지만 이 놀라운 '선물'은 또 다른 새로운 문제를 내놓을 판도라의 상자일 수 있다.

GM 사용의 첫 번째 흐름은 농작물이 해충보다는 농약에 저항하도록 설계되어 있다는 점이다. 기업 몬산토는 '라운드업 레디 소야(Roundup Ready Soya)'로 불리는 것을 만들었다. 이것은 농작물에 피해를 주지 않는다는 몬산토의 농약과 함께 널리 퍼지게 된 유전자 변형 작물이다. 유전자 변형 콩은 1997년에 처음으로 슈퍼마켓 진열대에 등장했다. 그리고 이것은 어떻게 새로운 기술이 소개되는지를 보여주는 가장 좋은 예이다. 위험이 알려지자 대중은 급격한 관심을 가졌다.

GM 산업의 첫 대응은 유전자 변형 콩과 정상 콩은 차이가 없다는 발표였다. 그리고 유통망 곳곳에 그것들이 퍼졌기 때문에 유전자 변형 콩을 구분해내는 것은 불가능하다고 말했다. 슈퍼마켓이 소비자들은 유전자 변형 식품을 원하지 않는다는 걸 알고 이 불가능하다는 분류를 해내는 것을 보는 건 정말 놀라웠다.

심지어 오늘날 슈퍼마켓조차 식품과 동물의 먹이에 사용되는 유전자 변형 품을 반대하고 있다. 하지만 글로벌 비즈니스와 정부의 압력 아래에서 유전자 변형 식품을 계속해서 궁지에 몰 수 있을지는 확실하지 않다.

유기농이 답하다 : 유기농 농업은 대략 1만년에 걸쳐 이어져 오고 있다. 유기농 선호를 단지 옛시절을 그리워하는 것으로 착각하지 않기를 바란다. 지난 10년 동안 유기농의 가치는 중대한 변화를 보이고 있다. 사실, 나는 이 구태의연한 방법이 농업에 대한 굉장히 근대적인 접근이라고 말하고 싶다.

기본은 토양을 비옥하게 만드는 것이다. 이는 본질적으로 미래를 생각하는 농업을 의미한다. "내일 당장 죽을 것이라는 생각으로 오늘을 살라, 그렇지만 영원히 살 것이라는 생각으로 농사를 하라"는 말이 있다. 이 말은 유기농 농업의 장점에 대해 논하기에 적절한 것 같다. 그러나 유기농 농업은 우리 모두에게 충분한 식량을 제공할 수 있는가라는 도전에 직면해 있다.

근대의 집약 농업 관행은 엄청난 양의 토양을 바람에, 바다로 날려버렸고, 남은 토양에서는 필수 미네랄 부족을 남겼다. 장기적으로는 집약 농업은 유기농 농법이 적용되는 지속가능한 농업보다 덜 효율적이다.

그렇다면 유기농 재배는 실제로 어떤 점에서 다를까? 가장 널리 알려진 것은 이 농법은 화학재료와 농약 같은 비료를 덜 사용한다는 것이다. 종래의 농법이 450여 종류의 화학 약품을 사용하는 데 비해서 유기농 재배는 대략 6종류를 사용한다.

동물보호는 또 다른 요소이다. 유기농 방식으로 사육된 동물은 자유롭게 길러진다. 면적당 허용되는 동물의 수에는 엄격한 제한이 따른다. 이런 기준은 질

병 예방에 도움이 되고 치료를 줄일 수 있다. 하지만 동물이 아플 때 항생제 사용은 가능하다. 이것은 질병의 집단 발발을 막기 위해 매일같이 항생제를 투여하는 주류 축산 방식과는 반대된다. 비록 지금은 무분별한 항생제 사용이 유럽에서 제한되고 있지만, 성장촉진제로 여전히 사용된다.

야생동물 또한 유기농의 혜택을 누릴 수 있다. 지난 50년 동안 집약 농업은 새, 나비, 벌 등의 감소의 원인으로 지목되었다. 집약 농업으로 피해를 받는 많은 종들은 실제로는 유기농 농부들에게는 소중한 것들이다. 이런 해충을 잡아먹는 종들을 보호하고 들판에 열린 공간을 만들어 산울타리를 짓고, 다양한 종류의 농작물을 가까이서 기르며 농작물을 순환시키고 화학약품 사용을 최소화한다면 야생동물은 다시 돌아올 것이다.

유기농 제품을 구매하는 가장 일반적인 이유는 그것을 건강을 위한 선택이라고 여기기 때문일 것이다. 마켓의 절반 이상을 차지하는 유기농 유아 식품 시장의 급성장 뒤에 조정자가 있다고 생각되지 않는다.

만약 여러분이 과일과 채소에 농약이 남아 있을까 봐 걱정된다면, 유기농을 선택하는 것이 이치에 맞다. 또한 유기농은 비타민 C, 칼슘, 철, 마그네슘, 아연 등 풍부한 미네랄 성분이 들어 있으며 영양분도 많다고 밝혀지고 있다

이유야 무엇이든 간에, 더 비싼 가격에도 불구하고 유기농 제품의 판매는 매년 늘어나고 있다. 2005년의 성장률은 30% 이상이었다. 모든 식품과 음료 시장 성장률이 단지 3%에 그친 것에 비하면 엄청난 수치이다. 흥미로운 점은 대부분의 수요 증가는 생산자 직거래나 지역 배달 서비스를 통해서였다는 것이다. 이것은 사람들이 유기농 식품 구입뿐 아니라 지역 식품에도 관심이 크다는 걸 말해준다.

보는 것이 믿는 것 : 유기농과 지역 기반의 식품 구매 트렌드
는 우리의 음식이 어디에서 왔고, 어떻게 생산되었는지를 알
고자 하는 욕구가 반영된 것이다. 올바른 농사는 환경뿐 아니
라 음식의 질에도 긍정적이라는 인식을 가진 것이다. 더 나아
가, 지역 생산 식품은 운송에 효율적이고 지역 사회에 큰 이익
을 남긴다.

차, 커피, 바나나, 포도 등과 같은 수입 식품에 대한 관심도 늘어났다.
소비자는 식품이 어떤 유통을 거쳤는지, 어디에서 자랐으며 정직하게 재배되었
는지, 화학약품은 사용되었는지를 알고 싶어 한다. 더욱 중요한 건, 우리는 또한
슈퍼마켓이 귀한 품종의 서식지 혹은 품종을 파괴로 이어지는 행동을 하고 있는
지를 의심하며 주의 깊게 관찰한다는 것이다.

기이한 일은 보다 싼 음식이 비용은 더 든다는 것이다. 이것은 논쟁과 환경
보호에 적게 지원이 되고, 생산자를 압박하여 조잡한 식품을 만들게 하는 걸 뜻
한다. 궁극적으로 우리는 충분한 자금이 없는 생산자를 위해 보조금을 마련해야
할 뿐 아니라 환경오염과 구제역으로부터 그들은 돕도록 후원해야 한다. 그렇게
한다면, 지속가능하지 않은 농업 방식을 멈추기 위한 비용이 여러분의 생각보다
더 늘어날 수 있을 것이다.

농장, 시골 관련 웹사이트

세계 농업에 관한 우려(Compassion in World Farming) · www.ciwf.org.uk

영국 시골보호 의회(Council for the Protection of Rural England/CPRE) · www.cpre.org.uk

농장 조사 센터(Elm Farm Research Centre) · www.efrc.com

지구의 친구(Friends of the Earth/FoE) · www.foe.co.uk

유전자 감시(Gene Watch) · www.genewatch.org

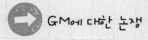

GM에 대한 논쟁

건강 : GM 식품이 잠재적으로 인간의 건강에 문제를 일으킬 수 있다는 인식이 확산되고 있다. 이것은 매우 논란의 여지가 큰 이슈다. GM업계는 이러한 문제에 대한 어떠한 증거도 없다고 한다. 반면, 반대를 하는 사람들은 이는 충분한 연구가 되지 않았으며, 우리 모두는 광대한 GM 산업에게 실험용 돼지와 같은 취급을 받고 있다고 말한다.

- -

세계의 기아 : GM 기술이 세계의 기아를 줄인다는 건 전혀 말이 되지 않는다. 이익을 얻기 바라는 기업에게 기아는 우선순위가 될 수 없기 때문이다. GM기술은 오히려 선진국이 예전부터 개발도상국으로부터 곡물을 수입해 오던 일을 중단시키고 자국에서 직접 생산할 수 있게 함으로써 세계의 기아문제를 더욱 심각하게 만들 수도 있다.

- -

환경 : 다양한 기후와 토양에서 살 수 있는 GM 식물은 지역 토착 식물의 다양성을 위협할 것이다. 또한 제초제 저항력이 강해져서 기존의 어떤 제거법도 통하지 않는 '슈퍼 잡초'가 나타날 것이다.

- -

위협받는 유기농 : 개방된 대지에서의 GM 농작물 재배는 그것이 non-GM 농작물과 교배할 수 있게 한다. 유기농 인증은 non-GM을 기준으로 하기 때문에 이는 유기농 인증을 쉽지 않게 할 것이다.

- -

화학약품 : 몇몇 GM 농작물은 적은 양의 농약으로 충분히 재배할 수 있다. 실제로 목화 재배에서 농약 사용량은 급격히 줄었다. 그러나 농약 저항성이 높은 농작물에 결국은 더 많은 화학약품을 사용해야 할 것이다.

- -

효율성 : GM은 효율성을 향상시킬 수 있다. 여러분은 잘 자란 토마토를 더 많이 수확할 수 있을 것이다. 또한 토지면적당 수확량은 증가하고, 생산비를 줄이며 식품 가격은 낮아질 것이다.

- -

효소 : GM 기술은 빈번하게 음식에 사용되는 효소를 생산하는 데에 이용한다. 일부 반대론자들은 이러한 적용을 바깥 환경에 영향을 미치지 않도록 제어된 연구실에서 담당하기 때문에 그리 크게 염려하지 않는다.

- -

선택 : GM 기술을 둘러싼 가장 큰 논쟁 중 하나는 대중 캠페인 등 엄청난 반대 의견이 있음에도 이 기술이 세계적인 농업 기술로 고착되는 것이다. 여러분이 어느 곳에 살든 간에 GM 식품을 피할 수 없게 되기까지 시간문제일 뿐이다. 우리는 이를 조금 늦출 수는 있을 것이다. 하지만 지금으로서는 소비자의 선택이 이 급격한 흐름을 막을 수 있을 것 같진 않다.

- -

그린피스(Greenpeace) · www.greenpeace.org.uk

자연과 농업(Linking Environment and Farming/LEAF) · www.leafuk.org

자연의 영국(Natural England) · www.naturalengland.co.uk

유기농 농가와 작물(Organic Farmers and Growers) · www.organicfarmers.uk.com

유기농 음식(Organic Food) · www.organicfood.co.uk

농약사용 네트워크(Pesticide Action Network) · www.pan-uk.org

왕립동물학대방지회(Royal Society for the Prevention of Cruelty to Animals/RSPCA) · www.rspca.org.uk

왕립조류보호회(Royal Society for the Protection of Birds/RSPB) · www.rspb.org.uk

붉은 트랙터(Red Tractor) · www.redtractor.org.uk

토양협회(Soil Association) · www.soilassociation.org

유지 보존(Sustain) · www.sustainweb.org

세계자연기금(World wide Fund for Nature) · www.wwf.org.uk

● 숲

숲의 너그러움 : 만약 여러분이 수평선과 그 너머 거리의 나무가 줄지어 있는 전망을 본 적이 있다면, 아마 숲은 보전할 만한 가치가 있다고 생각할 것이다. 숲은 단지 아름다운 것만이 아니라 지구의 지속가능한 삶에 중요한 역할을 하고 있다. 숲은 전 세계 약 2/3 정도의 육지 생물에게 삶의 터전을 제공한다. 더구나 지구의 6%를 덮고 있는 열대우림에서는 더 다양한 동식물이 살아가고 있다. 놀랍게도 이 동식물 대부분이 인간에게 알려지지 않았으며, 단지 1% 정도만이 정밀하게 연구되고 있다. 그럼에도 2,000종 이상의 열대우림 식물에게서 항암작용이 있는 물질이 확인되었다. 그 외의 다양한 종들이 약으로서 가치를 가진다. 숲에서는 바나나와 견과류부터 고무와 밧줄에 이르기까지 다양한 것들이 매일 만들어진다.

숲은 기후변화에도 중요한 역할을 한다. 나무와 흙은 탄소를 고정시키는 커

브라질은 삼림벌채로 인해 세계 4번째인 기후 오염원 국가가 되었고, 벌채로 인한 온실가스 증가분의 75%를 배출하고 있다.

다란 저장소를 갖고 있으며, 게다가 나무는 자신이 방출하는 것보다 많은 이산화탄소를 흡수한다. 또한 동시에 산소를 배출하는데, 이것이 바로 숲을 '세계의 허파'로 부르는 이유다.

파괴 : 많은 열대우림 지역을 다니면서, 나는 1800년대와 비교해서 거의 절반 가까이의 숲이 상상할 수 없을 만큼 파괴된 것을 보았다. 이 파괴는 여전히 계속되고 있다. 우리는 현재 매분 30헥타르의 숲을 잃고 있으며, 이는 5분마다 하이드 공원 전체가 사라지는 것과 같다. 이 파괴 속에 평균 50종의 동물이 매일같이 사라지고 있다.

숲의 보존에 대한 전 세계적 인식에도 불구하고, 여전히 나무와 종이를 불법으로 유통하는 무역은 줄어들지 않는다. 최근 연구에 따르면, 거의 10%의 목재 수입이 불법거래를 하는 것으로 드러났다. 더욱 말도 안 되는 상황은 심지어 나무는 이용되지도 못하고 불에 타서 없어진다는 것이다. 이것은 단지 낭비뿐만이 아니다. 화재는 대기 중으로 이산화탄소를 방출해서 지구온난화를 가중시킨다.

농업은 자주 숲을 없앤다. 이는 소규모 생활형 농업이든, 야자유 농장이나 가축 사육에 사용되는 잔디밭이든 간에 숲을 없애는 데는 마찬가지다. 석유 및 광업도 숲에 치명적인 결과를 가져올 수 있다. 개발을 위해 사람들이 몰려들면서 숲에는 도로가 생기고, 단기간 개발은 한때 번성한 동식물 생태계를 위협한다.

숲은 수백만 종의 동물, 식물, 새, 그리고 곤충의 집일 뿐 아니라, 인간이 예전부터 살아온 곳이기도 하다. 수천 년 동안 숲에서 사는 사람들은 생태계를 위협하지 않았다. 오히려 그들 또한 숲의 파괴로 피해자가 되었다. 16세기 초, 브라질의 아마존에는 약 6백만 명의 원주민이 살았다. 21세기인 지금, 그곳에는 25만 명 정도가 남아 있을 뿐이다.

숲을 보호하기 위해 우리가 무엇을 할 수 있는지를 언급하기 전에 논쟁이 되고 있는 숲을 파괴하는 작물 두 가지, 야자유와 콩에 대해서 살펴보겠다.

야자유

우리들 대부분은 야자유 나무의 열매를 알아보지 못할 것이다. 이제 기름야자 나무에서 뽑아낸 야자유는 슈퍼마켓에 진열되는 것을 넘어서 수많은 영역에 퍼져 있다. 립스틱, 초콜릿, 칩과 아이스크림, 튀김기름, 비누 그리고 샴푸에도 이것은 사용된다. 심지어 금속과 가죽 산업에서도 이용된다. 그리고 걱정스럽게도 디젤의 주요 교체연료로 개발되고 있는데, 이는 이미 괴물스러운 거대산업으로 바뀌었다.

기름야자나무는 중앙아프리카에서 기원했다. 여전히 수백만의 작은 규모 농가에서 재배하고 있으며 주로 요리 기름으로 사용된다. 하지만 오늘날 이 작물은 아시아, 주로 말레이시아와 인도네시아의 큰 농장에서 재배된다. 비극은 이러한 단일 작물 농장의 대부분이 이전에는 오랑우탄, 호랑이, 나비와 코끼리의 고향이던 토지였다는 것이다. 숲 면적은 수축되는 반면에 기름야자나무의 재배는 지난 8년 동안 성장하고 있으며, 수요는 여전히 늘어나고 있다.

그러니 우리는 기름야자나무를 포함한 모든 제품을 보이콧해야만 할까? 그렇게 한다면, 조금은 도움이 되리라는 생각이 들 것이다. 안타깝게도 그렇게 단순한 일은 아니다. 만약 우리가 기름야자나무를 보이콧한다면 기업들은 콩과 같은 다른 기름을 사용할 것이고, 이 역시 열대우림을 황폐하게 하는 것에서는 마찬가지이기 때문이다. 더욱이, 이 산업에 속한 많은 작은 규모의 업자들을 고려해야 하는데, 이는 큰 효과를 기대하기 힘들다.

영국의 캠페인조직은 지속가능한 방법을 장려하고 홍보하는 야자유 공급망에 있는 모든 기업과 협력 사업을 지원하는 것이 가장 좋은 방법이라고 결정했다. 이러한 논의가 자리 잡고, 지난 2, 3년간 발전하였다. 밖에서 볼 때는 이 진전은 견딜 수 없게 느리게 느껴질지도 모른다. 이 과정에는 너무 많은 관련 업체와 경쟁 이익이 있는 반면, 현재 소비자를 대상으로 하는 압력은 거의 존재하지 않기 때문이다. 우리는 다만 지속적으로 생산된 야자유를 판매하는 슈퍼마켓, 생산자 및 기업을 장려해야 한다.

콩을 먹는다는 건

또한 보다 책임 있는 콩 생산에 대한 기준이 마련되고 있다. 스위스 정부는 지속가능한 기준으로 브라질에 위치한 두 대기업에 콩 재배를 위탁하는 모범을 보여주었다. 하지만 야자유와 같이, 콩 수요는 지난 20년 사이에 2배로 늘어났다. 2020년이 지나도 이는 비슷한 속도로 증가할 것으로 예상된다. 이 속도를 따라잡기 위한 재배는 대부분 남아메리카에서 감당한다. 케라도 열대우림보호지역, 대서양 숲, 아마존의 분지, 수많은 생명이 살아가는 생태계의 모든 지역에서 이런 일이 일어나고 있다.

콩이 많은 가공식품에 사용되기에 그 수요는 여전하다. 그러나 재배되는 콩의 85%라는 압도적인 양이 닭, 돼지, 소 등의 동물사료로 사용된다. 스위스에서 발표한 자료에 따르면, 우리에게 고기, 계란, 우유를 제공하는 동물들을 위한 사료로 재배되는 콩을 위해 1인당 연간 테니스 코트만 한 면적이 필요하다고 한다.

유인원 연합(Ape Alliance) · www.4apes.com

숲 관리 연합(Forest Stewardship Council/FSC) · www.fsc.org

숲 위원회(Forestry Commission) · www.cumbria.ac.uk

지구의 친구(Friends of the Earth/FoE) · www.foe.co.uk

그린피스(Greenpeace) · www.greenpeace.org.uk

살아 있는 열대우림(Living Rainforest) · www.livingrainforest.org

열대우림의 근원(Rainforest Foundation) · www.rainforestfoundationuk.org

자연을 위한 세계적 기금조성(World Wide Fund for Nature/WWF) · www.wwf.org.uk

무엇을 할 수 있을까?

산림을 보전한다는 건 단지 열대우림만을 위해서가 아니다. 주요기관인 산림관리협의회(FSC)는 나무와 종이 생산에 관한 국제 표준을 제시했다. 여기에 숲을 보호하는 세 가지 방법이 있다.

· 재활용 나무와 종이 제품을 사용하라.
· FSC와 주요기관이 인정한 양질의 종이만을 구매하라.
· 생산자와 판매자에게 지속적인 야자유와 콩의 사용을 보장하기 위해 무엇을 하고 있는지를 물어라.

나무, 종이, 바이오연료, 고기, 화장품은 책 뒷부분에서 더 다루고 있다.

● 바다와 대양

　바람이 불고 비가 조금씩 내리며 폭풍우가 닥칠 것 같으면, 아버지는 "바닷가로 가자!"라고 외치곤 했다. 외투와 모자로 무장하고 소풍준비물을 실은 차를 몰아서 바닷가에 도착한 뒤 파도가 바위에 부딪쳐 산산이 부서지는 모습을 지켜보곤 했다. 게와 고둥을 잡아 요리해 먹거나 머리핀으로 고둥의 속살을 빼먹기도 한 기억이 생생하다.

　많은 사람이 이런 바다여행을 추억으로 지니고 있을 것이다. 사람들이 여행지로 바다를 택하는 경우는 80%에 이르고, 전 세계 인구의 60% 정도가 바다로부터 60km 이내에 살고 있다고 한다. 바다는 휴양지뿐 아니라 해산물, 미네랄, 석유 등을 우리에게 제공하며, 해상수송을 가능하게 한다. 또한 바다는 지구상에 존재하는 수량의 97%를 차지하며, 동식물의 90%가 살고 있는 곳이기도 하다. 즉 바다는 해양생물의 보고라고 할 수 있다.

　앞에서 개략적으로 설명했듯이, 바다는 지구온난화현상으로 인해 해수면 상승, 멕시코만류의 이동속도 감소, 산호초의 서식지 파괴 등 심각한 위기를 겪고 있다. 플랑크톤은 대기 중 이산화탄소의 30%를 흡수하는 중요한 역할을 한다. 이산화탄소 농도가 지나치게 증가하면 바다는 산성화되고 결국 플랑크톤은 제 기능을 못하고 죽게 된다. 그뿐만 아니라 각종 오염과 무분별한 어획은 바다에 직접적인 영향을 미칠 정도로 위험하다.

　바다를 부유하는 쓰레기 : 얼마 전 동아프리카 해변으로 떠밀려온 쓰레기 중 고무 슬리퍼에 대한 영화 한 편을 본 적이 있다. 조류에 밀려 해변에 엄청나게 널려 있는 슬리퍼 모습은 충격적이었다. 솜씨 좋은 사람들은 그런 슬리퍼를 모아서 새 것으로 만들거나 울타리를 치는 데 사용하거나 다른 용도로 재활용한다.

　연간 1억 톤 가량 생산되는 플라스틱은 그 중 10%가 바다로 버려진다. 대부분이 배에서 버린 것보다 육지에서 버려져 떠밀려온 것이라고 한다. 플라스틱 쓰레기는 미관상으로도 흉할 뿐 아니라 바다생물의 생명을 위태롭게 할 정도로 위험하다. 연간 1백만 마리 이상의 바닷새와 10만 마리 정도의 해양포유동물류와 바다거북이가 해면을 떠다니는 플라스틱을 먹이로 오인해 먹거나 쓰레기에 몸이 걸려서 죽는다고 한다.

　　나는 엄청난 양의 쓰레기 더미가 시계반대방향으로 느리게 소용돌이를 이루며 떠다니는 곳을 발견하고 호기심이 생겼다. '환류'라고 불리는 이곳은 북태평양 환류해역에 위치하며, 미국 텍사스 주만큼 큰 해역으로, 쓰레기가 뒤덮고 있다. 대략 이 쓰레기양은 바닷속 플랑크톤 1kg당 6kg 정도에 달하며 날이 갈수록 늘어날 것이다.

　　바다에 버려지는 쓰레기 : 플라스틱을 포함한 다른 쓰레기만이 바다에 버려지는 건 아니다. 전 세계적으로 처리되지 않은 엄청난 양의 오수가 바다로 흘러들어가고 있다. 한 예로, 80% 이상의 오수가 흘러들고 있는 지중해의 오염은 엄청나게 심각하다. 농장에서 나온 비료만 아니라 오수처리비용 때문에 그냥 물에 버리는 영양제들은 물속 산소를 고갈시키고 해양생물을 질식하게 한다.

　　또 다른 해양오염의 주범으로는 기름을 들 수 있다. 바다를 수백만 갤런의 기름을 옮기는 수송의 길목으로 이용하면서 이는 우리가 부담해야 하는 당연한 결과가 되었다. 일단 바다에 다량의 기름이 유출되는 순간, 그 피해는 수십 년간 이어질 것이며, 현재로서는 오염된 바다를 효과적으로 정화할 수 있는 방법이 거의 없다. 또한 아직도 많은 선박이 해상에서 오일 탱크를 세척하고 있어서 소규모의 기름유출이 계속되는 건 더욱더 심각한 일이다. 이것은 사고에 의한 유출이 아닌 고의성이 짙은 오염행위이기 때문이다.

　　독이 든 물고기 : 1970년대까지는 살충제, 화학무기, 심지어 방사성폐기물까지 대부분 쓰레기를 바다에 버리는 것이 그리 큰 문제가 되지 않았다. 하지만 우

리는 이제 그 대가를 치르고 있다. 많은 화학물질이 해양생물의 체내에 쌓이게 되고, 이를 먹는 생물에게도 쌓이게 된다. 따라서 먹이사슬의 제1차 생물이 소량의 화학물질을 흡수하더라도, 북극곰처럼 먹이사슬의 가장 상위 단계에 이르게 되면 그 농도는 수백만 배, 심지어 수십억 배 높아진다.

그렇다면 먹이사슬의 가장 위에는 무엇이 있을까? 바로 '우리'이다. 그래서 기름기 많은 생선에 함유된 유기오염물질 폴리염화비페닐이나 다이옥신과 같은 독소의 농도에 신경을 쓰고 있는 것이다.

충격적인 사실은, 쇠고둥, 바다코끼리를 포함하는 해양생물 대부분이 인간이 만든 화학성분에 오염되어 있다는 것이다. 그리고 아직 바다를, 보존해야 할 대상이 아닌 무한한 하수처리장으로 착각하는 사람이 많다.

무분별한 어획 : 1950년대 1800만 톤이던 어획량은 현재 약 1억 톤에 이르고 있다. 게다가 50년 전에 비해, 잡힌 물고기는 작고 어리다. 이는 아직 산란기 이전

의 어린 물고기까지도 무분별하게 포획한다는 걸 의미하고 결국 어족자원의 고갈을 뜻하는 것이다.

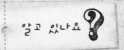

어족자원이 얼마나 위험한 지경에 처해 있는지를 알기 위해서는 지난 30년 동안의 대구 어획량을 살펴볼 필요가 있다. 오늘날 전 세계 대구 어획량은 3백만 톤에서 1백만 톤으로 줄어들었다. 위험 신호를 무시한 수년간의 남획의 결과·1992년, 전 세계에서 가장 풍부한 대구 어장인 뉴펀들랜드 어장이 완전히 망가졌다. 졸지에 삼사만 명의 사람들이 하룻밤 사이에 실업자로 전락해 버렸고, 대구 개체의 수는 10년이 지난 오늘날까지도 회복되지 않고 있다. 북해의 어획량도 다를 바 없는데, 세계자연보호기금(WWF)에 따르면 대구의 총 어획량은 카페리 한 대에 실을 정도밖에 남지 않았다고 한다.

기술의 테러 : 문제는 어업이 날씨와 조수 등을 고려하여 재치를 발휘하는 도박성 게임에서 고도로 산업화되고 기계화된 과정으로 진화했다는 것이다. 말 그대로, 엄청난 저인망 어선이 바다 바닥을 훑고 지나가면서 사실상 그곳을 바다사막으로 만들고 있다. 12인승 비행기를 버틸 수 있는 대형 그물이 어선 뒷부분에 실려 있고, 수만 개의 미끼가 달린 낚시 바늘을 단 그물이 예인되고 있다. 그리고 참다랑어처럼 매우 귀하며 찾기 힘든 물고기를 정찰비행기가 정확한 위치를 파악하여 어선에게 알려준다.

이런 기술적 어업의 가장 나쁜 점은 낭비가 심하다는 것이다. 그런 엄청난 장비를 사용하면 잡으려고 한 물고기 외에도 수백만 마리의 다른 물고기나 해양 생물이 그물과 함께 달려온다. 일부는 바로 바다로 돌려보내지만 동물사료나 어유, 어분으로 사용되는 경우가 허다하다. 극소수만이 살아남는다는 것이다.

부수적인 어획물은 물고기뿐만 아니다. 무려 30만 마리가 넘는 작은 고래들, 그리고 돌고래들이 매년 이런 어획방식에 의해 그물에서 목숨을 잃는다. 25만 마리가 넘는 붉은바다거북, 장수거북 등이 통발식 어업에 목숨을 위협받고 있고, 30만 마리가 넘는 바닷새들이 비슷한 이유로 죽는다. 그 결과 알바트로스는 멸종위기에 놓인 많은 해양생물 중 하나가 되었다.

예인망이 다가 아니다. 일명 귀신 그물이라 불리는 유자망은 글자 그대로 바다에 투망되어 물결을 따라 움직이다가 운 나쁘게 걸린 수백만 마리의 물고기를 가두거나 죽인다. 이전에는 50km까지 그물을 펼칠 수 있었으나 다행히 지금은 2.5km로 제한하였고, 유럽연합(EU) 소속 바다에서는 그마저도 완전히 금지되었다. 그린피스는 버려져 있는 그물망을 바다에서 직접 찾아 수거하고 있다.

까다로운 협상 상대 : 여러분은 우리 정부가 이런 중대한 문제를 당연히 다루고 있을 거라고 생각한다. 물론 그들은 이런 문제를 알고는 있다. 그러나 충분한 조치가 취해지지 못하는 게 현실이고, 일부에서는 상황이 더욱 악화되고 있다.

EU의 경우, 일부 국가에서는 어획량 쿼터를 발표하는 동시에, 다른 일부 국가에서는 어족 보호와 어부의 대체 직업을 장려하기 위한 투자보다는 더 많은 어선을 만들기 위한 보조금 정책을 내놓는다.

사실, 다자간 어업협정은 문제가 있긴 하다. 일부 개도국은 자국 영해에서의 남획에 대해 최소한의 과태료만을 물리면서 해당 지역의 어선 파기를 방치하는 식으로 협정을 부당하게 이용하고 있다.

또 다른 악용은 '편의치적선(flags of convenience)' 제도가 있다. 최근 해적들은 배가 등록된 국가의 해양법만 준수하면 되는 것을 악용한다. 예를 들어, 국제수산협정에 가입하지 않은 토고, 벨리즈, 모리타니와 같은 국가들의 국기를 달고 어떠한 처벌 없이 약탈을 계속한다. 대략 1,300개의 중대형 해적선들이 '편의치적선'제도를 악용하고, 약탈한 어획물을 별 어려움 없이 시장에 내다 팔고 있다. 정부는 이를 방치해서는 안 된다.

바다의 미래 : 바다는 지구 표면의 70%를 차지하고 있고, 우리는 이를 보존하기 위해 많은 노력을 기울여야 한다. 환경운동가들이 지적하기를 13%의 육지가 제도적으로 보호 받고 있는 데 반해, 이와 비슷한 법령의 보호를 받는 해역은 1%도 되지 못한다고 한다. 국내에서 법령으로 보호받는 유일한 해역은 브리스톨 해협 내에 있는 룬디섬 근방 약 5km 정도다.

해양을 보존한다는 건 해양생물이 보호받을 수 있는 대규모 해양 구역을 지정한다는 의미다. 해양보존을 위해서는 상업적 어업의 금지뿐만 아니라 관광객의 출입에도 제한을 두어야 한다. 대부분 제한지역에 서식하는 물고기는 건강하고 활력이 넘치고, 더불어 바다는 예전의 청정상태로 돌아갈 수 있다.

소비자는 해양보존에 적극적이어야 하며, 오염방지를 위해 더 많이 애써야 한다. 또한 정부로 하여금 남획 행위를 강력하게 단속하도록 요구해야 한다. 그리고 자신의 생선섭취습관에 대해 생각해볼 필요가 있다.

바다와 해양 관련 웹사이트

그린피스 · www.greenpeace.org.uk/oceans
'바다 보호하기 캠페인'을 벌이면서 다양한 해양관련 이슈들을 다루는 비정부기구

해양보존협회(MCS) · www.mcsuk.org
영국해양, 해안 및 야생동물을 보호하는 단체

해양관리협의회(MSC) · www.msc.org
어류에 대한 현장실사와 분류작업을 통한 환경친화적 어업을 독려하는 기관

세계자연보호기금 · www.wwf.org.uk
남획, 해양 서식지 및 야생 환경오염 및 파괴 방지단체

02

집과 정원

시골에서 살면 친환경적으로 살기 쉬울 것이라고 상상할 것이다. 하지만 내 생각은 그 반대다. 도시의 장점은 건물이 시외보다 작고 단열이 잘 되어서 열이나 전기소비량이 적다는 것이다. 1994년, 런던 집을 떠나 서머셋이라는 마을의 오래된 집에 세 들어 살았다. 그 집은 창문이 잘 안 닫혔고 문지방 사이로 바람이 들어왔고 히터는 두꺼운 커튼 뒤에 있었다. 난방을 한다는 건 일종의 도전이었다.

●

하지만 몇 년 전에 서머셋에 집을 하나 샀다. 많은 돈을 대출받아 장만한 집이었기에 집과 정원을 꾸미는 데 쓸 돈이 넉넉지 않았다. 그러던 중 Eco-renovation*을 접하게 됐고 이는 나를 상당히 기쁘게 했다.

문제는 시간이었다. 충분한 시간은 단지 두 달밖에 없었다. 그 안에 벽을 허물고, 카펫을 걷어내며 벽지를 뜯어내 도배를 하고, 전기배선과 배관작업을 새로 하며, 실내 장식을 다시 하기까지 할 일이 많았다.

전문업체에 맡기지 않는 대신, 그 돈으로 차라리 주변 환경을 꾸미는 데 써야겠다고 마음을 먹었다. 물론 녹록지만은 않은 과정이었다. 당시에 내가 지금의 이 책을 가지고 있었다면 시행착오를 줄일 수 있었을 텐데 말이다. 어쨌든 그 후에도 나 혼자 해야 할 일은 끝도 없었고, 계획한 일 중에 손도 못 대고 있는 일도 많았다.

이 장은 DIY(DO It Yourself, 가정용품의 제작·수리·장식을 직접 하는 것)나 실내장식뿐 아니라 친환경적 생활방식(green living)을 다룬다. 세제 이용법, 물과 에너지 절약법, 세탁기나 냉장고를 고르는 방법, 텔레비전, 휴대전화기, 그리고 컴퓨터와 같은 전자제품을 재활용하는 방법, 마지막으로 정원이 있는 사람들을 위한 정원가꾸기 정보까지 나누고자 한다.

* 친환경 자재를 활용하여 리모델링(재건축)작업을 하는 건축방식.

"우리가 알고 있는 모든 세균을 박멸한다"라는 광고 문구가 있다. 방 구석구석과 집 틈새에 사는 세균에 대한 인간의 공포심을 이용한 광고다. 집안의 세균을 없애기 위해 독한 화학약품을 쓰는 건 정원에 사는 개미와 진딧물을 죽이기 위해 살충제를 뿌려 그곳에 사는 모든 생물을 죽이는 것과 다를 바 없다. 깨끗하고 쾌적한 집을 위해 집안의 기름때, 묵은 때나 먼지를 무리하게 다 제거하는 수고를 할 필요는 없다.

청소의 한 가지 다른 대안으로 천연제품을 쓰는 것이 인간에게나 환경에나 모두 좋다. 가정용에서는 레몬, 식초, 소다의 탄산수소 등을 이용한 천연제품을 직접 만들어 쓰면 좋다. 시중에서 판매되는 제품들 대부분도 사람의 건강과 자연에 유해하지 않은 제품을 만들기 위한 과학자들의 노력이 담겨 있기 때문에 그것들이 해롭다는 뜻은 아니다.

모든 사람이 전자레인지 소독이나 수도꼭지 청소에 레몬을 쓴다고 가정해보자. 레몬 수요량은 기하급수적으로 증가할 것이고, 결국 그 수요를 감당하기 힘들게 되면 전량을 유기농으로만 재배하기도 힘들게 될 것이다. 또한 레몬을 전 세계에 공급하기 위한 운송비도 만만치 않을 것이다. 재래식 세제보다 가격이 더 비싸지는 것은 제쳐 놓고도 더는 친환경적인 레몬 재배가 어려워질 것이다.

우리는 보통 세제를 너무 많이, 너무 자주 사용한다. 그리고 자연에 영향을 가장 덜 끼치는 세제를 고르는 것은 쉽지가 않다. 이런 인식하에서 세제, 청소도구 그리고 가정용품 등에 대한 개인적인 견해를 말해보겠다.

● 세 탁 세 제

40년 전만 해도 비누거품은 잘 헹궈지지 않았을 뿐 아니라 강을 온통 거품으로 뒤덮었다. 이런 세제의 사용은 적조현상을 일으키는 데 한몫을 했고, 적조는 물속 산소를 모두 흡수하여 물고기를 질식해 죽도록 했다.

　　이후로 우리가 사용하는 세제의 종류는 크게 바뀌었고 생분해성에 대한 관심이 확산되었다. 기업은 이제는 이것을 소위 친환경세제라는 핵심 판매 전략으로 쓰고 있다. 오늘날 국가는 더는 세제로 수질관리에 대한 걱정을 하지 않는다. 오히려 화학비료나 가축배설물로 오염된 농경지에서 유입되는 오폐수 처리에 골머리를 앓는다.

　　가장 친환경적인 세탁을 하고 싶다면, 세탁 시 수온이 중요하다. 찬물은 에너지 소비를 줄일 수 있다. 그 밖에 환경을 위하는 어떠한 방법이 있을까?

　　파우더(powder)의 힘 : 세제가 생물학적 성분을 포함한다는 말은 세제 안에 효소 성분이 있다는 뜻이다. 때때로 자연의 기적적인 일꾼으로 불리는 이 효소는 우리 몸속에서 음식을 분해하는 데 도움을 주기도 한다. 세제 속 효소는 지방을 분해하고 피나 초콜릿 같은 얼룩을 없앤다. 또한 낮은 온도에서도 활발히 활동하여 효과적인 세탁을 할 수 있도록 도와준다.

　　많은 사람은 효소가 알레르기나 피부 가려움증을 유발할 수 있다고 믿는 듯하지만 광범위한 연구 결과 이는 사실이 아니라고 밝혀졌다.

　　세제 제조업(dirty business) : 세제에서 가장 필수 성분은 계면활성제다. 계면활성제는 옷에 묻은 때를 뺌과 동시에 떨어진 때가 다시 옷에 붙지 않도록 해준다. 대부분 세제는 어떤 형태로든지 야자유를 사용하고 있으며, 세제 제조사는 야자유산업이 열대우림에 최대한 해를 입히지 않도록 논의하며 후원하고 있다. 일단 친환경 야자유 재료에 대한 표준이 정해진다면 제조사가 그것에 따르도록 지켜봐야 할 것이다.

적정 세제량 : 세제가 농축되면 될수록 사람들은 더 적은 양을 쓰게 되고 포장이나 운송 및 화학물질 낭비를 줄일 수 있다. 그러나 몇 해 전 고농축 분말세제가 처음 등장했을 때는 소비가 적어서 결국 회수하는 일이 벌어지기도 했다. 내 짐작에는 고농축 세제가 작은 박스에 담겨 있어 사람들에게 상대적으로 더 비싸게 느껴졌고, 사용한 사람들은 권장량 이상으로 세제를 사용했을 것이라고 생각된다. 놀랍게도 오늘날 시중에서 판매하는 최고의 고농축 세제는 분해가능한 일회용 비닐봉지에 든 액체 정제이다. 그다음 농축 세제는 파우더 정제이고 다음은 일반 액체 세제이다. 그리고 가장 농축률이 낮은 것은 일반적인 분말형 세제이다.

포장 : 많은 세제 제품이 리필 팩으로 판매되지만, 소비자의 관심 부족으로 회수되고 있다. 세제 포장을 잘 하기란 사실 간단한 문제가 아니다. 이미 말했듯이, 고농축 제품일수록 포장도 간단해진다. 정제형태의 세제는 개별 포장이 가능하고, 액체 세제는 분해가능한 플라스틱 코팅으로 포장된다. 한 가지 분명한 것은 세제박스나 병은 재활용 재료로 사용하기에 이상적이라는 것이다. 마분지나 플라스틱으로 최대한 재활용될 수 있으며, 또한 이것들은 다시 재활용이 가능하다. 최근 플라스틱 병의 재활용은 쉬운 편이지만, 플라스틱 튜브는 수거해서 처리할 시설이 흔치 않다.

나의 '그린' 체크리스트

사자
생분해성 세제
고농축 세제
재활용되는 포장 제품

빨자
효과적으로 세탁할 수 있는
가장 낮은 온도
적정 세제량 확인

에코 볼(Eco-balls) : 친환경 세제 에코 볼은 플라스틱으로 만들어지고, 비행접시처럼 생겼다. 분말이나 액체 세제의 대안으로 최대 1,000회까지 세탁기에 넣어서 사용할 수 있고, 당연히 때를 제거한다. 설명서대로만 잘 사용하면 비용도 적게 들며 독성 화학물질이나 야자유, 효소 및 찌꺼기도 만들지 않는다. "과연 빨래가 제대로 될까?"라고 의문이 생길 것이다. 몇몇 사용 후기를 보면, 상당히 긍정적이기는 하지만, 진한 얼룩이 묻었을 경우 잘 빠지지 않는다는 것과 상온에서만 좋은 효과를 낸다는 단점이 보인다. 60℃가 가장 좋다는 사람도 있다. 에너지 소모가 적을지, 저온에서 효과를 볼 수 있는지는 나 역시 궁금하다.

 ### 식 기 세 척 기 용   세 제

아들에게 어린이들이 열 수 없게 만든 식기세척기 세제의 뚜껑을 따게 한 적이 있다. 재활용 가능한 3kg 크기의 플라스틱 병에 든 가장 큰 분말 제품을 샀는데, 도대체 얼마나 썼는지를 알 수 없어서 1kg 크기의 사이즈로 나누어야만 했다. 이건 플라스틱을 세 배나 낭비하는 것이었다.

식기세척기 세제의 장단점은 앞서 언급한 세탁 세제와 일맥상통한다. 세제의 생분해성은 가장 중요시되는 사안임에도 세탁온도보다 덜 중요하게 다루어지고 있다. 또한 대부분 식기세척기들은 세탁기보다 온도 조절 성능이 떨어진다. 아마도 그래서 세척력을 평가하는 데 있어서 친환경적인 제품과 기존 제품 사이에 타협점이 없는 것 같다.

 ### 설 거 지 용   액 체   세 제

이제까지는 설거지용 액체 세제가 환경에 어떤 영향을 미치는지에 대해 큰 관심이 없었다. 그리고 생분해성에 있어서도 제품 간에 별 차이가 없다.

포장에 관해서는 리필이 최상의 접근 방법이다. 에코버는 최고의 리필 전략을 펼친 회사 중 하나이다. 공장에서 리필한 설거지 세제 25리터를 사면 일 년에 1리터 병 50만 개를 절약할 수 있고, 또한 쓰레기가 될 플라스틱 26,000kg을 아낄 수 있다. 집에서 직접 리필할 수 있는 5리터 용기도 판매된다.

여러분이 설거지용 액체 세제에서 농축이나 희석 중 어떤 것을 선택할 것인지 묻고 싶다. 농축 제품은 포장과 운송비를 줄일 수 있지만, 이는 정확한 적정 양을 썼을 때만 가능하다. 우리는 액체 제품을 눌러서 나오는 대로 쓰는 경향이 있지 않은가? 해답은 농축 제품을 사서 스스로 희석시키는 방법으로 세척기가 알아서 적정 양을 자동 분사하는 것이다.

슈퍼마켓 진열대를 따라 늘어서 있는 페어리(Fairy) 회사의 서로 다른 13개 설거지용 세제를 본 적이 있다. 이렇게 많은 종류의 세제가 필요한 걸까? 최악의 상품은 페어리 활성거품이었다. 이 제품은 여분의 기름때를 제거하기 위한 것인데, 헹구는 동안 수도꼭지를 그저 틀어놓기만 하면 된다고 한다.

세제 와 광택제

대개 친환경 세제는 기름을 원료로 쓰지 않고 재생 가능한 재료로 만들어졌다고 광고한다. 이는 환경과 건강을 위한 필수 요건은 아니다. 분무식 제품 제조사는 적절한 분사는 제품을 덜 쓰게 하며 마지막 한 방울까지 사용할 수 있는 효율적 기술이라고 주장한다. 하지만 그런 성능의 장점은 헤어스프레이 및 방향제에서 잘 나타나기 때문에 세제로는 추천하고 싶지 않다.

솔직히 말해서, 어떤 브랜드를 사라고 추천하기가 쉽지 않다. 포장을 최소화하고, 필요한 만큼만 쓰고, 너무 많은 종류의 제품을 쓰지 않기를 권한다. 그리고 앞에서 말했듯이 레몬 세척 같은 대안이 반드시 환경보호를 위한 것이라고 생각할 필요도 없다.

그린피스는 일부 가정용 세제로 이용되는 인조 사향(人造麝香)을 우려한다. 이런 화학물질은 자연 속에 잔존하여 결국 사람에게 들어오게 된다. 반면, 업계는 인조 사향은 아무런 문제가 없으며, 계속 사용해도 된다는 단호한 입장을 보인다.

탈 취 방 향 제

탈취 방향제 사용에 반대하는 모임이 있다면 나 역시 가입했을 것이다. 마른 라벤더 봉오리를 제외하고는 내가 좋아하는 탈취 방향제는 없다. 택시를 탈 때 소름끼치는 괴물처럼 창문에 붙어 있는 강력 탈취 방향제는 정말이지 끔찍하다. 메스꺼운 아로마 향과 묵은 담배 냄새가 섞여 있다면 그건 최악이다.

더욱이 탈취 방향제가 몸에 해롭다는 보도가 잦다. 집안에서 악취가 진동하면 그것을 덮어버리거나 창문을 여는 것보다는 아예 냄새의 원인을 없애는 것이 좋다. 공기청정기를 켤 수도 있지만 이는 별로 좋은 방법은 아니다. 분무식 제품도 결코 좋지 않음을 명심해야 한다.

화 장 실 세 제 및 탈 취 제

중탄산소다(bicarbonate of soda)나 식초는 화장실 청소 대체용품으로 자주 추천된다. 하지만 잡지 《Which》에서는 이것은 에코버 제품보다 3배나 비싸며, 함께 얼룩을 제거하기 위해 환경에 도움이 되지 않는 종이 타월이나 걸레가 필요하다고 한다.

물을 파랗게 하는 파란색 화장실 탈취제는 방향제와 똑같이 나에게는 공포의 대상이다. 이것은 불필요한 물건이고, 만약 버튼식 변기라면 밸브를 부식시켜서 물이 샐 수도 있다.

많은 사람이 강력한 표백제나 화장실 청소용 액체 세제 사용에 거북해한다. 하지만 박테리아와 접촉하면 분해되기 때문에 하수처리시스템에서는 별문제를 일으키지 않는다. 반면 화장실에 생긴 갈색 때를 방치하면 더러운 세균이 번식할 것이다. 이런 경우 표백제를 쓰는 것은 그리 나쁜 일이 아니다.

알루미늄 포일

알루미늄 마니아는 상당히 많다. 어느 날 저녁, 세련된 아가씨가 테스코에서 산 샌드위치를 포일로 감싸서 스포츠클럽에 가져왔다. 이것은 상당히 나쁜 일이다. 게다가 남은 샌드위치를 가져가기 위해 새 포일을 꺼낼 때는 한마디 해주고 싶었다. 최소한 샌드위치를 가져올 때 사용한 포일을 재활용해야 할 것 아니냐고 말하고 싶었다.

왜 이렇게 화를 낼까? 글쎄. 알루미늄 포일을 만드는 데에는 엄청난 에너지가 필요하다. 또한 포일의 재료는 원래 열대우림지역에서 발견된 것이고, 결국 이것은 열대우림을 파괴하게 한다. 이는 포일을 낭비하면 안 되는 두 가지 이유라고 할 수 있다. 포일 대신에 씻어서 다시 사용할 수 있는 플라스틱 박스 사용을 권한다.

긍정적인 측면에서, 알루미늄은 몇 번이고 재활용할 수 있다. 폐품으로 수집된 포일을 재활용하는 경우, 처음 만들 때의 5% 정도 되는 에너지만 필요하다.

많은 지방자치단체에서 알루미늄 포일을 재활용 쓰레기로 수집할 것이다. 포일 박스와 봉, 초콜릿 포장 포일, 유제품에 쓰이는 포일 뚜껑이나 포일 박판 등을 수거해야 한다. 새 포일을 살 경우 100% 재활용 포일인지 확인해야 한다(가정용품 Website 참고). 내가 여러 번 사용한 결과, 새 제품과 차이를 발견하기 어려웠다.

쓰레기 봉지

나는 생분해성 쓰레기봉지를 열렬히 지지하지는 않는다. 온실가스를 배출하는 썩은 쓰레기를 얼마나 수거하느냐로 최근 쓰레기 매립장은 제약받고 있다. 최소한 재활용 가능한 상태로 썩는 생분해성 비료 포대가 차라리 말이 된다. 하지만 도대체 왜 비료 포대를 써야 하는 걸까? 많은 쓰레기 수거업자들은 비료 상자에 있는 내용물을 바로 쓰레기 수거차에 부어버릴 테고 따라서 봉지는 필요 없다.

쓰레기봉지를 살 때는 가능한 재생 가능한 비닐 제품을 사기를 바란다. 공장보다는 가정에서 쓰레기를 분리수거하여 유용한 제품으로 재활용해야 한다.

 ## 화 장 실 휴 지 및 키 친 타 월

처음 재활용 화장실 휴지가 나왔을 때는 비재활용 휴지보다 부드럽지 못했을 것이다. 그렇지만 이제는 아니다. 재활용되었을 뿐만 아니라 가능한 한 많은 폐지를 활용하는 브랜드에 주목하자. 물론 화장실에서 사용된 휴지라는 뜻은 아니다. 재활용 화장실 휴지는 그렇지 않은 것보다 제조비용이 적고 쉽게 찾을 수 있다. 친환경 소비자라면 이것을 놓치지 말아야 할 것이다.

고려해야 할 것이 몇 가지 있다. 미국인은 유럽인에 비해 거의 두 배 가까운 화장실 휴지를 쓰고 있다. 반면에, 휴지를 거의 쓰지 않거나 아예 사용하지 않는 나라도 많다. 그리고 휴지 제조사는 이를 엄청난 마케팅 기회로 생각한다. 나는 미국인처럼 많은 휴지를 쓰면서 엉덩이를 닦는 게 좋은지 잘 모르겠다.

키친타월 선택도 역시 폐지로 만든 것이라야 한다. 하지만 이것은 아껴 써야 한다. 나는 사람들이 엎질러진 것을 키친타월로 닦는 걸 참을 수가 없다. 게다가 한꺼번에 많은 키친타월을 써버리는 것도 용납하기 힘들다. 다시 빨아서 쓸 수 있는 걸레는 왜 쓰지 않는가?

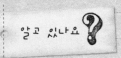

알고 있나요?

영국 남서부에서는 1인당 연간 평균 14kg의 화장실 휴지를 사용한다.

친환경 세제기업

에코버(Ecover)는 대형 세제기업에 비해 상대적으로 작지만 친환경 세제기업으로 독보적이다. 친환경을 테마로 1980년에 설립한 에코버는 자사 제품에서 인산염을 쓰지 않은 첫 번째 제조업체이다. 그전부터 사용한 연수(軟水)는 회사의 친환경정책에 따라 모든 공정으로 확대했다.

에코버는 1992년, 낮 동안 창문을 통해 충분한 햇빛이 들어오게 하여 인공조명을 최대한 줄인 새 공장을 건설했다. 또한 넓은 옥상에 내건성이 강한 식물을 심어 건물 내 온도를 일정하게 유지하는 혁신적인 기법도 도입하였다.

에코버가 유일한 친환경 세제 브랜드는 아니다. Faith in Nature사가 만드는 'Clear Spring'이나 'Bio D' 등 제품이 있다. 일부는 피부보호에 초점을 맞추지만 대다수는 기본적으로 생화학반응을 강화한 하수처리시스템에서 보다 빨리, 보다 원활하게 분해된다.

나는 세탁 시 온도를 낮추는 게 더 중요하다고 생각한다. Clear Spring과 Bio. D 모두 효소 세제를 생산하지만, 영국에서의 시정점유율은 매우 적다고 말한다. 대략 90% 정도가 비효소 세제이고 10% 정도만이 효소 세제라고 한다. 재미있는 일은 영국을 제외한 나머지 유럽국가에서는 효소 제품들이 크게 인기를 끌고 있다는 것이다. 저온에서 세탁이 잘 된다는 것은 매우 중요하다. 어떤 친환경 세제도 흰색보다 더 흰 옷을 만들거나 마술 같은 형광 발광제(optical brightener)를 함유하고 있지 않다.

이런 사실은 표백제가 세탁에 효과적인지 의문을 낳는다. 간접적으로는 "우체국에 가는데 포르세가 필요한가"라고 묻고 싶다. 아마도 아닐 것이다. 이것은 에코버가 지향하는 것과 거의 같은 맥락이다. 에코버의 성과는 고성능 터보엔진을 장착한 차라기보다는 매일 몰고 다니는 평범한 차에 비유할 수 있다. 깨끗한 세탁을 한다는 점에서는 대부분 수긍하겠지만, 말도 안 되는 차가운 온도에서도 가능하게 하라는 뜻은 아니다.

세탁, 요리, 냉동

20년 전에 한 세탁기 제조업자는 내게 "기계의 에너지효율을 쉽게 높일 수 있는 데, 그걸 원하는 사람이 없다"고 말했다. 요즘은 이런 말을 하는 사람이 없다. 만약 여러분이 최근 새 세탁기, 식기세척기, 또는 냉장고를 산 적이 있다면 에너지 효율성을 확인하고 구입했기를 바란다. 1등급이 가장 효율성이 뛰어나며, 5등급은 효율성이 최하이다. 이 등급제로 인해 제조업자는 제품의 에너지효율에 신경을 쓸 수밖에 없다.

● 세 탁 기

　내게는 아주 지저분한 아들이 셋이나 있다. 그래도 세탁 온도를 30℃로 낮게 맞추고도 빨래를 잘 하고 있다. 세탁기에서 가장 중요한 문제는 세탁온도이다. 뜨거운 물로 세탁을 하면 찬물로 할 때보다 더 많은 전기가 필요하다. 90℃에서 빨래하면 40℃에서 하는 것보다 전기가 2배 더 든다. 지난 20년 동안 세탁기의 표준온도는 90℃에서 60℃로 떨어졌는데 요즘에는 40℃가 표준온도로 프로그램된 세탁기가 많다. 앞으로는 30℃까지 내려갈 것이다.

　1회 세탁 시 물사용량도 15년 전의 평균 80리터에서 오늘날 50리터까지 떨어졌다. 일본, 호주, 스페인 같은 몇몇 나라에서는 찬물 세탁이 일반적이다. 하지만 찬물 세탁은 사용하는 물의 양이 많아지고, 여러 가지 다양한 세제가 사용되며, 세탁시간이 길어지게 되어 찬물의 이점이 상쇄되는 점도 있다.

　새로운 타입의 세탁기가 등장한 점은 흥미롭다. 그 중 한 가지는 증기세탁기로 자연 친화성이 우수하다. 전기 사용량은 21%나 적고, 물도 35%나 적게 사용한다. 물론, 이것은 가장 최상급 세탁기와 비교하면 그리 뛰어나지 않을 수도 있다. 그러나 이 세탁기의 핵심은 센서에 있다. 이 센서는 세탁물 양을 감지하여 필요한 물과 시간을 스스로 조절한다. 또 하나의 특징으로 작은 부분이지만 LED모니터가 장착되어 있어 다른 방에서도 현재 세탁이 어느 정도 되었는지 알 수 있다. (전기 사용량을 모니터해주는 기능이 없는 점이 아쉽기는 하다.) 또한 핑크, 체리, 아쿠아블루 등 세탁기 색깔이 다양하여 취향에 따라 고를 수 있다. 물론, 이런 세탁기는 평범한 세탁기보다 두 배나 가격이 비싸다.

그 밖의 기발한 아이디어로 개발 중인 제품을 소개하면, 물 없이 세탁 가능한 초음파 세탁기와 물을 정화시켜주는 식물이 있다. 그 중에서 가장 매력적인 건 초지능 세탁기로, 이 세탁기는 세탁물의 무게를 재고, 천의 종류를 감지하고, 그 성분에 맞게 세탁하는 방법을 스스로 조절한다. 그렇다면 가장 친환경적인 환경을 세탁기 스스로 선택하여 온도나 세제 양을 전혀 고심할 필요가 없게 되는 것이다.

● 건 조 기

과테말라에서 기차여행을 하는 중 창밖을 내다보던 미국인 친구는 "어떻게 건조기 없이 저렇게 할 수 있지?"라고 말했다. 바람에 하늘거리는 알록달록한 선명한 색깔의 빨래들을 보면서 나는 내 친구의 말에 동의할 수밖에 없었다. 사실, 나는 빨랫줄의 광팬이다. 마당에 빨래를 널 만한 공간이 없다면 집 안에 건조기를 설치해야 할 것이다. 건조기는 마지막 대안일 뿐이다.

대부분 건조기는 에너지효율이 3등급이거나 더 낮다. 진정 건조기 구입을 생각한다면 다음 내용을 고려할 필요가 있다.

응축형 건조기 vs 배기식 건조기 이 두 건조기는 에너지효율 면에서는 큰 차이가 없다. 그러나 배기식 건조기는 찬 공기가 집 안에 들어오게 한다.

센서 빨래가 다 마르면 기계가 자동으로 작동을 멈춘다. 건조 시간을 대략 짐작하여 시간을 맞추는 타이머 방식보다 훨씬 효율적이다.

<u>열펌프</u>　AEG가 만든 저온의 열을 흡수해 고온으로 만드는 방식으로 효율성이 높다. 이 제품이 상용화되면 건조기 가격이 많이 떨어질 것이다.

<u>가스</u>　이 건조기는 세탁물을 솜털같이 가볍게 만들어주며 건조기 사용비용이 저렴하고 환경유해물질은 탄소를 적게 배출한다. 그러나 에너지효율은 낮으며 설치도 복잡하다.

<u>회전식</u>　세탁물을 탈수한 뒤에 이 건조기를 사용하면 에너지소비를 줄일 수 있다.

● 식 기 세 척 기

1인 가정이 아니라면, 내 생각에는 식기 세척기는 필수품이다. 물론, 설거지하는 방식에 따라 다르겠지만, 직접 설거지를 하면 물과 에너지 사용이 줄어들 것이다. 그렇지만 설거지를 하는 동안 물을 계속 틀어 놓는다면 차라리 세척기를 사용하는 게 더 낫다. 기존 세척기는 63리터의 물이 필요한 데 반해 45리터 이하의 새 모델이 나오고 있다.

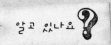

알고 있나요❓

유럽 가정의 1/2이 고온의 식기세척 프로그램을 에너지절약 프로그램으로 바꾼다면, 1년 온실가스 배출이 38만 8천 톤이나 감소될 것이다.

세탁기처럼 식기세척기의 에너지 소비량도 수온에 따라 주로 결정된다. 항상 에코버튼을 누르거나 낮은 온도 버튼을 눌러서 보통 65℃인 수온을 55℃ 정도로 낮춰서 사용하는 걸 권한다. 또한 항상 가능한 한 많은 식기를 한꺼번에 세척하고 세척되는 동안 문을 열어서 열이 빠져나오게 해서는 안 된다.

● 밥 솥 과　주 전 자

내게는 기름을 쓰는 Aga라는 최악의 비효율적인 요리 기구가 하나 있다. 이것이 1주일에 35리터의 기름을 먹는다는 사실을 알고 나서 이 결점을 보완하기 위해 나름 이 기구의 장점을 찾아보았다. 첫째는, 개인적으로 마음에 든다는 것이고, 둘째는 부엌 안을 따뜻하게 하기 때문에 몇 주 동안은 난방 없이 있을 수 있다는 것이다. 셋째는 여름처럼 밖이 더울 때는 그냥 꺼놓아도 된다는 것이다. 그러나 이사를 간다면, 다른 것을 하나 더 장만하고 싶지는 않다.

<u>가스와 전기</u> 전기를 넣자마자 바로 달궈지는 요리판과 오븐이 없다면 가스 요리판과 오븐이 더 효율적이다. 또한 팬 오븐은 기존 오븐보다 효율적이다.

<u>전자레인지</u> 전기나 가스 오븐보다 에너지 소비량이 적다. 특히 적은 양의 요리를 데울 때 효과적이다. 그러나 디지털 디스플레이 액정이 아주 소량의 전기를 쓴다고 해도, 국가적으로 계산하면 엄청난 양에 달한다. 또 한 가지 주요 사안은 보통 전자레인지용 식품이 과대 포장되어 나온다는 점이다.

<u>주전자</u> TV중계 축구경기의 전반전이 끝나면 갑자기 전력공급량이 급격히 는다고 한다. 이는 전기주전자 때문이다. 이것은 1,800~3,000W 정도의 엄청난 양의 에너지를 매우 짧은 시간 동안 쓴다. 이 정도의 에너지는 백열전구 50개, 또는 절약형 전구 270개의 사용량에 맞먹는다. 그렇기 때문에 꼭 필요한 양만을 끓이면 큰 차이가 생긴다. 순간가열주전자 역시 상대적으로 끓는 시간이 짧지만 에너지 소비가 그만큼 크기 때문에 마찬가지다.

● 냉장고와 냉동고

지난 몇 년 동안 뉴스에서 냉장고에 관한 이야기를 들었다면, 그건 분명 '냉

요리할 때 유용한 팁

대부분 알고 있는 것이겠지만 갑자기 필요할 때를 위해서 적어보겠다.

· 적정 크기의 팬을 사용한다.
· 평평한 바닥 팬을 사용한다.
· 사용 중에는 뚜껑을 닫는다.
· 물은 필요한 만큼만 사용한다.
· 오븐을 자주 들여다보지 않는다.
· 여러 가지 요리를 동시에 한다.
· 전기 토스터가 석쇠(grill)보다 더 효율적이다.
· 가스 위에서 냄비를 사용할 때는 불꽃이 냄비 옆까지 올라오지 않도록 조절한다.

장고 동산(fridge mountains)' 때문일 것이다. 겹겹이 쌓여 있는 버려진 냉장고가 도대체 얼마나 많은지 보는 건 어지러울 정도이다. EU법에 따르면 폐냉장고에서 흘러나온 냉각용 프레온가스(CFC)가 오존층을 파괴하므로 전부 수거해야만 한다. 사실, 요즘 냉장고는 더는 프레온가스를 쓰지 않는다. 하지만 여전히 프레온가스를 쓰는 구형 냉장고가 있다.

불행하게도 냉장고에서 나오는 가스는 오존층 파괴라는 문제만 일으키는 게 아니다. 이것은 지구온난화의 주범이기도 하다. 사실상 대부분 냉장고와 냉동고는 프레온가스 대신 수소화불화탄소(HFCs)로 대체되었는데, 이것은 이산화탄소보다 1,400배나 더 강한 온실가스이다.

그린피스는 HFCs가 프레온가스를 대체함으로써 예전에는 사용된 적 없는 새로운 냉장고가 개발되었다는 부분을 염려하고 있다. 친환경 냉장고는 주목할 만한 성장을 거두고 있으며, 이 기술은 미국제 냉장고를 제외한 영국 내의 대부분 가정용 냉장고와 냉동고에 적용되고 있다. 그렇지만 슈퍼마켓이나 공장에서 사용하기에는 이 기술로 만든 냉장고와 냉동고의 미래가 밝아 보이지는 않는다.

<u>냉각능력</u> 다리미는 대략 1,200W의 전력을 소비하고 전기주전자는 2,000~3,000W 사이, 그리고 오븐, 그릴, 레인지의 요리판은 무려 12,000W가 사용된다. 비교해보면, 냉장고나 냉동고가 1W 이하를 사용하는 게 그리 큰 문제는 아닌 것 같아 보인다. 하지만 이런 냉각기는 1년 내내 낮밤 없이 돌아간다. 그래서 에너지효율을 높이면 큰 차이가 날 것이다.

예전에 나는 냉장고 전기료가 1년에 100파운드 이상 나온다는 사실을 알고는 더 이상 사용하지 않았

시원한 충고

- 냉장고를 살 때 1등급을 찾아라.
- 직립형 냉장고를 살 때는 서랍이 앞에 있는지 확인해라.
- 문을 자주 여닫지 마라.
- 음식은 충분히 식은 뒤에 냉장고에 넣어라.
- 충분한 냉각을 위해 수시로 성에를 제거해라.
- '성에 없는 냉장고'는 그렇지 않은 것보다 에너지 소모가 크다.

다. 요즘 냉장고와 냉동고는 예전보다 훨씬 경제적이다. 소형 냉장고의 경우는 1년에 15파운드밖에 들지 않는다. 그럼에도 소비경향은 전기 소비가 더 많은 큰 냉장고를 선호한다. 그리고 성에 제거 기능이 있는 냉장고는 그 기능 유지를 위한 전력 소모가 더 많은 편이다.

오늘날 판매되는 최신 냉장고는 1992년의 그것보다 전략소비량이 절반이 조금 넘는다. 그리고 만약 여러분이 이것을 살 생각이 있다면, 에너지효율 등급을 확인해보길 바란다.

가장 기본적인 냉장고 디자인은 지난 십여 년 동안 큰 변화가 없었지만, 지금 그 변화가 나타나고 있다. 물론 디자인의 변화가 여러분 인생 자체를 바꾸지는 않는다. 그러나 이런 디자인 변화는 극적으로 에너지효율을 높여 주고 냉장고가 차지하는 공간도 줄여준다.

수도시설

● 세 탁 및 청 소

나는 거의 밤마다 목욕을 하지만 샤워는 그리 좋아하지 않는다. 그래서 여행할 때 가장 그리운 것 중 하나가 목욕이다. 이 이야기를 먼저 하는 이유는 우리 아이들, 엄마, 그리고 친구들이 목욕탕을 같이 쓰는 것이 얼마나 나를 행복하게 하는지 말하고 싶기 때문이다. 물론 함께 목욕하지 않더라도 말이다! 이제 세탁 및 청소를 할 때 물을 아끼기 위한 몇 가지 정보를 알려주겠다.

<u>샤워</u> 5분 샤워는 목욕보다 물을 1/3 가량 줄일 수 있다. 그러나 전기 샤워기를 사용한다면 물 절약도 힘들뿐더러 아마 더 많은 에너지가 낭비될 것이다.

효과적으로 목욕하기 욕조를 새로 구입하려면 가장 작은 것으로 사고 욕조 가득 물을 채우지 않는다. 또한 같이 목욕하는 게 불편하지 않다면 그렇게 하는 것도 좋은 방법일 것이다.

수도꼭지 수압 낮추기 새 수도꼭지를 고른다면 물을 절약할 수 있는 장치가 달린 것을 구입해보자. 이것은 물이 흐르는 속도를 다르게 할 수 있다. 또한 값싼 스프레이형 보조부품을 사서 기존 수도꼭지에 설치할 수도 있다.

전기제품 새 세탁기나 식기세척기가 필요하다면 에너지효율 1등급 제품을 구입하자. 친환경적인 식기세척기는 기존 모델보다 10리터의 물을 절약할 수 있게 설계되었으며, 친환경 세탁기는 무려 30리터나 절약할 수 있다. 어떤 제품이든 상관없이 절약프로그램을 사용하고, 그러한 프로그램이 내장되어 있는지를 확인하도록 한다.

부엌에서 쓰는 물 접시를 닦거나 채소를 씻을 때는 그릇에 물을 받아서 사용해보자. 썻고 남은 물은 집 안에 있는 화초에 주면 된다.

화장실 하루에 보통 6번 정도 물을 내리는 데 쓴다고 가정하면, 구형 변기의 경우 60리터의 물을 버리는 것이다.

● 다른 생활용수

아직도 멀리서 파이프를 연결해 모든 물을 공급받는 방식의 집을 짓는다는 게 우습게 느껴진다. 물을 어딘가에 옮겨 잘 보관하고 관리하는 방식으로 바꿔야 한다고 생각한다. 그래야 집 안에서 필요한 만큼의 물만 사용하고 낭비를 막을 수 있지 않을까?

폐수재활용 목욕 뒤 남은 물은 정원에 유용하다. 하수도로 흘러갈 물은 빗물받이통에다 담을 수 있을 것이다. 나는 늘 남은 목욕물을 변기에 사용하고 싶었으나 그리 간단한 문제가 아니었다. 모아둔 물은 쉽게 변하고 냄새가 나서 화학약품이 필요했기 때문이다. 이 방식은 다른 에너지가 필요하고 비싼 저장고가 있어야 한다는 단점이 있다. 그러나 이 문제를 풀기 위한 연구가 진행 중이고, 결국은 해결될 것이라고 본다. 그렇다면 우리 선택의 폭은 넓어질 것이다.

빗물 저장하기 빗물을 제대로만 받을 수 있다면, 식수 외에 가정에서 필요한 모든 물을 공급할 수 있을 것이다. 빗물을 이용하는 시스템을 새로 짓는 집에 의무적으로 적용해야 한다. 특히 잦은 가뭄이 드는 지역에서는 더욱더 그렇다. 그러나 이런 대형 저장탱크를 마련하기는 쉽지 않고 엄두도 못 낼 만큼 비싸다. 새 보일러를 마련하는 것만큼 비싸다는 걸 알기 전까지는 나 역시 이것을 설치하고 싶었다. 또한 대용량 탱크를 설치할 만한 장소도 필요하다. 아마 땅 속이라면 괜찮을 것이다.

물 절약 관련 웹사이트

대체 기술 센터(Center for Alternative Technology) · www.cat.org.uk
거름변소(composting toilet) 에 대한 자료 제공

거름 변소 세상(Compositing Toliet World) · www.compostingtoilet.org
전 세계적 거름 변소 권장 단체

친환경 가게(Green Building Store) · www.greenbuildingstore.co.uk
절수형 양변기, 수도꼭지 및 관련 부품 제공

인터플러시(Interflush) · www.interflush.co.uk
화장실 절수 장비 판매, 에너지 절약 세상(Energy Saving World)에서도 가능

로탈루(Rotaloo) · www.rotaloo.co.uk
혁신적 거름 변소 판매

탭매직(Tapmagic) · www.tapmagic.co.uk
절수를 위한 수도꼭지용 장비 제공

영국 빗물 활용 협회(UK Rainwater Harvesting Association) · www.ukrha.org
빗물 활용을 촉진하기 위한 협회

가정 및 사무용 기기

● 텔레비전과 셋톱박스

요즘에는 모든 사람이 영상 관련 장비들, 즉 비디오, DVD플레이어, 디지털박스, 그리고 리모컨 등을 쓰고 있고 게다가 컴퓨터, MP3플레이어, 플레이스테이션, 핸드폰까지 추가되었다. 1960년대에는 극소수 사람만이 텔레비전, 라디오, 녹음기 정도만을 갖고 있었다. 그래서 이것은 어떤 문제가 될까? 이런 영상 제품이 폭발적으로 증가하는 게 환경에 어떤 영향을 미칠까?

가장 안 좋은 점은 이런 하드웨어는 얼마 못 가서 고물이 된다는 점이다. 디지털 텔레비전, 고화질 기술, 새로운 대형 스크린 등 모든 것이 무서운 속도로 출시되면서 수백만 개의 전자제품이 쓸모없어지고 있으며, 전자제품 쓰레기는 폭발적으로 증가하고 있다.

전자 오락기에 소모되는 에너지소비량도 급격히 늘고 있다. 대형스크린을 쓰는 건 기름을 잡아먹는 차를 사는 것과 같다. 플라스마, LCD, 구식 텔레비전 스크린 등 종류에 상관없이, 클수록 전력소비는 늘어난다. 1990년대 텔레비전의 평균적인 스크린 소비전력이 70~80W였다. 요즘은 140~150W 정도 된다. 그리고 초대형 플라스마 스크린을 10시간 사용하는 데 드는 전력은 냉장고 한 대를 1년 동안 쓰는 전력과 맞먹는다.

영국은 2011년까지 아날로그 방식을 전면 디지털 방식으로 바꾸도록 진행하였다. 디지털박스로 알려진 분리형 셋톱박스를 쓰거나 IDTV라고 불리는 일체형 디지털 텔레비전을 통해서 디지털 신호를 받을 수 있었다. 셋톱박스는 곧 애물단지가 될 것이다. 새로운 TV를 구매한다면 IDTV를 사는 게 좋을 듯하다. 디지털 신호를 받는 데 추가 에너지가 필요하지 않기 때문이다.

대부분 셋톱박스는 사용하지 않을 때 대기모드로 전환된다. 이는 하루 24시간, 1년 365일 동안 6~20W를 소비한다는 뜻이다. 이 박스는 전원을 끌 수 있으나 그렇게 하는 사람은 거의 없다. 박스 안에 프로그램 패키지가 많다면, 다시 켰을 때 구동이 느릴 수도 있기 때문이다. 제조사들은 이 문제를 해결하기 위해 연구하고 있으며 에너지효율을 높이는 방법도 고민하고 있다.

● 컴 퓨 터

　　재택근무가 늘어나며, 심지어 아르바이트를 하더라도, 우리는 대형 평면스크린, 노트북, 스캐너, 프린터, 스피커, 라우터, 키보드 등 많은 장비를 구비한다. 이 모든 장비가 어떤 일을 하는지 알 필요는 없지만 집에서 엄청난 전력을 소비하는 건 분명하다. 시대에 맞는 라이프스타일을 따라가기 위해서는 엄청나게 많은 플러그와 전선이 필요하다는 걸 알고 있을까? 내 책상 뒤는 전기선 뭉치가 꼬여서 마치 엉망인 스파게티 같다.

　　LCD스크린은 이전의 큰 CRT보다 에너지효율이 훨씬 좋다. 그런데 이건 크기만 비교했을 때의 이야기다. 문제는 텔레비전과 스크린이 점점 커지고 있기에 더 많은 에너지가 필요하다는 데에 있다. 또한 사용하지 않는 대기모드에서조차 에너지 낭비가 심한 컴퓨터와 부대 장치가 진짜 에너지낭비의 주범이다.

　　내 친구와 친척, 그리고 수많은 사람이 종일 컴퓨터를 켜놓은 채로 외출을 할 때가 많다. "다시 켜려면 시간이 많이 걸려"라고 말하거나 "너무 자주 컴퓨터 전원을 껐다 켜는 건 컴퓨터에 좋지 않아"라고 얘기한다. 그러나 이 말은 변명에 지나지 않는 걸 우리도 너무나 잘 안다. 대부분 컴퓨터가 수명을 다하기 전에 버려지기 때문이다.

　　어떤 사람은 컴퓨터 전원 끄기를 실천하면서도 통신용 모뎀, 스피커 또는 프린터의 전원 내리는 것을 잊곤 한다. 이 작은 장비들이 전력을 엄청나게 소모한다는 사실은 국가 전체를 통틀어 볼 때 그 피해량이 엄청나다는 걸 알아야 한다. 그래서 되도록 모든 전력 라인을 하나의 콘센트에 꽂아서 한 번에 끌 수 있도록 해야 한다.

　　다른 삶　나 자신이 지역 신문에 "나는 구역질나는 인간입니다"라고 글을 쓰는 사람 중 한 명처럼 느껴지기도 한다. 많은 컴퓨터 장비가 매립지에 그냥 버려지는 현실에 구역질이 난다. 문자 그대로 수백만 톤의 쓸 만한 물건이 바나나껍질이나 버려진 기저귀처럼 버려진다. 도무지 이해가 되지 않는 일이다. 영국에는 컴퓨터부품을 대부분 재활용하는 회사가 많고, 부품을 버리거나 하지는 않는다.

　　플라스틱 케이스는 파이프로 만들 수 있고, 유리 스크린은 다른 형태의 스크린으로 활용할 수 있으며, 구리, 알루미늄, 납, 철, 강철 등 값비싼 금속은 컴퓨터 장비를 만드는 데 다시 쓸 수 있다. 재활용 뒤에 남은 제품은 태워서 발전하는 데 사용할 수 있다. 기술적으로는 안 될 이유가 없다. 이것은 그냥 단순히 정치적인 논리에 지나지 않는다. 설상가상으로 영국 정부는 정책 결정에 너무 오랜 시간을 끌고, 그 정책 또한 EU에서 요구하는 기준에 부합하지 않아 재활용회사들을 머뭇거리게 한다.

　　개인이 컴퓨터를 재활용하길 원하면, 일반적으로 지역의 관련 관공서를 찾게 된다. 우리 동네에 있는 사우스서머셋 재활용센터에 갔더니 희한하게도 비싼 모니터만을 취급하고 반품 확률이 높은 하드디스크는 안 된다고 말했다. 곰곰이 생각하면 개발도상국에 중고컴퓨터를 수출하는 회사에 팔아서 내가 쓰던 컴퓨터가 새 삶을 살게 하는 것도 좋지만, 수리불가능한 정도라면 재활용하는 것도 나쁘지 않을 것이다.

　　이런 상황에서 조심스럽게 한마디 하고 싶다. 재활용과 재사용에 있어서 한 가지 문제는 사기를 당할 수 있다는 것이다. 컴퓨터를 처음 살 때 함께 들어 있는 보증서를 보관하고 있지 않은 경우가 더 많다. 또한 실제 컴퓨터 메모리를 완전히 삭제하는 것도 어렵다. 만약 나쁜 마음을 품은 사람의 손에 들어간다면, 신용카드정보, 비밀번호, 개인 사진 등을 도둑맞을 수 있다.

● 프 린 터

내가 엡손 잉크젯 프린터를 샀을 때, 뭘 발견
했는지 여러분은 상상할 수 있을까? 그것은 카트
리지가 재활용되지 않는 유일한 잉크젯 브랜드였
다. 나 역시 다른 사람처럼 저렴한 가격 때문에 그
것을 구입했었다. 저렴한 카트리지로 관심을 끌었
지만 재활용은 전혀 할 수 없었다. 매번 잉크를 교
환하다보니 오히려 더 많은 쓰레기를 만들어낸다.

프린터 사용을 위한 팁

어떤 프린터는 검은색 잉크를 다 쓰
면 컬러 인쇄도 안 된다. 그 반대도
마찬가지다. 이런 것을 예방하기 위
해서는 잉크량을 확인하고 어떤 색이
잘 나오지 않는지 확인해야 한다.

프린터 카트리지 분야는 조금 찜찜하다. 어떤 제조사들은 자신의 제품이 재
활용되는 것을 아예 불가능하게 해놓아서 새것을 살 수밖에 없다.

카트리지 쓰레기를 재활용하여 기금을 조성하는 자선단체 중 일부는 직접
재활용 제품을 판매하기 시작했다.

어떤 부분은 새로 바꾸어야 할 필요도 있지만 카트리지는 리필할 수 있는 횟수
가 정해진 것이 아니다. 레이저 프린터용 토너 카트리지는 재활용하기 쉽지만 크기
가 커서 낭비되는 부분도 있다. 그래서 나는 친환경 잉크젯 제품을 추천하고 싶다.

● 종 이 와 문 구 류

친환경 사무환경 조성을 위한 몇 가지 정보

_ 가능하면 프린트할 때 양면을 다 사용하여 종이 수요를 줄인다.
_ 이면지를 활용한다.
_ 인쇄에 지장이 없다면 제대로 된 재활용 제품을 산다.
_ 종이와 나무제품을 살 경우 FSC 검증이 있는지 확인한다.
_ 주소란에 스티커를 붙여 봉투를 재사용한다.
_ 종이 수거함을 만든다.
_ 일회용 종이컵 대신 머그잔을 이용한다.
_ 금방 써버리는 펜보다 품질 좋은 펜을 항상 갖고 다닌다.
_ 재활용된 문구를 산다.

쓰고 그냥 버리는 세상

텔레비전에서 토스터까지, 핸드폰에서 전자레인지까지 그리고 프린터에서 플레이스테이션까지, 우리는 어마어마한 양의 전자제품 쓰레기를 만들어 내고 있다. WEEE라는 약자로 알려진 전기전자장비쓰레기(Waste Electrical and Electronic Equipment)가 점점 큰 문제가 되고 있다. 2003년 평균 21살인 사람은 평균 3.3톤의 이런 쓰레기를 만들어 낸다고 한다. 2003년에 태어난 사람은 미래에 3.3톤의 3배인 8톤 가량을 쏟아낼 것이다.

또 다른 문제는 텔레비전, 비디오, 세탁기, 냉장고 등 모든 전자제품은 언젠가 고장 난다는 것이다. 때때로 고쳐 쓰는 것보다 새로 사는 게 더 싼 경우도 있다. 그렇다면 어차피 영원히 쓸 수 있는 것도 아닌데 왜 재활용 가능한 형태로 만드는가라는 물음이 생길 수도 있다. 물건마다 많은 차이가 있다. 예를 들면, 6개의 나사가 있는 전화기는 12개를 가지고 있는 전화기를 분해할 때보다 시간이 절반으로 줄어든다. 이런 점이 비용절감 효과를 결정하는 요인이 될 수도 있다.

그렇다면 재활용의 이점은 무엇일까? 먼저 재활용은 지극히 유해한 화학물질과 금속성분이 자연으로 흘러들어가는 것을 막아준다. 40%의 납 성분과 22%의 수은이 전기전자장비쓰레기에서 나온다. 또한 카드뮴과 다량의 내연제도 포함한다.

단지 이런 성분이 버려졌을 때 발생하는 오염만이 문제가 아니다. 이런 물질이 최초로 만들어질 때 드는 비용도 있다. 1kg의 구리를 만들기 위해서 1,176kg의 원자재가 소모된다. 전자장비쓰레기를 이용해 522,000톤의 구리를 만드는 건 6억 톤의 원재료를 땅에서 캐내는 것과 같은 것이다. 유럽의회는 전기전자장비쓰레기를 재활용하는 데 쿼터 제한을 두고 있다. 재활용 제품을 만들고 판매하는 기업들은 이들 제품의 사후처리와 또 다른 재활용 과정까지도 책임져야 한다. 반면, 영국은 이 법령을 시행하는 데 자꾸 시간을 끌고 있다. 법으로는 2005년 8월부터 65% 이상의 컴퓨터가 재활용되어야 하지만 1년이 지나도록 이 기준에 전혀 미치지 못하고 있다.

엄청난 양의 컴퓨터, 핸드폰, 그리고 다른 전자제품이 아직 멀쩡한데도 불구하고 버려진다. 우리는 정부와 지방자치단체에 전자제품을 재활용하도록 압력을 넣어야 한다. 이런 제품이 못 쓰게 되었을 때는 부품을 버리기보다 다시 활용하는 방향으로 생각을 바꾸어야 한다.

애플 맥은 컴퓨터 메모리를 깨끗하게 지우는 매우 효과적인 소프트웨어를 가지고 있다. PC에서 이런 프로그램을 가능하게 하는 데는 비용이 든다. 여전히 데이터를 깨끗이 지우는 프로그램이 정말로 효과가 있는지에 대해서는 확신할 수 없다는 단점이 남아 있다. 어떤 사람은 하드디스크를 부수는데 만약 컴퓨터가 아직 쓸 만하다면 이것은 너무 극단적이다. 아직도 이런 문제가 해결되지 않고 있다는 건 우스울 뿐이다.

● 핸 드 폰

새 핸드폰으로 바꾸고 싶은가? 여러분 혼자만 그리 생각하는 게 아닐 테다. 사람들은 평균 18개월마다 새 핸드폰을 장만하고, 이것은 매년 1500만 개가 그냥 버려진다는 뜻이다. 고장 나서 바꾸는 것이 아니라 새로운 모델을 갖고 싶어서이다. 나는 최근에 핸드폰을 연못에 빠뜨려서 새것을 샀다. 그리고 매년 75,000개가 변기에 빠진다고 한다.

최신형 핸드폰을 갖고 싶은 열망은 중고품 거래를 활발하게 만든다. 말끔하게 수리한 핸드폰 중 상당수는 후진국으로 수출된다. 핸드폰 재사용이 불가능하다면 재활용도 가능하지만 이는 5%에도 미치지 않는다. 단지 박스에 넣어서 판매처에 직접 전하거나 우편으로 보내기만 하면 되는데 말이다. 핸드폰과 액세서리는 매우 해로운 물질을 함유하고 있다. 폐기과정에서 재활용해서 중금속을 수거한다면 원재료 채광비용과 제조비용을 줄일 수 있을 것이다.

새로운 핸드폰은 제각각 다른 플러그와 충전기를 사용한다. 아이팟, 디지털 카메라 및 기타 휴대용 전자제품이 모두 그렇다. 도대체 왜 제조사들은 모든 제품에 사용 가능한 충전기를 만들기 위한 노력을 하지 않을까? 이것은 우리에게 훨씬 편하기도 하겠지만, 버려지는 전자쓰레기를 현저하게 줄어들도록 할 것이다. 물론 기업의 이익창출에는 지장이 있을지 모른다. 그러므로 핸드폰을 재활용할 때는 충전기와 배터리도 함께 보내길 바란다.

<u>이동통신 중계탑</u> 이동통신 중계탑은 마치 나무와 교회 첨탑처럼 위장하고서는 지난 십 년간 엄청나게 늘어났다. 나는 어릴 적 팔방놀이를 즐겨했다. 노란책차, 우체통, 빈손으로 걸어가는 여자, 빨간 공중전화박스 등에 가서 찜을 하고 돌아오면 1점을 얻는 놀이였다. 내 아이들도 여전히 이 놀이를 좋아한다. 하지만 지금은 찜 대상에 이동통신 중계탑과 과속차량 단속용 카메라도 추가되었다.

중계탑은 일종의 침입자이다. 그렇지만 사람들은 예전처럼 불만을 말하지 않는다. 중계탑을 풍력발전기로 알고 있는 사람도 많다. 나는 이 부분에 대해서도 화가 난다. 중계탑을 세우듯이 풍력발전기도 곳곳에 설치해야 한다고 생각하기 때문이다. 그렇게 한다면 우리는 보기에도 좋은 친환경에너지를 얻을 수 있을 것이다.

● 건 전 지

<u>에너지 낭비</u> 우유, 와인 또는 오렌지주스 등을 살 때 가격이 적힌 라벨이 붙어 있는 걸 확인할 수 있다. 하지만 건전지의 파워는 어떤지를 알 수 없다. 포장지에는 아무런 설명이 없고, 제조사는 이 방식을 계속 고집한다. 그들의 설명에 따르면 건전지 사용자가 어떻게 사용하는지 알 수 없기 때문에 건전지에 남아 있는 정확한 정보를 얻는

충전, 다시 또 충전

우리 모두가 충전식 건전지를 쓴다면 재활용보다 훨씬 더 절약할 수 있다.

- 에너지를 절약한다. 건전지 한 개를 만드는 것보다 충전식을 쓰는 게 50배 이상 에너지가 절약된다. 1회용 건전지 사용보다는 2,500배 이상 더 절약 효과가 있다.
- 쓰레기를 줄인다. 건전지를 500회 충전해서 쓴다면 500개의 1회용 건전지를 쓰지 않아도 된다(정확히는 499개). 일부 건전지는 1,000번까지 충전 가능하며 이 경우는 당연히 더 많이 절약할 수 있다.
- 돈을 아낀다. 충전 5번이면 새 건전지 구입비용이 나온다. 따라서 우리는 495회의 충전을 무료로 하는 셈이다. 충전에 드는 비용은 한 번에 20원 정도로 매우 저렴하다.

지금 쓰는 건전지 중 비충전식은 버리고 충전식을 사서 쓰자. 이미 재래식 건전지가 있다면 충전기식 건전지를 구입하자. 참고로 충전기가 싸면 쌀수록 재충전하는 데 시간이 걸린다.

우리 집 충전기는 한쪽 구석에서 잠만 자고 있었다. 너무 정리를 안 한 것이다. 무수히 많은 크리스마스와 생일 선물이 대부분 건전지를 사용하는 물건이라는 게 나는 두렵다. 거의 모든 이런 제품에 '충전할 수 없는'이라는 말도 안 되는 딱지가 붙어 있다. 이런 비슷한 제품은 환경문제에 많은 노력을 기울이는 독일에서도 판매되고 있다. 설명서에는 과열될 수 있으니 주머니에 넣지 말라는 정도의 별로 중요하지 않은 얘기만 적혀 있다.

벽시계나 전력 소비가 아주 적은 가전제품에는 일회용 건전지가 적당하다. 1회용 건전지는 필요한 양만큼 전기를 쓰는데, 반면에 충전식 건전지는 몇 달 안에 방전된다. 다른 대부분 제품은 충전식 건전지를 쓰는 게 알맞다. 예를 들면, 디지털카메라 같은 제품에는 최고 4배 가까이 건전지 상태를 오랫동안 최고 상태로 유지할 수 있다. 10년도 안 되는 사이에 건전지 수명은 최소 5배나 길어졌다.

어떤 충전식 건전지를 살까?

여러 종류의 건전지 중에 어떤 것을 선택할지 고민한 적 있을 것이다. 많이 쓰는 충전식 건전지는 니켈 카드뮴 전지(NI-Cds)와 니켈 수소 합금 전지(Ni-MHs) 2가지가 있다.

니켈 카드뮴은 싸지만 내구성과 수명이 길지 못해 거의 퇴출 직전이다. 그동안은 충전 가능하다는 장점만으로 버틴 것이다. 니켈 수소 합금 전지는 질적으로 모든 면에서 월등하다. 비록 니켈 카드뮴보다 제조원가는 높지만 1회용 건전지보다는 훨씬 저렴하다.

건 거의 불가능하다고 한다. 나로서는 믿기 어려운 얘기이다.

건전지 제조기업에 대한 불만은 이것뿐만이 아니다. 영국에서 매년 팔리는 7억 개의 건전지는 개인당 21개 정도이다. 건전지는 실제 사용되는 에너지보다 50배 이상의 에너지가 투입되어 만들어진다. 에너지효율이 높은 충전식 건전지 사용을 권고하고는 있지만 정작 업계에서는 재활용에 대한 이견이 많다.

이 부분에 대해서는 오해하지 않았으면 한다. 나도 재활용 건전지에 대해 긍정적이다. 매일매일 충전 불가능한 건전지를 쉽게 재활용할 수 있음에도 불구하고 그중 실제 재활용되는 양은 매우 적다. 재활용 분량이 증가하는 이유는 자원을 아끼기 위해서가 아니라 매립지에서, 또는 소각로로 들어가는 유해폐기물을 줄이기 위해서다.

디지털카메라를 위한 팁

디지털카메라라고 해서 아무 문제가 없는 건 아니다. 그 문제를 최소한으로 줄일 수 있는 방법을 알아보자.

· 충전식 건전지를 쓴다.
· 가장 효율성이 좋은 건전지를 찾는다. 한 번 충전으로 더 많은 사진을 찍을 수 있을 것이다.
· 사진을 미리 보거나, 불필요한 줌 기능을 사용하거나 카메라를 항상 켜두어 건전지 가 빨리 닳도록 하는 일이 없어야 한다.
· 프린터로 사진을 뽑아내기 전에 컴퓨터 에서 이상이 없는지 살펴보자.
· 테스트 프린팅에 너무 많은 종이를 쓰지 않는다.

● 사 진

필름카메라에서 디지털카메라로의 변화는 긍정적이다. 원할 때 바로 셔터만 누르면 되고, 인쇄할 때 이전 사진이 없어질 우려도 없을 뿐만 아니라 좋은 사진을 고르기 위해 같은 디스크에서 반복해서 찾을 수 있는 기쁨이 있다. 전통적인 방식의 인화작업은 어두운 방안에서 엄청난 양의 메스꺼운 냄새가 나는 화학제품을 사용해야 했다.

일회용제품? 골칫거리! 나를 정말 짜증나게 하는 건 일회용카메라를 "이 카메라는 환경에 안전한 제품이며 재활용도 가능하다!"라고 말하는 사람들이다. 일회용카메라는 정말 심한 낭비라고 생각한다. 일회용카메라를 만드는 데 드는 모든 원료를 생각해보자. 그리고 사용된 에너지와 재활용 과정에서 발생할 쓰레기를 생각해보자. 어떻게 생각하든 개인의 자유지만 카메라가 확실히 재활용이 가능한 제품인지는 확인하여야 하며, 환경을 생각하는 사람이라는 착각으로부터 스스로를 웃음거리로 만들지 않기를 바란다.

DIY와 가구

● 페인트

친환경 페인트가 있을까? 내 집을 페인트로 칠하고, 차 역시 페인트칠 하였다. 예전보다 '친환경 페인트'를 더 많이 사용한다고 말할 수 있으면 좋겠지만, 내가 실제로는 그렇게 하지 못한 이유는 무엇일까?

첫 번째는 색상 범위다. 우리 집 부엌은 루비 레드 찬장과 함께 강렬한 오렌지색이다. 천정을 포함한 거실은 전체적으로 핑크색에 가깝다. 굽도리는 검은색을 썼다. 내 취향에 맞지 않는다고 해도, 친환경 페인트는 색 범위가 제한적이라는 걸 알 수 있을 것이다. 특히 깊은 색조를 원한다면 더욱더 그렇다. 두 번째 이유는 단순하다. 대부분 페인트 작업은 어머니의 작품이다. 70대인 어머니는 자신에게 익숙한 제품을 사용하겠다고 결정했다. 페인트 문제에 대해 알게 된 이제야 나는 그때 내가 맡아서 해야 했다는 생각이 든다.

대부분 페인트는 색소, 결합제, 용매로 구성되어 있다. 색소는 색을 내며 용매에 의해 용액에 보관된다. 반면 결합제는 페인트가 벽에 밀착하게 해준다. 다른 요소는 점도, 밀도, 보존 등에 도움이 된다.

합성페인트는 석유화학 성분으로 구성되며 대량의 에너지를 사용하고 유독성 폐기물을 배출한다. 최고의 대안을 찾는다는 건 참 머리 아픈 일이다. '천연' 재생 성분 사용을 우선순위로 하는 천연페인트도 있다. 그리고 건강에 해로운 냄새 나는 독성 제거에 초점을 맞춘 제품도 있다. 또한 상당히 다양한 색조가 가용된다.

나폴레옹은 벽지에 포함된 '천연' 비소로 인해 죽었음이 틀림없다. 그렇기 때문에 천연 성분 사용이 항상 건강에 좋다는 건 아니다! 예를 들면 일부 '천연'페인트는 용매로 백유 대신 감귤류 껍질을 사용하지만, 여전히 여기에도 강한 독성의 유해물질이 일부 포함되어 있다. 이것은 배출 시 발생하는 '탈기화'라고 불리는 휘발성 유기화합물(VOC) 때문이다. '저수준 휘발성 유기화합물(low VOC)' 또는 무취 라벨이 붙은 페인트는 일반적으로 용매로 물을 사용하지만 결합제는 다른 성분을 사용한다. 그리고 광택페인트 에멀션(emulsion)보다 더 많은 용매를 사용한다.

대체페인트에는 더 많은 비용이 따른다. 하지만 페인팅과 데코레이션 전체 비용을 고려할 때, 추가비용은 상대적으로 미미하다. 벽지를 대신 사용할 경우에 드는 비용이 얼마인지 한번 생각해보길 바란다.

하얗다고 하얀 게 아니다 빅토리아 시대에 페인트에는 납, 비소, 수은 등 수많은 유독성분이 포함되어 있었다. 현대 페인트는 이를 상당 부분 이산화티타늄(TiO_2)으로 대체했다. 이 흰색 물질은 세제와 제지를 포함해 다양한 제품에 사용되지만 가장 광범위하게 적용되는 부문은 페인트 색소이다. 이산화티타늄은 생산과 처리에 많은 에너지가 사용되고 채광 과정에서 오염이 발생해, 페인트가 미치는 심각한 환경 영향의 주범이다. 또 다른 문제로 전 세계적인 TiO_2 원자재 부족으로 인해, 동식물의 고유서식지인 지역에서도 신규 광구를 개발할 수 있도록 하는 압력이 거세지고 있다.

TiO_2는 표백제뿐 아니라 페인트가 표면을 효과적으로 덮도록 만든다. 도포를 하는 횟수에 따라 차이가 있기 때문에 이는 환경적으로 중요한 고려 요소다. 심지어 '천연'페인트도 TiO_2를 사용한다. 페인트 회사는 납품업체에 환경에 미치는 영향

에 대해 문의하고 이들이 소중한 동식물의 서식지를 파괴하지 않도록 해야 한다.

<u>페인트 제거</u> 페인트를 처리하는 최상의 방법은 페인트를 재사용하는 것이다. 커뮤니티 리페인트(Community Repaint)는 이를 도와준다. 기존 페인트 재사용 계획 리스트를 보유하고 있으며 더 많은 사람이 참여할 것을 권한다. 페인트는 일반 가정용 쓰레기통에 버려서는 안 된다. 이와 관련해 지방자치단체가 유해폐기물 집합소가 될까봐 걱정스럽다. 하지만 일부 천연 페인트는 퇴비로 사용될 수 있다.

● 양질의 목재

<u>다른 삶</u> 밝은 빨간색이라는 것 외에, 우리 집 부엌 찬장은 그리 특이해 보이지 않는다. 찬장은 우연히 나의 그린 혁명 중 가장 친환경적 장소가 되었다. 한 친구가 충분히 쓸 수 있는 물건을 내다버리려 한다는 얘길 듣고 내가 가져가도 되는지 물었다. 이것은 목수가 묘기를 발휘하자, 부엌에 멋지게 어울리게 되었다.

> **목재 구매를 위한 우선순위 리스트**
> 1. 이미 가지고 있는 것을 수리하자.
> 2. 재생 목재를 사용하자.
> 3. FSC 인증 목재를 구입하자.
> 4. 현지 생산 목재를 찾자.
> 5. 대체할 만한 것이 있는지 알아보자.

나의 경우처럼 주변에 절묘한 타이밍에 오래된 가구를 버리는 친구가 없을 수도 있다. 그럴 때는 문, 목재 틀, 마룻장 등을 쌓아 놓은 폐품 회사를 찾으면 된다. 오래된 가구 및 선반 재활용 계획 또한 존재한다. 그리고 여러분의 폐목재도 재활용될 수 있다는 것을 알아야 한다. 대부분 지방자치단체는 목재 재활용시설을 갖추고 있거나 목재 재사용 프로젝트를 추천해줄 것이다.

<u>산림보호</u> 찬장이나 선반을 살 때 최우선순위는 스타일과 가격일 것이다. 우리는 이들 제품이 열대우림 및 산림지대에 미치는 영향에 대해서도 생각해 보아야 한다. 영국은 여전히 불법으로 벌목된 목재를 수입한다. 엄격한 통제 하에서

제대로 벌목되어 수입되는 것은 1%도 안 된다.

산림관리협의회(FSC: Forest Stewardship Council)는 널리 인정받는 목재 관련 국제 인증 제도를 마련했다. 벌목장부터 최종 소비자까지 추적함으로써 목재가 잘 관리된 경로로 나온 것인지를 알 수 있다. FSC는 재활용 목재에 대한 기준 또한 갖추고 있다.

마호가니, 티크와 같이 잘 알려진 목재에 대한 수요는 더 많은 산림 파괴로 이어진다. 벌목된 알려지지 않은 다른 종류의 나무는 일하기 쉽게 손질이 되어 있을 것이다. 그린피스는 어떤 목재가 어떤 목적에 적합한지 알려주기 위해 훌륭한 Good Wood Guide를 마련했다.

대부분 사람은 식자재 이동거리(food miles : 농산물 등 식료품이 생산자 손을 떠나 소비자 식탁에 오르기까지의 이동거리)에 대해 알고 있을 것이다. 그렇다면 '원자재 이동거리(material miles)'는 어떤가? 국내에서 사용되는 목재 중 2/3 이상이 수입되고 있다. 그러니 FSC 인증을 받을 수 있는 현지 목재를 사용하는 게 훨씬 나을 것이다.

MDF는 좋을까 나쁠까? 예상과는 달리, MDF(중밀도섬유판)가 좋은 환경을 만들 수도 있었지만 매년 백만 톤이 버려지고 있기 때문에 이는 매우 유감스러운 일이다.

MDF에 대한 우려는 이것이 발암성 물질이고 눈, 코, 목에 자극적인 포름알데히드가 포함되었다는 점에서 기인한다. 가장 큰 문제는 대기 중에 있는 먼지 입자다. 따라서 포름알데히드가 적게 방출되는 MDF를 사용하더라도 마스크는 꼭 착용해야 한다. 포름알데히드가 없는 MDF를 만드는 것도 유용하다.

● 카 펫 과 바 닥 재

키펫 깔기 카펫을 좋아하는 사람도, 싫어하는 사람도 있을 것이다. 카펫을 선호하는 사람은 카펫이 집 안을 아늑하게 만들어줄 뿐 아니라 열 손실을 막고 소음을 줄이며 미끄러질 가능성도 줄어든다고 주장한다. 반대의 사람은 카펫 때문에 집 먼지와 진드기가 생기고 카펫에는 유해한 화학성분이 포함되어 있으며 카펫 생산에는 많은 자원이 필요하고 수 톤의 폐기물이 발생한다고 비난한다. 나도 폐기물 문제에는 동의한다. 지금 살고 있는 집으로 이사 왔을 때, 방마다 심지어는 부엌에도 옛날 무늬의 카펫이 깔려 있었다. 나는 카펫을 모두 걷어냈는데, 막상 걷어낸 카펫을 재활용할 수 있는 시스템이 없어 실망스러웠다. 그러던 중 직원 한 명이 카펫을 처리해주겠다고 했는데 그걸 태워버리려고 한다는 것을 알았다. 이는 좋은 생각이 아닐뿐더러 불법이다. 그래서 결국에는 쓰레기 매립장으로 보냈다.

하지만 이제는 재활용 가능한 카펫 타일을 구할 수 있다. 유효기간 동안 타일을 임대 사용한 뒤 돌려주면 또 다른 카펫 타일, 받침 재료 및 기타 제품으로 재활용한다는 아이디어다. 타일의 장점 중 하나는 카펫이 손상되는 경우, 방 전체에 새로운 카펫을 다시 까는 것이 아니라 손상된 부분의 타일만 대체하면 된다는 것이다. 이러한 카펫 혁명이 인기를 끌기까지는 시간이 걸릴 것 같다. 아무리 매력적이라고 해도 집주인이 침실에 카펫 타일을 설치하기까지는 시간이 걸릴 것이기 때문이다. 하지만 매립지 쓰레기의 무려 2%가 카펫이기에 이 새로운 접근 방식이 성공하기를 바란다.

깔개 선택 어떤 카펫을 살지 고르기 위해 오랜 시간 고심할 것이다. 하지만 카펫 아래에 들어갈 것은 어떠한가. 카펫 소매업자들도 이를 잘 알고 있기 때문에 카펫 가격을 낮추면 밑에 받치는 깔개 가격은 올리곤 한다. 좋은 깔개는 카펫 수명 연장에 도움이 된다는 걸 기억하자.

깔개는 쥬트펠트(jute felt), 모(wool), 고무(rubber) 등 3종류가 주를 이룬다. 쥬트펠트는 쥬트를 유사한 소재와 엮어서 일종의 망처럼 만든 것이다. 모 깔개는 주로 카펫 공장에서 잘못 절단한 부분을 재활용한 것이다. 고무 깔개로는 합성 고무가 자주 사용된다. 영국에서는 천연고무 깔개가 판매되지 않는다. 하지만 일부 회사는 자동차 재활용 타이어를 사용하며 이는 깔개 용도로 사용하기에 제격이다.

대부분 카펫에는 헤센(쥬트), 폴리프로필렌과 같은 받침 재료가 사용되며 접착제로 고정된다. 합성 라텍스가 접착제로 흔히 사용되며, 새로운 카펫에서 강한 냄새(VOC가 방출)가 나는 것은 바로 이 때문이다. 흔치는 않지만 천연 라텍스 풀을 접착제로 사용할 수도 있다. 주로 합성 라텍스인 직조 카펫에는 받침 재료가 내장되어서 접착제를 아주 소량만 사용하지만 그만큼 더 고가이다.

목재, 석재, 타일 등 리놀륨이 다시 유행한다. 게다가 환경 인증 성과도 긍정적이다. 밝은 색도 가능해 내게도 딱맞게 욕실에 오렌지색 리놀륨을 깔았다. 주로 아마씨앗, 쥬트, 소나무와 같은 식물로 만든 리놀륨은 수명이 길 뿐 아니라 마지막에는 에너지원으로 사용되거나 카펫 깔개로도 사용할 수 있다.

나무 바닥을 선호한다면, 오래된 마룻바닥을 재사용하는 게 제일 좋다. 그렇지 않다면, FSC 인증을 받았는지 확인하자. 목재의 단점이라면 리놀륨이나 PVC에 비해 더 많은 유지보수가 필요하다는 것이다. 코팅 목재바닥은 목재업계의 폐목재 재활용을 통해 만들 수 있다. 그리고 제조업체에 재활용소재 비율을 확인할 필요가 있다. 또한 이것은 일반적으로 접착제를 전혀 사용하지 않는다.

개인적으로는 코르크가 최상의 천연 바닥 소재라고 생각한다. 지난 200년 넘도록 코르크나무를 죽이지 않으면서 코르크 껍질을 얻을 수 있었다. 코르크나무는 자연에 풍부하다. 하지만 불행히도 다른 형태의 농업과 와인 생산업체들이 병마개를 코르크에서 플라스틱으로 바꾸고 있어 오히려 그것들은 생존에 위협을 받고 있다. 더 많은 코르크 바닥 설치가 이 문제를 해결할 수는 없지만 조금이나마 도움은 될 수 있을 것이다. 발바닥 촉감이 부드럽고, 내구성이 좋으며 내화성이고 단열 기능이 뛰어난 코르크는 또한 실용적 해결책이기도 하다.

개인적으로 PVC 바닥재는 추천하지 않는다. 제조 및 처리에 대한 걱정 외에도 유독성 화학물질의 우려가 있기 때문이다. PVC는 저렴하다. 하지만 그만큼 가치 있을까? 리놀륨, 코르크, 그리고 PVC 바닥재는 모두 접착제가 필요하다. 저단

위 또는 비휘발성 유기화합물(low/ non-VOC)이 시장에 많으며 이것들을 잘 살펴볼
필요가 있다.

열과 에너지

에너지의 1/3이 가정에서 사용되며, 그중 80% 이상은 난방으로 사용된다. 그러므
로 그 비율을 줄이는 게 환경을 위해 우리가 할 수 있는 가장 중요한 일일 것이다.
어떤 종류의 주택 또는 아파트에 살고 있는지에 상관없이, 우리가 할 수 있는 많은
것이 있다. 다음은 에너지 절감을 위해 우선 실행해야 할 행동지침이다.

> 1. 열 손실을 막기 위해 최대한 단열한다.
> 2. 에너지 효율 개선으로 화석 연료 사용량을 줄인다.
> 3. 가능하면 태양, 풍력 등의 재생 가능한 에너지를 사용한다.

이번 단락에서는 단열재 종류, 어떤 친환경 전력업체에 가입해야 할지, 어떤
재생에너지 기술이 도움이 되는지, 그리고 에너지 영향을 줄일 수 있는 다른 방법
은 무엇인지 살펴보겠다.

● 절 연 / 단 열 / 방 음 처 리

아기 요람 스칸디나비아의 건물은 우리보다 훨씬 단열처리가 잘 되어 있다.
단열처리는 난방비에 커다란 차이를 가져온다. 그러므로 에너지절약 목록의 윗
자리에 두어야 한다. 아파트에 살고 단열처리에 대한 확신이 없으면 집주인과 단
열에 대해 의논하도록 하자.

일단 단열처리를 하기로 마음먹었다면 어떤 재료를 사용할 것인지를 생각해

온수

조명

요리

난방

24%

12%

6%

58%

가정의 에너지사용

야 한다. 기술적인 부분을 이해하는 건 조금 무리일 수 있다. 그러나 재료가 환경에 어떤 영향을 미치는지 사용하는 곳에 적합한지를 보아야 한다.

환기도 중요하다. 빌딩도 숨을 쉬어야 한다. 어떤 형태의 환기구라도 없는 것보다는 있는 것이 낫다. 물론 각기 장단점은 있다.

<u>단열에 얽힌 사건</u>　나는 단열이 되지 않는 다락방이 집 안 곳곳의 열을 빼앗아 간다는 사실을 깨달았다. 뭔가 해야겠다고 결심하고 양털 이용을 생각했으나 비용이 너무 많이 들어 포기했다. 그래서 대신 재활용 신문을 절연제로 썼다. 그다음은 내가 보조금을 받을 수 있는지를 알아봤다. 에너지효율 상담소에 전화를 걸어 내가 자격이 되는지 물어보았다. 연금수당을 받고 있거나 뭔가 다른 혜택을 받고 있는 상황이라면 달랐겠지만, 어쨌든 전액은 아니더라도 보조금을 받을 수 있다고 하였다. 그런데 그 뒤에 문제가 생겨 버렸다. 친환경 재료를 쓰면 보조금을 줄 수 없다는 것이었다. 정말 이렇게 어이없는 일이 있을까? 어째서 에너지효율적인 물질 선택이 나를 보조금 수령에서 배제되게 하는 원인이 될 수 있단 말인가?

담당자를 찾는 건 쉽지 않았다. DEFRA, 즉 이산화탄소 배출을 감소시키는 업무를 맡은 정부 부처에서부터 시작했다. 그들은 단열처리에 혜택을 주는 조건으로 전력회사를 압박해서 에너지효율을 높이는 것이었다. 하지만 혜택이라고 하기에는 너무 값싸고 질이 안 좋은 재료, 예를 들어 광물 면이나 유리섬유 같은 것을 제공했다.

이 문제를 일으킨 건 스코티시파워(Scottish Power)라는 회사만이 아니다. 가스공사와 에너지공사에 연락을 취했을 때도 그들의 대답은 한결같았다. 그들이 제공하는 재료를 이용해야만 할인된 가격으로 단열처리가 가능하다고 했다. 또 다른 문제는 아직 연말이 오기도 전인데 이들의 보조금이 동이 나기 시작했다는 것이다. 그러니 할인혜택을 받고 경쟁을 조금이라도 피하고 싶다면 4월에 신청을 하는 것이 좋을 것이다.

DEFRA가 시스템을 개선하는 중이긴 하지만, 한 업계관계자는 나아지기보다는 사실 더 나빠지고 있다고 말한다. 빨리 이런 상황에서 벗어날 필요가 있다. 보조금제도는 단순해져야 하고 지원하는 사람 누구에게나 가능해야 하며 '친환경적인' 재료 등에 차별을 두어서는 안 된다.

● 전 기

전기공급자 전기 공급자의 변경은 모두가 할 수 있는 일이다. 그것을 온라인으로 신청한다면 단지 몇 분밖에 안 걸린다. 몇몇의 녹색 전기공급자는 표준 전기공급자보다는 더 많은 요금을 청구하기도 한다. 그러나 모두가 그런 건 아니다. 물론 가격은 변하기 때문에 여러분이 요금을 확인할 필요가 있다.

공급자를 변경하는 가장 좋은 이유는, 재생가능 에너지 발생에 더 중대한 지원을 해주기 위해서다. 그러나 여러분에게 풍력터빈, 태양전지판 또는 CHP보일러가 있다면, 사용한 전력에 대비해서 얼마를 지불해야 하는지를 확인하고 싶을 것이다.

간단한 에너지절약 장치

나는 '일렉트리세이브Electrisave'라고 불리는 똑똑한 전력절약장치를 구입했다. 근본적으로 이 기계는 가정에서 소비하는 온실가스의 시간당 합계와 발생된 비용을 알려준다. 설치하기도 매우 쉽다. 나는 우리 집을 방문하는 모두에게 이 장치를 구입하도록 권하는 영업사원 역할을 하고 있다.

그렇다면 이것의 어떤 점이 나를 사로잡았을까? 겉보기에는 그리 대단해 보이지 않는다. 이것은 전력계량기에서 나오는 철사를 고정시키기 위한 부착물이다. 그리고 소형 노트북보다는 약간 큰 손에 쥘 만한 크기의 스크린이다. 그러나 일단 이것을 설치하고 난 뒤, 친구와 나는 집 안의 전력이 0으로 내려가도록 모든 전력을 껐다. 우리는 가능한 모든 전기 장치를 껐다고 생각했지만, 여전히 스크린에는 무언가가 남아 있었다. 알았다! 우리는 나의 아들의 침실에 있는 CD플레이어 스위치를 껐고 마침내 '제로에너지 하우스'를 만들었다.

냉동실, 냉장고 및 전화기를 점차적으로 켰을 때, 우리는 이 장치들이 전기를 얼마나 사용하는지를 알 수 있었다. 또한 나는 모든 TV의 플러그를 끄고, 같은 방법으로 동시에 모든 스위치를 끄고 관련 기기의 에너지양을 측정했다. 긍정적인 결과를 가져온 에너지효율 조명은 이 장치를 통해 확실한 홍보 효과를 볼 것이라고 본다.

일렉트리세이브계량기는 그다지 싸지는 않지만, 전기요금의 25%까지 절약할 수 있도록 해준다. 더구나 나는 보다 더 많이 절약했으며, 그래서 6개월 만에 장치비용을 회수할 수 있었다! 여러분도 더 값싼 장비모델을 구할 수 있으며, 집 안 기기들이 얼마나 전력을 소비하는지를 측정해 줄 것이다.

정부는 전기 회사가 반드시 공급해야 하는 재생가능 에너지양의 최소한의 목표를 제시했다. 그러나 우리가 원하는 건 단지 법적 책임을 다하는 회사보다는, 오히려 이 목표를 초과달성하는 회사에 지원하는 것이다.

● 똑똑한 계량기

창문을 여닫고 히터를 켜고 심지어 저녁을 요리하는 모든 게 원격제어버튼을 누르는 것만으로 가능한 스마트주택에 대하여 들어본 적이 있는가? 방금 언급한 장치보다 더 뛰어난 지능형 계량(Intelligent Metering)은 상당히 중요한 부분이다. 이것은 전력의 양뿐 아니라 여러분이 사용하는 물과 가스를 측정하고, 심지어 보일러 수리공을 불러 여러분의 시스템 효율을 최고로 유지시켜 줄 것이다. 이 장치는 여러분이 언제 집으로 오는지, 언제 주전자를 이용하는지 또는 언제 머리를 씻을지 학습할 것이다. 또한 이 장치는 여러분이 언제 사용하는지뿐만 아니라 얼마나 사용하는지까지도 모니터할 것이다. 실제로 시간대에 따라 요금이 달라지기 때문에 이 기능은 매우 유용할 것이다. 피크시간에는 비용이 높아지고 사용량이 적은 시간에는 비용이 감소되기 때문이다.

그렇다면 친환경적인 삶을 위해 우리가 해야 할 일은 무엇일까? 발전소가 화석연료에 의지하여 풀가동되고 있는 지금, 전력 발전에 탄소방출을 감소하는 방법은 전기소비를 줄이는 것뿐 아니라 피크시간대에 전기를 사용하지 않는 것 또한 포함된다. 전지적(全知的)인 지능계량기(Intelligent Meters)가 곧 등장할 것이다. 이것은 2년 내에 대폭적으로 사용될 것이다. 두 팔 벌려 환영하자.

● 조명

우리 집에서 나의 최고 관심사는 모든 전구를 에너지효율적인 것으로 교환하는 것이었다. 소형 형광등(CFLs)은 오히려 매력 없고 이상한 모양의 전구이다. 일반적인 라이트 소켓 두 쌍으로 이루어져 있다. CFLs에서 주의해야 할 한 가지는, 여러분이 그것들을 켤 때 예열 시간이 약간 소모된다는 것이다. 흔히 말하는 조광기는 아니다.

!!! 행동 요청 !!!
모든 새로운 조명 장치는 에너지효율적인 전구로 제작되어야 하며, 소매점은 이 정보를 유용하게 사용해야 한다.

그러나 스위치를 켜는 것은 예상했던 것처럼 쉽지 않았다. 심지어 이케아조차 CFLs를 판촉하고 있지만, CFLs를 실제로 사용하는 목욕탕이나 부엌 조명은 어디에도 없었다. 어쩌면 있을 수도 있지만 나는 찾을 수 없었고, 전화문의에서조차 답해주지 못했다. 나는 할로겐램프를 대체하지 못한다는 걸 애석하게 생각한다. 포기하지 않았지만, 결국 욕실의 소켓에 CFLs를 설치할 수 있는 조명 장치를 찾아내지 못했다.

대부분 현대 부엌은 에너지절약 관점에서 조명 재해다. 나를 포함해 우리 모두는 40년 전보다 더 밝게 빛을 밝히지만, 나의 경우는 에너지효율적인 조명을 사용한다. 처음에는 100W보다는 오히려 '온화한 백색'으로 판매되는 23W 전구를 선택했지만, 그것은 너무 밝고 메마른 빛깔이었고 다소 돌출된 형태였다.

이 문제에 대해 듣고 싶어, 조명기구 제조사에 전화를 걸었다. 그들은 나에게 기존 전구보다 더 작은 11W 전구로 바꿀 것을 제안했다. 문제는 개선되었다. 그것은 자극적이지 않았고 조명의 질은 훨씬 좋아졌다. 만약 내가 정직했더라면, 나의 전구가 전에 비해 10%의 전력만을 사용하며 수명은 2배 더 늘어날 것이고, 이 전구는 에너지절약 측면에서 못마땅한 대안이라고 생각한다고 말했을 것이다. 나는 심미적인 타협이 가치가 있었다고 생각한다.

!!! 불을 꺼라 !!!
전구를 껐다가 다시 켤 때 에너지를 더 많이 사용하기 때문에 차라리 끄지 않는다고 사람들이 말하는 것을 종종 듣는다. 이것은 사실이 아니다. 불이 필요 없을 때는 항상 꺼놓는 게 낫다.

대부분 가정에서는 조명이 전기료의 대략 15%를 차지하므로, 현실적으로 전기료를 절약할 수 있는 방법을 소개하겠다. 새로운 방을 디자인하는 경우에, 자연광을 최대로 이용하자. 할로겐램프에 유혹되지 말자. 사용하는 전구의 수를 줄일 수 있는지 알아보자. 그리고 문 쪽에 전등스위치를 달아서 깜빡 잊고 불을 켜놓은 채 외출하지 않도록 하자.

내키진 않았지만, 나는 얼마나 많은 전구가 다른 사람의 부엌에 있는지 세기 시작했다. 천장에 있는 20/60W의 전구를 찾아냈고 더 밝은 전구를 마루에서, 훨씬 더 밝은 것을 찬장 아래에서 찾아냈다. 우리 대부분이 그렇게 나쁜 편은 아니었지만, 만약 여러분이 부엌을 다시 인테리어한다면, 전구 수를 줄이는 방법을 생각해야 한다. 더 어두운 전구는 전력을 아낄 수 있고 전구의 수명을 연장시킬 수 있지만, 여전히 전력을 아낄 수 있는 CFLs를 사용해야 할 필요가 있다.

왜 전구 대부분을 금지해야 할까? 영국에 있는 가정이 보편적인 단 하나의 100W 전구를 에너지절약 대체 전구로 교환한다면, 우리는 원자력 발전소 한 기에서 생산되는 에너지가 없어도 살 수 있을 것이다. 또한 같은 에너지효과로 일반 전구보다 약 8-12배 오래 쓸 수 있다. 일반 전구에 사용되는 에너지의 최소 90%는 열을 발생시키는 데 소모된다. 각각의 에너지효율 전구는 여러분의 연간 전력 요금을 지속적으로 감소시킬 수 있다. 전구 추가비용은 단 몇 달 만에 충당될 것이다.

LED의 현재 동생네를 방문했을 때 나는 그곳 부엌에 있는 LED전구에 끌렸다. 그것은 각 2W의 전력을 사용하는 '온화한 백색'이었고 일하기 좋아 보였다.

여기에 몇 가지 팁이 있다.

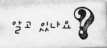

알고 있나요

LED는 신호등에 이용되기 시작했다. 이것은 구형 전구를 사용할 때 드는 전기의 80%를 절약한다. 영국에 있는 약 40,000가구에 공급하기에 충분한 전력을 확보할 수 있으며 6개월마다 바꾸던 전등교체주기가 10년으로 늘었다.

- LED는 60W 전구를 대체할 수 있는 수준까지는 아직 이르지 못했다. 새로운 조명을 설치하는 경우

라면 LED를 이용하는 것이 최상이다.

· 현재 LED는 20W 할로겐램프를 대체할 수 있다. 같은 조도를 얻기 위해서는 3배의 LED장치가 필요하다.

· LED는 분위기 있는 조명에 우수하다.

· LED는 뜨거워지지 않는다. 그래서 화재 위험 없이 절연재의 가까이에 또는 좁은 공간에서 이용할 수 있다.

조명 쓰레기 내가 버린 CFL전구를 마구잡이로 던져버리는 것을 알고 나는 놀라지 않을 수 없었다. 각 전구는 수은 5mg이 들어 있으며, 이것은 다른 전구를 만드는 데에 재생되고 이용될 수 있다. 표준 6ft 형광등관은 이보다 3배의 수은을 포함하고 있다. 정부는 지방에 이 유해 쓰레기의 재생, 수집, 재활용을 촉진하기 위한 시설 설치를 서서히 강제해 왔다. CFL 전구 시장의 성장은 더 많은 수은이 매립장에서 묻히거나 혹은 더 나빠지거나 소각되지 않도록 끝을 내는 것을 의미한다.

더딜지도 모르지만, 형광등 및 CFL 전구 재생을 요구하기 위해 지역 당국과 접촉해야 한다. 그들에게 시설이 없더라도, 이것은 해야만 하는 일이기 때문에 그들을 괴롭힐 만한 가치가 있다. 조명 산업은 CFL 전구에 들어 있는 수은에 대한 염려로 사람들이 구매를 꺼리게 될까봐 우려한다. 그들은 발전소에서 더 많은 양의 효율적 에너지 램프를 사용함으로써 수은 오염을 감소시킬 것을 지적한다. 재생 전구에 있는 것은 다만 수은뿐만이 아니다. 매년 영국에서 낭비되는 전구로 유리 12,000톤, 금속 670톤, 플라스틱 350톤, 인광체 100톤 및 수은 반 톤을 만들 수 있다.

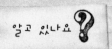

알고 있나요 ❓

형광등 한 개에서 나온 수은으로 물 30,000리터를 마실 수 없는 독으로 만들 수 있다.

나의 전등 등급

오늘날, 손쉽게 이용 가능한 조명의 4가지 주요 유형이 있다. 그들의 환경인증의 개요를 알아보자.

백열등(Incandescent) · 나의 등급 1/10   집에서 가장 일반적으로 사용되는 전구다. 그러나 사용하지 않았으면 한다. 이것은 열을 내는 데 에너지를 많이 소모하며, 수명이 짧다.

형광등(Fluorescent) · 나의 등급 8/10   대부분 에너지효율적인 전구는 형광기술을 사용한다. 전류는 코팅을 뜨겁게 만들지 않으며 밝은 빛을 내는 관을 가스가 통과한다. 그러나 이것은 바람직하지 않은 수은을 포함한다. 낮은 품질을 문제 삼지 않는다면, 가능한 한 많이 이용되어야 한다.

CFLs(Compact fluorescent lights) · 나의 등급 7/10   형광기술이 전구에 적합하도록 적용시켰다. 이 전구는 일반적으로 백열전구보다 조금 크지만 수명이 훨씬 길고 4~5배 더 적은 에너지를 사용한다. 그들은 특별히 적용시킨 조광기에서만 사용할 수 있지만 앞으로 어떤 것이든 사용할 수 있게 되어야 한다.

할로겐(Halogen) · 나의 등급 0/10   할로겐 빛은 백열 전구와 동일한 필라멘트 기술을 사용한다. 그러나 할로겐을 포함하는 석영 캡슐 안에 들어 있다. 전구는 극단적으로 뜨겁게 되고 아주 오래 지속되지 않는다. 할로겐 스탠드는 전형적으로 300W를 사용하면 매우 뜨거워지기 때문에 심각한 화상을 입을 수도 있다.

LED(Light-emitting diodes) · 나의 등급 9/10   LED는 가정과 사무실의 점등 비용을 반으로 삭감할 수 있고 수명은 일반 전구에 비해 최소 40배 더 지속될 수 있다. 어떤 전문가는 2020년까지 우리 조명의 90%가 LED가 될 것이라고 주장한다. 이것은 세계의 수십 억원의 에너지 비용을 절감해 줄 것이다. 133개의 발전소와 동등한 산출로 미국에서만 1000억 달러의 에너지비용이 절감된다.
텔레비전과 비디오의 대기신호, 비상구 표시와 다른 특별한 기기에 착색된 LED 조명이 지금껏 사용되었다. 그러나 백색광은, 예를 들면 정원과 크리스마스의 조명으로만 개발되어 시장에 나오고 있다. 이것은 태양 에너지를 사용할 수 있기 때문에 특히 옥외에 적합하다.
LED에 관하여 제일 놀라운 건 평균 수명이다. 최소한 10년 이상 지속될 것이라고 평가된다. 이 부분은 도달하기 힘든 이상에 다가가도록 해준다. 그리고 이 전구는 실제로 다 타지 않고 시간이 지나면서 그저 희미해질 뿐이다. 또한 형광성 전구와는 다르게 어떠한 유해 물질도 포함하고 있지 않다.
여러분이 LED를 구입하기 위해 상점에 가고 있다면, 잠깐 멈춰보자. 그것은 가정에서 사용 중인 전구와 직접적으로 교체하기에는 아직 적당하지도 않고, 심지어 CFL에 비해 가격도 비싸다. 그러나 기술은 매우 빠르게 변한다. 2002년과 2004년 사이에 루멘 하나당 가격은 $250에서 $50까지 내렸으며, 더 극적인 일은 우리 모두가 CFL을 LED로 교체할 때가 멀지 않았다는 것이다.

Ban The Bulb · www.banthebulb.org
에너지 효율적인 조명기구 사용을 증가시키는 것과 단계적으로 백열전구를 제거하기 위한 캠페인

Efficient Light · www.efficientlight.co.uk
에너지 효율 조명기구를 판매하고 적당한 가정 기기에 관한 조언 제공

Energy Saving World · www.energysavingworld.co.uk
에너지 효율적 조명기구와 기타 에너지 절약제품 판매

LED Light Bulbs · www.led-lightbulbs.co.uk
광대한 범위의 LED 전구 취급

Solar GB · www.solargb.co.uk
고품질의 LED 조명기구 디자인 및 판매

● 난방기와 보일러

난방기 나의 새 집에는 오래된 녹슨 난방기가 많다. 그러나 나는 방마다 두 개씩 있는 것보다는 에너지효율적인 것 하나만 있었으면 한다. 각 난방기는 온도 조절장치가 있기 때문에 사용하지 않는 방에서는 끌 수 있을 테다.

또 하나는 난방기 패널의 가치이다. 보통 난방기 뒤쪽에 이것을 두면 벽으로 열이 흡수되지 않고 방을 더 따뜻하게 해줄 것이다. 이것은 난방 요금을 10-15% 감소시켜 줄 수 있다.

난방기 패널은 편평한 것과 블라인드처럼 된 것, 2가지의 다른 종류가 있다. 편평한 것은 비용 측면에서 좋지 않다. 난방기를 설치할 때 나는 패널을 같이 샀다. 그리고 그것을 내가 찾아낸 Energy Saving World 웹사이트에서 주문하는 대신에 B&Q에서 덧대진 포일과 같은 것을 몇 개 얻었다. 몇 개는 망쳐 버렸지만 쉽게 블라인드처럼 개조할 수 있었다. 이것은 대부분 사람이 난방기를 개선할 수 있는 간단하고 값이 싼 방법이다.

보일러 재킷
보일러에 격리 재킷을 두는 것은 탄소 약 150kg이 대기권으로 들어가는 것을 막아준다.

<u>어느 정도 따뜻해야 할까?</u> 남자의 몸은 겉으로는 여자보다 따뜻하며, 이는 온도에 맞게 보온을 할 수 있도록 해준다. 남자는 때로는 온도를 낮추면 더 행복해한다. 섭씨 1도만 낮추어도 난방 요금을 10% 절약할 수 있다. 그러므로 여러분이 젊고 건강하다면, 여분의 점퍼를 입어보도록 하자. 더 낮은 온도의 집에 있는 것에 빨리 익숙해진 걸 알게 될 것이다.

보온이 잘 되는 집에 산다면 항상 따뜻하게 난방을 켜놓는 것이 낫다. 나는 이것이 확실하게 내 집에는 맞지 않다는 것을 알아냈다. 지금도 여전히 바람이 잘 들어오는 곳이 있다. 이곳 중 하나는 나의 고양이 문이었다. 그 문을 고무로 막지 않았기 때문에 찬바람이 많이 들어왔다. 이것은 모서리에 털이 달린 '찬바람 방지' 고양이 문으로 바꾼 뒤 훨씬 좋아졌다.

난방제어 또한 점차 정교하게 되고 있다. 우리는 따뜻해지길 기다리기보다는 따뜻하게 지낼 시간을 프로그램 할 수 있다. 물론 난방이 필요보다 더 오래 걸리지 않기 위해 효율적으로 개선되어야 한다.

<u>보일러</u> 10년 이상 된 우리 집 보일러는 여전히 잘 작동한다고 보일러서비스 업체에서 말했다. 그러나 더 능률을 고려한 보일러로 바꾸는 건 난방 요금의 1/3을 감소시켜 줄 것이다. 2005년부터, 새로운 보일러에 고효율을 요구하는 법률로 보일러시스템 내의 배기가스에서 열을 재사용하는 보일러가 나오게 되었다.

● 가 정 용 재 생 가 능 에 너 지

여러분이 가정에 재생 가능한 에너지시스템을 설치하기 전에 에너지 효율과 보일러 시스템, 절연을 모두 설치하는 것이 가능한지 확실히 확인해야 한다. 여러분은 또한 몇 년 동안 경비 절약을 해야 원금에 도달하는지 알고 있어야만 한다. 그렇기 때문에 이것은 일반적으로 재정적인 측면의 가치로만 평가할 일은 아니다.

태양으로부터 나는 태양으로부터 에너지를 얻는 아이디어를 사랑한다. 사실 나는 몇몇 불공정 판매기술을 가진 사기꾼 회사들이 눈속임을 하는 것에 대해 매우 민감하다. 그들은 나에게 전단을 배포하여 우리 집이 태양 전지판을 위해 이상적으로 선정되었고 "그들의 프로모션"에서 그것을 사용하고 싶으면 자신에게 말하라는 전단지를 보낸다. 점원이 자세한 설명을 위해 방문했을 때, 나는 이것이 고전적이며 적극적인 판매행위라는 것을 깨달았다. '특별히 선정된' 상황은 그들이 문 안으로 발을 들이기 위한 것이었고, 실상 판매하는 제품 가격은 천문학적이었다.

여러분의 지붕에 태양전지판은 온수 또는 전기를 만들기 위해 이용할 수 있다. 어떻게든, 그것들은 태양열을 사용할 것이므로 가능한 가장 밝은 위치에 놓아져야만 할 것이다. 적절치 못한 위치는 효율성을 급격히 감소시킬 수 있다. 판에는 편평한 판 또는 진공관형, 두 가지의 주요 유형이 있다. 편평한 판은 더 많은 공간을 필요로 하며 덜 효율적이지만 값이 더 저렴하다.

태양 온수 태양전지 터미널은, 알려진 대로, 패널을 통과하는 물을 가열하기 위하여 태양을 이용한다. 이 물은 온수탱크에 채워지며, 보일러에서 필요로 하는 열을 감소시킨다. 온수는 에너지비용의 대략 1/5을 절감해 줄 것이며, 잘 설계된 태양열 체계는 비용을 50%와 70% 사이가 되게끔 해 줄 것이다. 태양열 시스템 구입을 생각하는 경우에는 이것이 일반적으로 태양열 중앙난방 장치를 의미하지 않고 단지 온수만을 위한 것이라는 점을 이해하는 게 중요하다. 몇몇 회사는 판매상담 시 이 점을 명백하게 밝히지 않는다. 태양열 난방은 훨씬 더 어려운 기술이다.

태양 전기 태양 전기가 알려진 바와 같이 광전지 체계는 태양에서 나온 방사선을 전기로 전환하기 위하여 전지를 이용한다. 태양전지판을 이용하거나, 새로운 지붕을 사용하거나, 지붕 및 개별 태양전지 시스템보다 비교적 싼 가격의 태양전지 기술이 장착된 타일을 사용함으로써 전기로 전환할 수 있다.

태양 전기는 태양전지 터미널보다는 돈을 회수하는 시간이 더 오래 걸린다. 어느 쪽으로든 수십 년이 소요될 것이다. 여러분이 친환경 개척자가 아닌 한 아마도 이것은 여러분을 위한 것은 아닐지도 모른다. 만약 과감히 시도하려고 한다면, 견적서를 비교하고 보조금을 받을 수 있는지를 확인해서 모든 장비를 포함한 비용을 검토하여야 한다.

가정용 풍력터빈 풍력터빈은 내게는 태양 에너지보다 훨씬 적격이다. 그리고 나는 언덕 위의 이상적인 위치에서 살고 있다. 이곳의 기후는 바람이 자주 분다. 만약 여러분이 관심이 있다면, 다음 사항을 고려해 보아야 할 것이다.

- 발생되는 전기 | 전문가들은 대부분 풍력터빈 회사가 풍력터빈이 만들 수 있는 전기량을 과장한다고 말한다. 합리적인 가이드를 따른다면 터빈 사용자의 위치, 터빈의 크기 및 체계의 효율성에 따라서 평균 전기료의 20~30%를 절약할 수 있다.
- 전극으로 전달되는 에너지 | 풍력터빈이 여러분이 사용하는 것보다 더 많은 전력을 만들어 낼 때, 전력은 진공관 속의 전극에 채워질 수 있다.
- 도심에서 위치 | 풍력터빈은 도심권에서는 바람의 흐름이 다른 건물에 의해 방해받기 때문에 잘 작동되지 않는다.
- 부지 | 지붕에 풍력터빈을 두는 것은 실질적으로 효율성을 감소시킬 것이다. 이상적으로는 주변 150미터 이내에 아무 방해물이 없으며 위쪽으로 최소 10 미터 가량 되어야 한다.
- 구조 | 지붕에 터빈을 두는 경우에, 건물이 터빈을 지지하기에 충분히 견고한지를 확인해 보고 건물 보험을 점검해야 한다.
- 소음 | 풍력터빈은 이전보다는 소음이 훨씬 덜 발생한다. 그러나 여전히 프로펠러에 공기가 통과하는 소리가 발생한다.
- 바람 | 여러분이 바람이 센 곳에 있는 경우에 당연하게 전기를 더 얻을 것이다. 그러나 너무 많은 바람이 불어 폭풍이 부는 경우에는 터빈이 손상을 입기 쉬우므로 설치를 확인해 보아야 할 것이다.

- 계획 | 허가가 필요하다. 계획하고 있을 때 미리 신청하여 허가를 받아야 한다. 나는 풍력터빈을 아무 허가도 필요하지 않은 텔레비전 위성 접시와 동일하게 대우해야 한다고 생각한다.
- 이웃 | 터빈으로 발생되는 시끄러운 다툼이 없어야 한다. 이웃의 협조가 필요하다.
- 설치 | 풍력터빈이 작동하기 위해서 어떤 다른 장비가 필요한지 확인하자. 예를 들어 변환기는 가정에서 전기를 쓸 수 있도록 해준다.
- 테스트 | 풍력터빈에서 나오는 에너지를 비교할 수 있는 객관적인 예시가 없으며, 효율성은 설치 위치에 전적으로 의지하고 있다. 이 때문에 공간에 알맞은 선택이 어렵다.
- 보조금 | 풍력터빈으로 보조금을 받을 수 있지만, 여러분이 기업으로부터 구입을 할 때, 자격이 되는지 확인할 필요가 있다.
- 비용 | 최근 몇 년간 국내 풍력터빈은 비용 면에서 감당할 수 있는 수준이 되었고, 특히 보조금을 받을 수 있도록 되었다. 그러나 여러분은 판매 가격에 무엇이 포함되어 있는지를 꼼꼼히 따져봐야 한다.

CHP 연료전지 사용법

몇몇 전문가는 수소에 의해 강화된 연료전지가 전 세계 에너지 위기를 푸는 열쇠일 것이라고 믿는다. 이것은 CHP시스템을 사용하고 지역의 전력과 같은 이익을 제공한다.

차이점은 이것은 더 많은 효율성이 있으며 난방, 전력, 심지어 공기청정 모두를 제공할 수 있다는 것이다.

이제는 기술적인 부분이다. 나는 그것이 간단하다고 말을 했지만 전적으로 확신하지는 않는다. 저온의 연료전지는 산화를 하는 것이 아니라 전기-화학 반응을 통하여 에너지를 일으킨다. 이용된 연료는 수소이고 물만 배출한다. CO_2, NOX 또는 그을음도 없다. 그러나 중요한 문제는 수소가 어떤 방법으로 에너지를 생성하는가이다. 예를 들자면, 그것이 태양에너지나 풍력으로 만들어지는 경우라면 진정 청결한 선택일 것이다. 그러나 대부분 수소는 아직도 이산화탄소 방출을 일으키는 천연 가스로부터 만들어진다.

수소에 의해 강화된 연료전지가 국내 최고의 녹색 난방과 전원시스템을 가능하게 하리라고 확신하지는 못하겠다. 그러나 이것은 얼마 되지 않아 개선될 것이다. 그리고 2015년까지 연료전지가 비용 효과적이고 널리 이용될 것이라는 점이 예견될 것이다. 또한 이것은 이동전화 및 전자부품과 같은 휴대용 부속품과 자동차에도 적용될 것이다.

국내 CHP

CHP(combined heat and power) 보일러는 이제 막 유용해지고 있다. 집광보일러 같이, 이것은 열을 재사용하는 데 능률적이며, 더불어 전기를 만들어 내는 데서 도 이익을 낼 수 있다. 지금까지도 CHP보일러는 지역사회 난방계획에 이용되 었으며, 여기에 사용되는 열은 다른 연료에서 전환되었거나 나무토막에서부터 왔다.

나는 왜 우리 정부가 이런 계획을 진행하는 데 있어서 매우 느긋한지 이해할 수 없다. 핀란드에서는 모든 난방은 CHP계획에서 비롯된다. 그러나 정부는 우리가 사용하는 난방의 아주 미미한 비율만 전국의 대략 1300개 지점에서 제공한다.

국내 CHP 시스템의 설치를 생각해 본다면, 가스 본선이 있는 게 필요할 것이 다. 그 보일러는 집광보일러만큼 능률적이다. 다른 점은 생산된 것의 대략 12~ 15%가 전기를 생성한다는 것이고, 이는 일반 가정의 약 1/3에 전력을 공급하기 에 충분하다는 것이다.

환경적인 관점에서, CHP의 주요 이점은 각 지역에서 생성된 전력이 발전소로 부터 나온 효과 없는 전기를 대체한다는 것이다. 태양 전지는 날씨가 맑으면 더 많은 에너지를 만드는 반면, CHP는 데워지기 시작하면서 전기를 만들기 때문 에 태양에너지 기술과 함께 어울린다. CHP를 사용하는 한 일반적인 가정은 탄 소 방출을 약 1.6톤가량 줄이고 아산화질소 방출의 40%를 감소시킬 것이다.

여러분은 비용적인 측면에 더 흥미를 가지고 있을지도 모르겠다. 집광보일러 와 비교되는 CHP보일러는 약 3~5년 정도면 보일러의 비용을 회수할 수 있으 며, 고가의 전력을 사용할지라도 낮은 가격이 표시될 것이다.

런던에 있는 CHP?

런던은 기존 및 새 가정을 위한 CHP 사용에 거대한 잠재력을 지니고 있다. 예를 들면 토마 스 템스 지역 거주민의 발전은 이웃의 바킹 발전소로부터 무료 난방자원을 받아 이익을 얻 을 수 있다.

'런던 에너지 공동체'는 런던을 위한 지속가능한 에너지를 찾고 있는 중이다.

● 목 재 난 방

나무땔감을 이용한 난방은 단지 장작불을 이용한 난방만을 말하는 것은 아니다. 장작을 이용한 난로가 65% 효율을 보이는 것에 비해, 여러분은 나무연료를 사용하는 보일러 중 90% 효율을 가진 보일러를 구할 수도 있다. 그리고 이러한 나무연료의 가장 큰 장점 중 하나는 기름에 비하여 굉장히 값이 싸다는 것이다.

사람들은 나무연료를 사용함으로써 얻는 환경적인 이익을 지나치게 과신하고 있다. 당연하게도, 나무연료는 자연산이고 재생 가능하다. 하지만 그것은 연소할 때, 여전히 이산화탄소를 방출한다. 또한 운송에 따르는 효과 역시 고려해야만 한다. 최근에 영국에서는 나무가 부족하여 많은 나무연료가 스칸디나비아에서 온다. 이러한 친환경적인 사실이 나무연료를 지역적으로 성장 또는 재활용하게 했다.

만약 이러한 나무연료가 적합하다고 생각된다면, 다음 옵션을 생각해볼 수 있다.

장작 큰 저장 공간이 필요한데, 그 이유는 아주 거대한 시스템이라도 하루에 한 번은 연료를 재공급해야 하기 때문이다.

펠렛(Pellets) 톱밥을 압축하여 재활용한 것인데, 장작에 비해 넓은 저장 공간이 필요하지 않다는 장점이 있다. 하지만 여전히 매 1~3일마다 연료를 재공급해야 한다.

나무합판 위의 연료에 비하면 좀 더 자동화될 여지가 충분하지만, 대형 저장설비를 갖춘 대형건축물에서 정기적인 합판의 공급이 충족되었을 경우에만 비용적인 측면에서 효과적이다.

● 열 펌 프

열펌프는 뛰어난 재생에너지이고, 환경적으로 아주 훌륭하다. 이것은 대기 중의 열 또는 수열(水熱), 지열(地熱)을 이용하여 난방과 온수에 사용하는 것이다.

단열 건축물에 훌륭하게 설치된, 지열을 이용한 펌프는 한 단위의 전력 투입에 대략 3~4단위의 열을 제공할 수 있다. 지열을 이용한 펌프는 그 열의 대부분을 파이프, 또는 파이프 설치에 비좁은 장소라면 시추구멍(물론 이것이 더 많은 비용이 들긴 하겠지만)을 통해 지하에서 얻는다. 불행하게도, 이러한 지열을 이용한 펌프는 많은 가정에 적합하지 않다. 그러므로 새 집을 지을 때나 큰 규모의 보수공사를 할 때 이러한 시설을 설치하는 것이 더욱 쉽다.

대기열을 이용한 열펌프는 일반적으로 미국과 일본 양국에서 많이 사용되고 있으며, 영국에서 새롭게 관심을 받고 있다. 이러한 시스템의 가장 큰 이점은 지열을 이용한 펌프에 비해 많은 공간을 차지하지 않으면서도 가격이 절반밖에 되지 않으며, 기존 건물에 설치가 쉽다는 점이다. 반면에 불리한 점은 백업시스템이 필요할 수 있으며 실내의 전기시스템 때문에 대기열을 이용한 열펌프의 크기가 제한될 수 있으며, 에어컨과 같은 소음이 발생한다는 점이다.

그렇다면 무엇이 필요한 것일까? 생각해 볼 만한 주제를 나열해 보겠다.

비용 만약 가스가 공급되는 가정이라면, 열펌프를 설치하는 건 별것 아닌 부분이 될 것이다. 가스사용 비용은 계속 상승하고 있지만, 이것은 높은 전기요금으로 인해 상쇄될 것이다. 기름을 사용한다면 이러한 액수는 장기적인 관점에서 충분히 합리적이다.

대기 혹은 지열 새로 지어진 건물과 그에 딸린 부지에는 지열을 이용한 펌프가, 이미 지어진 건물에는 대기열을 이용하는 펌프가 더욱 적절하다.

최근의 난방체계 라디에이터보다는 바닥에 설치된 난방시스템이 더욱 효율이 좋다.

> 모든 새로운 건물은 빗물수거장치와 같은 재생에너지 시설을 설치해야 하고, 에너지 효율을 최대한 끌어올려야 한다.

<u>설치</u> 최선의 시공법을 제시할 수 있는 믿을 만한 시공자를 찾아야 한다. 잘 설치된 난방시스템은 적어도 15년은 지속되고 사실상 유지비가 들지 않지만, 사이비 업자가 만든 것은 두세 달 후에 난방시스템이 고장 난다고 알려져 있다.

<u>나무심기</u> 지열을 이용한 펌프가 설치된 장소에 나무를 심는 것은 권장하지 않는다. 꽃과 채소가 적당할 것이다.

<u>바다에 인접한 장소</u> 바다에 인접한 장소에 사는 사람에게 대기열을 이용한 펌프 사용을 권장하지 않는다. 염분이 열교환기를 부식시키기 때문이다.

_ 온풍과 냉풍

열펌프는 온기뿐 아니라 냉기에도 작동한다. 그래서 열펌프는 에어컨에 널리 사용된다. 냉장고나 에어컨은 가스를 냉매로 사용한다. 오존층을 파괴하는 CFC는 오존친화적인 HFC로 대체되고 있지만, 이것은 이산화탄소에 비하여 1400배나 더 지구온난화를 유발한다. 게다가 영국에서 HFC를 사용하지 않는 열펌프를 공급하는 업체는 Earthcare Products, 단 하나뿐이다.

여기서 끝이 아니다. B&Q는 HFC를 포함하는 수많은 제품을 팔고 있다. 영국은 온화한 기후이기 때문에, 반드시 이러한 방식으로 냉방을 해야 할 필요는 없다. 또한 환경에 피해를 입히는 이런 강력한 온실가스를 포함한 제품을 사용하는 것은 더더욱 좋지 않다. 훨씬 피해가 적고 기술적으로도 가능하며 값도 싼 대안이 있음에도 불구하고 말이다.

따라서 난방의 허가 및 설치를 시작하는 것이 가장 어려운 부분이 되곤 한다지만, 가장 우선시해야 하는 것은 무엇일까? 대다수 사람이 에너지관리자로부터 이익을 얻는다. 이는 가정 내 어디에서 에너지가 낭비되고 있는지를 살펴봄으로써, 어떻게 개선이 가능한지, 그리고 만약에 관심이 있다면 가정에서 적용할 만한 다른 재생에너지기술이 있을지를 판단하는 사람을 의미한다. 만약 중요한 다른 일을 계획하고 있다면, 이 일은 상대적으로 적은 대가에 비해 중요한 가치가 있을 것이다.

 지역 에너지효율 조언센터에 가장 먼저 전화를 해야만 한다고 여러분에게 말하고 싶다. 그들은 가능한 보조금을 알아주고, 어떻게 신청하는지를 알려 줄 것이다. Encraft와 같은 일부 업체들이 보조금과 에너지효율 측정법, 단열과 재생에너지를 포함한 가정 에너지에 대한 전반적인 기술 지원을 제공하고 조언한다. 비용은 업체마다 제각기 다르다.

가정용 에너지발전 (요약)

여기에 가정용으로 사용될 만한 주요 재생에너지 옵션을 요약하였다. 이것들 각각에 대한 개인적인 평가점수가 있지만, 지속가능성과 환경적인 이익은 각자의 상황에 따라 많이 달라질 수 있을 것이라는 점을 지적하고 싶다.

지열을 이용한 열펌프 | 평가점수 8/10
장점 | 장기적으로 재생에너지의 충분한 사용, 짧은 비용 회수기간.
단점 | 높은 설치비용 및 설치부지의 필요성, 전력투입의 필요성.

목재를 이용한 보일러 | 평가점수 7/10
장점 | 식물에서 파생된 저렴한 연료비용.
단점 | 산지에서 멀어질 경우의 운송비, 연료를 위한 저장고와 정기적인 공급의 필요성.

열병합발전(Combined Heat and Power/CHP) | 평가점수 7/10
장점 | 가스를 이용하여 가정에서 생산된 전력의 공급은 이산화탄소의 배출을 감소시킴.
단점 | 여전히 화석연료를 이용한다는 점, 단지 전기를 열과 함께 공급할 뿐임.

대기열을 이용한 펌프 | 평가점수 7/10
장점 | 적은 비용으로 손쉽게 대기를 이용하는 기술.

단점 | 소음, 지열을 이용한 펌프처럼 확실하지 않음, 추운 기간이 오래 지속될 경우에 백업시스템이 필요함.

연료전지 | 평가점수 7/10
장점 | 유동성, 재생에너지 기술로 만들어질 수 있고 저장도 가능한 하이테크 청정에너지.
단점 | 수소는 여전히 초기에 가스에서 만들어져야 한다는 점에서 기술적으로 시장성이 요원함, 연료전지를 이용하여 생산된 에너지를 난방과 전기라는 관점에서 각각의 가정에 에너지를 할당하는 조합을 찾기가 어려움, 주요한 이익이 풍력이나 태양력을 이용하여 수소를 생산할 경우에만 발생한다는 점.

가정용 풍력발전 | 평가점수 6/10
장점 | 풍력으로 재생에너지를 사용할 수 있게 되었다는 점.
단점 | 도시주택에 적합하지 않음, 유지비용이 필요함, 기껏해야 30%의 전력 수요만을 충족함.

태양열(온수) | 평가점수 6/10
장점 | 태양으로부터 에너지를 얻음, 최근까지 가장 널리 사용되는 재생에너지 기술.
단점 | 높은 초기투자비용, 투자비용회수기간이 긺.

콘덴싱(응축형) 보일러 | 평가점수 4/10
장점 | 법적 요구에 부합하는 시장성을 갖춘 고효율 연료임.
단점 | 화석연료를 사용.

태양발전(태양광발전) | 평가점수 4/10
장점 | 태양을 이용한 재생에너지 사용, 적은 유지비용.
단점 | 향후 10년간 비용 면에서 효과적이기 힘듦, 상대적으로 적은 에너지에 큰 비용이 필요.

태양열(난방) | 평가점수 3/10
장점 | 태양을 이용한 재생에너지 사용.
단점 | 태양열온수보다 더욱 어려운 기술임, 아직 확실히 자리잡지 않았음.

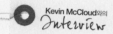 거대한 친환경 계획

케빈 매클라우드와 그의 가족들은 17세기의 서머셋 농장 집에 산다. 케빈은 방송국 Channel 4의 Grand Designs의 대표자이기 때문에 여러분은 케빈이 좀 더 현대적인 곳에서 살 것이라고 생각할지도 모른다. 부엌은 실제로 하이테크와 오픈 플랜(다양한 용도를 위해 칸막이를 최소한으로 줄인 건축 평면)으로 지어졌지만 케빈은 건물이 완전하지 못하다고 말한다.

그는 오래된 건물의 환경을 개선한다는 건 그것의 특성을 파괴하는 것이라고 지적한다. 케빈은 역사와 함께 살기 위해서는 우리가 해낼 수 있는 녹색 산업적인 것을 생각해야 한다고 말한다. 가령 다락을 없앤다거나 (이중 유리가 아닌) 두 번째 유리를 끼우는 것, 그리고 라디에이터 패널을 넣는 것 같은 것을 말한다. 그리고 두꺼운 커튼과 함께 덧문을 설치하는 것은 최소한 이중 유리창만큼 효과가 있고 보기에도 좋다.

반면에 무엇인가를 짓고 있다면, 우리는 내일의 역사를 짓고 있다는 것을 기억해야 한다. 왜냐하면 건축이 지속되기 위해서는 설계자가 건물을 유동적으로 지어서 건물이 다양한 용도로 사용될 수 있어야만 한다고 생각하기 때문이다.

무엇보다도 오래된 건물을 부수고, 부속물들을 버리며 어떤 새로운 것을 짓는 것은 매우 낭비적이라고 케빈은 지적한다. 6개의 영국식 벽돌을 만드는 데 1갤런의 석유와 맞먹는 에너지가 든다고 추산했다. 그리고 전통적인 빅토리안 집의 벽돌에 쓰인 에너지(건물을 짓는 데 들어가는 에너지사용량 1위)는 전 세계를 자동차로 열 번 이상 운전하는 것과 맞먹는다.

케빈이 Grand Design을 발표하고 난 후 에코 건축에 대한 관심이 폭발적으로 일어났다. 그가 기억하기로 50명 중 1명만이 그들의 녹색 꿈을 건설하기를 원하는

환경주의자였다고 한다. 현재 집을 짓는 사람들의 거의 반 정도는 환경친화에 관심을 보인다. 그러나 케빈은 이 열의가 그저 겉핥기에 그치고 마는 것이 아닌가 하고 걱정한다. 예를 들어, 어떤 사람이 어마어마한 크기의 유리창문과 8개의 침실을 소유하고 있는 거대한 건물을 짓는다면, 몇몇 '친환경 특징들'을 소개하는 것이 사소하게 보일 수도 있다. 그는 '왜 작은 집을 짓는 것을 1순위로 두지 않는 것인가?'라며 비판한다.

그는 또한 많은 사람이 환경친화적인 상품의 이득을 얻지 못하고 있는데, 왜냐하면 그들이 지시사항을 적절히 따르지 않기 때문이라고 한다. 절연판이 설치되었을 때, 공기의 유출을 막기 위해 테이프로 서로 묶는 게 좋다. 이것은 확실한 지시사항으로 추천될 만한 것이고 절연성과를 상당히 크게 개선할 수 있다. 이 외에 절연의 방법을 사용하지만, 케빈의 집과 농장은 여전히 많은 기름을 써버리고 있었다. 그는 바이오메스 보일러를 설치하기로 결심했다. 그것은 현지에서 성장한 5살 미만의 나무가 완전히 사라지지 않도록 막아줄 수 있을 것이다. 절약되는 견적은 일 년당 400-500유로다. 그는 시장에서 나무토막과 톱밥 모두를 사용하는 2중 연료 보일러를 선택했다.

케빈은 집에서만 친환경 계획에 몰두하는 것은 아니다. 그는 윤리적인 가구 회사를 세우고 서머셋에서 선구적인 지역공동체 건설 계획에 집중하고 있다.

 www.channel4.com/4homes/ontv/grand-designs

정원 가꾸기

친구 중의 한 명은 내가 덩굴식물에 신경 쓸 것 없다고 말했다는 이유로 내가 정원을 가꾸는 데 게으르다며 나를 비난했다. 정말로 나는 너무 많은 정원사들이 일일이 모든 잡초와 해충을 영원히 제거하려고 지나치게 걱정한다고 생각한다. 이것이 정원사들이 농부보다 면적당 화학약품을 더 많이 쓰는 이유이다. 그리고 잘 관리된 잔디밭은 다양성의 결여라는 면에서 자연의 사막과 같다. 아래는 정원을 가꾸는 사람들에게 던지는 다섯 가지 커다란 과제이다.

● 잔 디 깎 기

잔디에 관해서 매우 친환경적인 것은 없다. 이러한 하나 또는 두 종의 식물로 이루어진 이 이상한 카펫을 유지하는 것은 종종 어마어마한 양의 화학약품과 잔디관리를 위한 에너지, 심지어는 건조할 때 물을 사용하는 것을 의미한다. 이러한 잔디밭을 유지하고 싶어 하는 사람들을 위해서 이런 영향을 최소화시키는 몇 가지 팁을 주고자 한다.

· 잡초: 잔디밭에 화학약품을 사용하는 것을 피하자. 그리고 유기농 지침을 따르자.
· 클로버: 클로버는 풀에 매우 좋기 때문에 그대로 놓아두어야 한다.
· 잔디 깎기: 풀잎이 길어야 그늘이 생기고 수분을 보존할 수 있으므로 잔디를 너무 짧게 깎지 않도록 한다. 잔디를 짧게 깎는 것은 잔디를 약하게 한다. 이끼도 그대로 두는 게 좋다.
· 잔디에 영양공급하기: 봄과 여름 동안에 잔디를 깎은 찌꺼기는 썩으면서 영양분이 되므로 그대로 두자(하지만 환절기에는 그렇게 하지 않는 것이 좋다). 이러한 찌꺼

물 아끼기

물을 절약하는 것은 이미 서남부 잉글랜드에 거주하는 사람들에게는 우선 사항이다. 그리고 기후 변화의 정도가 심해지면서 나머지 지역에 사는 사람들 역시 이 문제에 직면할 것이다. 스프링클러와 호스 파이프는 시간당 1,000리터의 물을 사용할 수 있고 정원에서 물을 펑펑 쓰기 십상이다. 여기 절수를 위한 몇 가지 팁이 있다.

빗물 받는 통   빗물을 모으기 위해 빗물 통을 구입하자. 이 큰 통은 다양한 모양과 크기로 출시되고 있고 또한 다양한 용도에서 유용하다. 지붕에서 흐르는 빗물을 받기 위해 그것을 설치하고 끈적끈적한 물질이 끼는 것을 방지하기 위해 뚜껑을 덮을 필요성이 있다.

물의 재사용   식물에게 물을 주기 위하여 가정에서 사용된 물을 재사용하자. 하지만 그것을 먹는 농작물에 주는 것은 피해야 한다.

호스 파이프   호스 파이프를 사용할 필요성이 있다면 손으로 쥐지 않았을 때 물이 새어나가지 않도록 방아쇠 형태로 만들어진 노즐을 구입하자. 그리고 세차할 때는 양동이나 물뿌리개를 사용하자.

습도 유지   2~3인치의 뿌리덮개를 식물 위에 놓자. 특히 뿌리 부분 위에 놓아야 한다. 빨대 역시 수분유지에 도움을 줄 것이다.

물 주는 시간   한낮에는 물이 증발하기 쉽기 때문에 피해야 한다. 이른 아침이나 저녁이 좋다.

괭이의 사용   괭이질을 하면 잡초들이 뿌리를 내리기 전에 제거할 수 있고, 그래서 물의 양을 줄일 수가 있으며 식물에 영양을 공급해서 더 잘 자랄 수 있게 한다.

식물을 현명하게 고르기   정원에서의 물 수요를 고려하자. 예를 들어 큰 잎 식물과 화초 식물들은 대다수 다른 식물에 비해 많은 물이 필요하다. 라벤더나 타임, 세이지(샐비어)와 같은 은회색 잎 식물은 그다지 많은 물이 필요하지 않다.

화분 사용을 줄이자   화분에 심어진 식물은 일반적으로 물이 많이 필요하다. 만약 꼭 그런 식물을 가지고 싶다면, 벽돌이나 아연도금을 한 화분을 선택하자. 왜냐하면 테라코타 화분과는 달리 그런 화분은 수분을 저장할 수 있기 때문이다. 퇴비와 혼합된 수분젤은 수분저장 역할을 한다. 그리고 장식용 돌 역시 수분이 증발하는 것을 막는다.

기는 잔디에 좋은 영양분이 된다. 하지만 지
나친 영양분은 질병을 초래한다.
· 야생화 잔디: 여러 야생화 씨앗의 혼합을 제공
하고 이러한 야생화를 키우는 것을 알려주는
많은 업체들이 있다. 대다수 야생화는 척박
한 토양도 좋아한다는 사실을 기억하자.

● 지 나 친   잔 디 깎 기

영국에서는 매년 300만 명의 사람들이 4억
3천만 km의 잔디를 깎는다. 그리고 대다수 잔디
깎기 기계들이 차량보다 훨씬 더 많은 온실가스를 만들어내고 있다. 그렇기 때문
에 이런 배출에는 많은 관심을 기울이고 있다. 신형 잔디 깎기 기계들은 구형보다
더 에너지 효율적이고 심지어 일부는 촉매변환기까지 포함한다. 이제 만약 잔디
깎기 기계를 구입한다면, 반드시 배출량에 대해서 물어보자.

> 잔디 깎개를
> 구입할 때의 옵션으로
> 가장 좋지 않은 것부터
> 가장 좋은 것

1. 휘발유-좌석형 잔디 깎개(구형)
2. 휘발유형 미는 잔디 깎개(구형)
3. 전기형 잔디 깎개
4. 휘발유-좌석형 잔디 깎개(신형)
5. 휘발유형 미는 잔디 깎개(신형)
6. 기계형 미는 잔디 깎개
7. 큰 낫

물론 인간의 힘으로 움직이는 기계장치나 심지어 큰 낫으로 바꾸기를 원하지
않을 수도 있다. 하지만 한 가지 고려해야 할 것은 조금은 더 거친 잔디 상태다. 바
짝 깎은 카펫은 존재할 필요가 없다. 나는 이끼가 끼어 있고, 데이지와 미나리아재
비 같은 야생화가 자라는, 어떠한 화학물질도 보이지 않는 잔디밭이 좋다.

토탄(peat)*의 목적

많은 사람이 토탄지를 파괴하는 것은 바로 열대우림을 파괴하는 것과 마찬가지라는 사실을 깨닫지 못한다. 놀랍게도 이런 부패하는 야채에 저장된 탄소는 전 세계의 삼림에 저장된 탄소보다 훨씬 많고 대기 중에 존재하는 탄소량과 거의 같다. 토탄 늪 역시 많은 희귀 동식물의 서식지이고 어떤 종은 습지 외에서는 살 수 없다.

1950년대 이래로 영국에서만 94%의 토탄 습지를 잃었다. 원예가 그 주범이다. 활발한 캠페인에도 토탄산업은 풍요롭고 생물이 다양한 서식지에 대한 자기주장을 포기하지 않았다. 어째서일까?

사람들의 말에 따르면 토탄은 특수한 종의 식물에게는 이상적인 성장 촉진제다. 또한 거름이 혼합된 상태이며 토양환경을 개선하는 데 좋다. 또한 버섯 재배의 요소이기도 하다. 조사에 의하면 토양상태에 적용하는 것이 더 쉬움에도 불구하고 고품질이며 가격경쟁력도 있는 토탄 대체품들이 있다고 한다.

나는 토마토 묘목을 가을에 수확할 생각으로 담장에 기대어 예쁘게 심었다. 하지만 이 묘목은 토탄에 갇히게 되었다. 여전히 많은 사람이 이것이 얼마나 심각한 문제인지 잘 모르고 있다. 이런 주제는 엄청난 소비자 의식이 필요하며 더욱 많은 토탄 습지가 파괴되는 걸 멈추도록 도울 것이다.

* 역자주: 석탄의 일종이다. 수생 식물, 이끼류, 습지대의 풀 등이 지표 근처에 퇴적된 퇴적물로서 묻힌 기간이 오래되지 않아 탄화 정도가 가장 낮다. 이탄이라고도 한다.

해야 할 일

· 소비자는 토탄 제품을 생산하는 업체에 대해 불매운동을 벌여야 한다. 그리고 건강한 묘목을 위해 토탄이 필수 요소로 여겨지는 동백나무나 진달래와 같은 일부 식물을 피해야 한다.
· 화원이나 가게는 어떠한 토탄 관련제품도 판매하지 않아야 한다. 그리고 토양상태를 청결히 유지하는 것과 토양조절제와 작물성장매개체에 깨끗한 라벨을 붙일 뿐 아니라 토탄의 대안 정보 역시 제공해야 한다.
· 모든 협회와 공원 그리고 꽃박람회는 무토탄(無土炭) 정책을 소개해야 한다.
· 정부는 2010년까지 무토탄정책에서 설정된 수준의 90%에 도달하지 못하는 회사에 대해 강력한 처벌을 해야 한다.
· 토탄의 사용을 중지하는 것은 그렇게 어렵지 않으며, 잠재적으로 거의 손실이 없이 많은 효과를 얻을 수 있다. 마지막 남은 토탄 습지를 살려내기 위해서 소비자의 힘을 보여주자.

● 화학 물질 줄이기

유기농으로 정원을 꾸미는 일은 완벽하게 화학약품을 없애는 일이 아니라 화학약품을 최소한으로 줄이는 일이다. 여기에 정원을 화학약품이 없는 공간으로 만들 몇 가지 방법이 있다.

- **필요한가?**: 정원에 화학약품을 사용하기 전에 우려스러운 잡초와 해충을 제어할 필요성이 정말로 있는지 자신에게 물어보라.
- **과다사용 금지**: 만약 정말로 화학약품을 사용해야 한다면, 지시사항을 잘 따르도록 하자. 필요한 양보다 더 많이 사용하는 것은 여러분이 보호하려 했던 식물에게 오히려 피해를 입힐 수 있다.
- **잡초예방**: 좀 흉측하게 보이겠지만, 겨울 동안에 오래된 카펫이나 플라스틱 필름을 덮어두는 것은 잡초가 생기는 것을 막는다.
- **같이 심기**: 정원을 효율적으로 사용하는 것과는 별개로, 식물을 같이 심는 것은 해충문제를 예방할 수 있다. 예를 들어 일부 해충은 양파 냄새를 싫어한다. 그리고 어떤 식물은 해충이 좋아하는 식물에서 자기에게로 꼬이게 하고, 유익한 곤충 포식자를 자신에게 꼬이게도 한다.
- **포식자**: 일부 정원의 해충을 제거하는 좋은 방법은 포식자를 집어넣는 일이다. 예를 들어, 진딧물을 잡아먹는 무당벌레가 충분하지 않다면, 그것을 구입할 수도 있다.
- **질병저항력**: 질병에 대항할 수 있는 식물을 다양하게 선택하자. 이는 종종 지역적인 품종을 의미할 수 있다. 예를 들어 어떤 사과와 딸기는 다른 것들에 비해 해충에 취약하다.
- **화학약품 처리**: 절대로 정원에 화학약품을 마구 살포하지 마라. 쓰다 남은 화학약품을 처리하고 싶다면 지역 폐기장으로 가져가야 한다.

한 친구가 저녁식사에 나를 초대하기 위해 전화를 했다. 그녀는 잡초를 태우는 화염방사기를 구입했기 때문에 그들 부부는 어떻게든 자신의 테라스에 화학약품을 사용하지 않으려고 했다. 그녀는 나에게 그것을 빌려가겠느냐고 물었다. 나는 마지못해 받아들여야만 했다. 꽤나 재미있을 거라고 생각했지만 잡초를 죽이기 위해 화석연료를 태우는 것은 아마도 환경적으로 바람직한 일은 아닐 것이다.

민달팽이 때려잡기　나는 민달팽이를 박멸하기 위해 수많은 방법들을 시도했다. 예를 들면 'slug pubs'라는 방법으로 포도의 절반을 맥주로 채워 넣고 여기저기에 달걀 껍데기를 흩뿌리는 방법을 사용하는 것이다. 가장 효과적인 방법은 민달팽이 사냥이라고 생각한다. 어둠이 지면, 양배추 조각이나 다른 취약한 지역을 향해 머리를 내밀고 작물을 마구 먹어대는 이 끈적끈적한 녀석을 잡을 수 있다. 다른 좋은 방법은 개구리나 고슴도치 같은 민달팽이 포식자를 키우는 것이다.

민달팽이 알갱이(펠렛)는 화학 잔류물을 음식물에 남길 수 있고 오염된 민달팽이를 잡아먹은 조류를 죽일 수도 있다.

원예 관련 웹사이트

BBC Gardening · www.bbc.co.uk/gardening/
유기농 잔디관리방법에 관련된 조언을 포함한 양질의 원예정보를 제공

Beth Chatto · www.bethchatto.co.uk
가뭄에 잘 견디는 작물을 이용하여 물이 필요하지 않은 거대한 정원과 묘목장을 Essex에서 실험적으로 운용

Centre for Alternative Technology · www.cat.org.uk
거름주기와 물주기에 관한 정보를 제공

Compost Guide · www.compostguide.com
거름과 관련된 정보를 제공

Compost Information · www.compostinfo.com
거름 관련 정보 제공

쓰레기를 사용하자

퇴비는 정원을 가꾸는 사람의 큰 기쁨이다. 그것은 만들기 쉽고, 식물에게 매우 훌륭하며 여러분에게 약간의 환경적인 가산점을 줄 수도 있다. 심지어 정원이 없는 사람도 퇴비를 만들 수 있다. 그것의 가장 큰 가치는 에너지 절약뿐 아니라 무겁고 젖은 부엌폐기물을 쓰레기더미에서 제거할 수 있다는 데 있다. 여기 여러 가지 선택사항이 있다.

<u>정원사의 퇴비더미</u> 완벽한 퇴비더미는 대부분 짚, 동물의 배설물, 정원 및 가정 폐기물을 쌓아 물을 추가하여 정기적으로 가열 가공하여 변환시킨 거의 예술적인 형태이다. 완벽한 구성요소에 관련된 많은 조언이 있다. 여전히 무계획적인 접근방법으로도 좋은 결과를 얻을 수 있지만, 완벽한 재료를 위해 조금 더 기다려야만 한다.

<u>퇴비 쓰레기통</u> 많은 종류의 선택 가능한 퇴비 쓰레기통이 있다. 많은 협회에서 그러한 상품에 대해 할인을 해 주는데 그 이유는 쓰레기를 줄여야만 하기 때문이다. 이 중 플라스틱제품을 구매한다면 재활용플라스틱인지를 확인하자. 구매하기 이전에 지시사항을 확인해야 하는 이유는 이 상품을 정원에 절반 정도는 묻어서 사용할 필요가 있기 때문이다.

<u>벌레 사육</u> 부엌에 벌레를 키운다는 이야기를 듣고 놀랐을지도 모르겠다. 나는 우편을 통해서 받은 벌레를 부엌쓰레기를 분해시키기 위해 특별히 고안된 밀폐 양동이에 두었는데 아주 만족스러웠다. 그리고 언젠가 그들에게 물기 있는 야채찌꺼기를 줄 때 얼마나 그들이 행복할지를 생각해 보았다. 불행하게도 나는 부엌쓰레기에 너무 물기가 많아서 벌레들이 익사했다는 사실을 알게 되었다. 벌레통 바닥의 작은 꼭지를 거의 항상 열어두고 아래쪽에는 액상폐기물을 담을 용기가 필요했다. 이러한 벌레들을 잘 활용한다면, 액상폐기물은 심한 냄새가 나지는 않을 것이고 훌륭한 비료가 될 것이다. 이러한 벌레는 동물성 쓰레기나 대부분 조리된 음식에는 별다른 문제가 없다. 하지만 양파나 오렌지껍질, 바나나 껍질은 크게 좋아하지 않는다. 부엌에 충분한 공간이 없는 사람을 위해서 벌레사육장은 이상적인 퇴비법이다. 매 6~12개월마다 훌륭한 토양개량제를 받아서 벌레들이 신선한 양분을 공급받으면 잘 활동할 것이다.

<u>모닥불</u> 모닥불을 피우는 일은 재미있을지 모르지만 모닥불은 정원을 오염시킨다. 모닥불을 피우는 유일한 이유는 병에 걸린 식물을 제거하기 위한 것이다.

 ## 실외 활동

나는 바비큐에 반대하지 않는다. 사실 숯불요리를 매우 즐기고 야외에서 식사하는 순수한 재미를 매우 좋아한다. 특히 내 친구들과 함께 해변에서 바비큐를 즐긴다. 하지만 바비큐는 지구를 위해서 그렇게 좋은 일은 아니다. 흥을 깨는 것을 피하면서도 환경에 미치는 영향을 최소화하는 방법들이 있다.

<u>가스</u> 바비큐를 할 때, 숯보다는 가스가 청정한 연료다.

<u>숯</u> 숯을 만드는 과정은 열을 낭비하고, 숯이 탈 때에는 공기오염의 원인이 될 수 있는 시커먼 연기가 발생한다. 스스로 빛을 내는 숯불은 오존층을 파괴하는 화학물질을 사전에 다량 함유하고 있기 때문에 더욱 좋지 않다. 그래도 숯을 사용하겠다면, 국내산 FSC인증을 획득한 제품을 사용하자. 왜냐하면 수입 숯은 불법적으로 벌목된 목재를 사용하기 때문이다. 버려진 목재를 재활용한 톱밥을 포함한 연탄을 추천한다.

<u>일회용 바비큐</u> 나는 일회용 바비큐를 정말로 싫어하는데 매우 낭비적이기 때문이다. 거대한 포일 접시와 석쇠가 단 한 번 사용 후에 해변에 쓰레기로 버려진다.

<u>파티오(보통 집 뒤쪽에 만드는 테라스) 난로</u> 파티오 난로는 환경적으로 경악할 또 다른 이야기이다. 2004년에 영국에서 75만 개의 파티오 난로가 사용되었는데, 이는 2층 버스의 200만 배의 이산화탄소를 생성하기에 충분한 양이다. 재활용 파티오 난로가 어떤 이득을 가져다주는지 의문이다. 사실 난 그런 제품을 구매하는 사람을 재활용하고 싶다!

<u>정원용 장식물</u> 열대우림을 파괴하는 정원용 장식물을 구입은 여전히 가능하다. 이러한 일을 피하기 위해서는 FSC의 인증을 먼저 확인해야 한다. 그린피스는 이러한 주제를 집중적으로 조명하는 캠페인을 진행하고 있고, 그들의 목재자원을 이용하는 정책에 관한 세부사항을 준수하는 브랜드와 소매상의 정원용 장식물의 최근 리스트를 보유하고 있다.

그린피스 정원용 장식물 가이드

2006년도에 그린피스는 주요한 영국 소매상들이 여전히 불법적으로 또는 파괴적으로 벌목된 원재료 또는 자격요건이 충족될 만큼 잘 관리되지 않은 숲의 목재를 이용하여 만든 장식물을 판매하고 있다는 사실을 확인했다. 이하의 업체들에게 이러한 범주에 포함되는 몇몇의 제품이 있다.

Argos, Co-op, Dobbies, Focus, Habitat, Homebase, John Lewis, Morrisons, Robert Dyas 그리고 Woolworths 등이 있으며, 모든 정원 장식물은 아래의 업체들에 의해 판매된다.

아래의 업체들은 환경적으로 책임감 있는 원재료와 목재를 사용하라는 FSC의 규정을 준수하려 노력하는 업체라는 부분을 FSC나 다른 환경검사 제도의 인증을 받았다.

Asda, B&Q, M&S, Tesco, Wyevale Garden Centre

그린피스의 웹사이트에는 이와 관련된 가장 최근의 정보들이 있다.

03
음식과 음료수

나는 좋은 음식을 열렬하게 신봉하는 사람이기에 생산자가 직접 판매하고 배달하는 방식의 양질의 토착 생산품 부흥과 그리고 유기농 음식이 주류가 되고 있는 흐름을 반긴다. 하지만 신선한 과일과 야채로 건강한 식생활을 영유하는 사람과 정크푸드와 홈쇼핑 음식으로 근근히 연명하는 사람들 간에 거대한 단절이 생긴다는 걱정이 든다. 만약 기계의 일부분을 질이 낮은 상태로 둔다면, 그 기계는 조잡해진다는 점을 지적하고 싶다. 인간도 마찬가지다. 만약 아기와 어린이가 좋지 않은 음식을 먹는다면 건강해질 수 없다는 것은 더 이상 놀랄 만한 이야기도 아니다. 비만과 좋지 않은 식습관은 제쳐두고서라도, 이 장은 음식의 환경적인 영향에 대해서 살펴볼 것이다. 기후의 변화에서부터 살충제까지 그리고 동물을 먹이는 것에서부터 물고기 양식(기르기)까지, 그리고 슈퍼마켓에서 상품을 판매하는 일까지 살펴볼 것이다.

슈퍼마켓 조사

● 재화에 대한 권력?

슈퍼마켓의 순수한 인기는 그것의 편의성에서 기인한다. 그렇다고 친환경적인 소비자가 슈퍼마켓을 이용하는 데 죄책감을 느껴야만 하는 걸까? 대부분 친환경적인 구매자가 이것을 놓치고 있다고 생각하는 점은 솔깃한 이야기이다. 이것이 과연 적절한 걸까?

당연하게도 슈퍼마켓은 우리가 구매하는 방식과 살고 있는 공동체를 변형시켜 왔다. 많은 경우에 슈퍼마켓은 정육점과 제과점 그리고 식품점과 같은 작은 지역소매상을 몰락시켜 왔고, 대부분 자동차로만 도착할 수 있는 도심 바깥에, 아마 한때는 과수원이나 목초지 또는 초원이었을 땅에 거대한 쇼핑센터로 위치한다.

나의 설문지

2006년에 나는 Asda, Co-op, M&S, Morrisons, Sainsbury's, Somerfield, Tesco, Waitrose의 여덟 개의 주요한 슈퍼마켓에 설문지를 보냈고, Somerfield를 제외한 나머지 업체에서 대답을 보내왔다. 책 전반을 통해서 내가 담고자 했던 내용은 어떻게 이러한 슈퍼마켓을 비교하느냐와 관련된 쟁점의 범위이고, 10점에서 1점까지의 평가점수를 주었다(10점은 좋은 것, 1점은 나쁜 것이다). 나의 평가는 전반적으로 각각의 업체와 관련된 개인적인 지식과 설문 대답에 대한 나의 관점을 기반으로 한다. 이것은 언제나 변화하고 급변하는 분야이고 주로 어떠한 주요한 쟁점을 알리고 새로운 정보를 어디에서 얻을 것인지에 관심을 가지고 보아야 할 것이다. 다루고자 하는 주요한 주제는 다음과 같다.

나의 슈퍼마켓 평가

	Asda	Co-op	M&S	Morrisons	Sainsbury's	Tesco	Waitrose
에너지와 기후의 변화	6	7	8	1	8	6	8
포장과 낭비	9	6	8	6	8	7	7
농약 잔류량과 유기농	6	8	9	6	7	6	8
원거리 수송 식품과 계절적 변동	8	7	8	7	8	5	8
육류와 가금류	5	8	9	3	8	6	9
생선	7	5	9	3	8	7	9
합 계	41	41	51	26	47	37	49

이러한 거대한 소매상이 대단히 강력한 힘을 가지게 되었다는 것도 사실이다. 농부와 다른 생산자들은 그들의 요구를 무시하기 힘들며 적정 가격을 위한 협상에 대한 재량권도 거의 가지지 못한다. 우리는 소비자로서 그것이 무엇이든 간에 선반 위에 방대한 양의 제품이 나열되어 있는 상황에 놓인다. 그것들 중 대부분이 대량생산된 상품이고 다르거나 특이한 상품을 위한 공간은 거의 존재하지 않는다.

반대로, 슈퍼마켓의 권력은 실제로 상품에 중요한 압박으로 작용할 수 있다. 상품이 에너지를 절약하고, 쓰레기를 줄이거나 환경적으로 개선된 부분을 명시한다면 그러한 상품의 구입량이 늘어나기 때문만이 아니라 생산자에게도 영향을 주기에 진정 강한 영향력이 있다고 할 수 있다.

슈퍼마켓 간의 친환경경쟁은 소비자가 원인을 제공하고 바람직한 현상이라고 생각한다. 그러므로 슈퍼마켓에 물건을 사러 갔을 때 죄책감을 느낄 필요는 없다. 단지 상품이 환경적으로 더 나은 효과를 가져온다면 적극적으로 소비하고 그렇지 않다면 도태시키는 방법으로 소비자로서의 힘을 이용해서 차이를 만들자.

과일과 야채, 시리얼 그리고 심장박동

과일과 야채가 건강과 균형 잡힌 식단에 중요한 부분이라는 점을 모르는 사람은 많지 않다. 매일 다섯 개의 부분을 촉진하는 정부 캠페인이 관심을 끌어올리고 영양 상태를 개선하는 데 효과가 있었지만, 널리 알려지지 않은 시리얼과 곡류뿐 아니라 과일과 채소를 포함하는 다른 이슈들도 존재한다. 사실 가끔은 많은 혼란이 일어난다. 추수하기 이전에 16번이나 농약이 뿌려진 과일이 좋을 수 있는 걸까? 케냐에서 수입된 콩을 먹어야만 할까? 왜 딸기가 예전보다 더 아삭해진 걸까?

에너지와 세태 변화

Co-op은 친환경전력의 가장 거대한 구매자 중 하나를 표방하고, 사용하는 양의 98%가 재활용에너지로부터 온다. Asda가 장기적으로 그 지침을 따를 것을 약속한 반면에 Waitrose가 사용하는 에너지의 40%는 재활용에너지에서 오고 있고, M&S는 2010년까지 이와 같이 에너지의 절반을 생산해내는 것을 목표로 한다. Sainsbury's는 세 점포에 풍력발전을 소유하고 있고, 주유소 중 하나에 태양집열판이 있다. 조만간 많은 개인 점포에서 전력을 생산할 수 있을 것으로 기대된다.

Tesco는 최근에 2000년과 2010년 사이에 각 층의 에너지 사용량을 절반으로 줄이는 방법을 포함하여 에너지를 절약하는 계획에 많은 투자를 함으로써 큰 관심을 받았다. 이것은 환영받을 만한 일이고 잘 알려져야만 하는 일이다.

Waitrose 역시 에너지 효율에 상당한 투자를 하고 있다. 지금까지 M&S가 확장된 점포를 운영함에 따라 가장 높은 성과를 보이는 것 같지만, 각 층마다 측정해 본 결과 Sainsbury's가 가장 에너지효율이 높은 슈퍼마켓으로 나타났다.

● 포장과 쓰레기

_ 쇼핑백 : 2005년도에 Tesco는 40억 개에 가까운 플라스틱 쇼핑백을 나눠주었는데, 이는 220개의 점보제트기와 맞먹는 무게다. 물론 가장 큰 슈퍼마켓이기 때문에 많은 상품판매가 이루어졌겠지만 쇼핑백이 이 정도나 배포된다는 것은 순전히 낭비다. 전에 Tesco에서 나의 쇼핑물품을 배달해 왔을 때, 적어도 23개 이상의 쇼핑백이 도착했는데, 어떤 것은 달랑 씨리얼 한 상자만 담고 있는 것도 있었다. 이제 Tesco는 쇼핑백의 숫자를 1/4인 10억 개 수준으로 줄이기로 한다고 말했고, 이제부터 실천할 방법 중 하나는 쇼핑백을 재사용하는 고객에게 클럽카드 포인트를 주는 것이다.

모든 슈퍼마켓이 재활용백을 보유하고 있고, 많은 사람이 '생명의 가방'으로 그것을 지칭한다. 이것은 이미 매립지로 향하는 수천 톤의 플라스틱을 줄였다. Asda는 2010년까지 일회용 쇼핑백을 금지시키는 방안을 고려하고 있으며 다른 소매업자에게도 이를 촉구하고 있다. 일부 슈퍼마켓은 화학적으로 분해할 수 있는 원유로 만들어진 봉투를 채택해 왔다. Co-op은 이러한 봉투를 2002년 이후로 사용해오고 있으며 Tesco는 이러한 봉투를 크게 홍보해오고 있다. 반면에

M&S, Sainsbury's 그리고 Waitrose는 이러한 재질의 봉투가 환경적으로 이익이 될지에 대한 확신을 갖지 못하고 있는데, 나도 이런 주장에는 동의한다.

_ 포장 : 조사한 모든 슈퍼마켓이 쓰레기를 최소화하기 위한 포장을 계획 중이다. 상대적으로 작은 변화가 커다란 절약이라는 결과를 가져올 수 있다. 예를 들어, Co-op은 토마토 스프의 바깥쪽의 광고판을 제거하는 것만으로 1년에 8.5톤의 광고판을 절약할 수 있었다고 지적했다. M&S는 컵받이를 만들기 위해 5,000톤의 재활용 광고판을 사용하는데 이것은 2억 명에 달하는 식사를 준비할 수 있는 양이다. 그리고 Tesco에서는 술병, 피자와 토마토에 대한 포장을 줄여서 작년에 11,000톤의 낭비를 줄일 수 있었다.

음식제품이 자연적으로 분해될 수 있게 포장하는 것은 Asda, Co-op, M&S 그리고 Sainsbury's에 의해서 도입되어 왔거나 도입될 것이다. 이것은 식물성원료로 만들어져서 가정의 거름통에서 분해될 수 있도록 할 것이다. 하지만 일반 가정용 쓰레기와 함께 버려진다면 이러한 포장의 이점은 잃게 될 것이다. 환경적으로 가치 있으려면, 그러한 요소를 잘 표시해야 하고 협회에서 퇴비가 될 만한 자원을 잘 모으는 시스템을 구축해야 한다. M&S는 모든 포장재질에서 PVC를 제거한 유일한 주요 소매업자이지만, Sainsbury's와 Waitrose 역시 단계적으로 포장재에서 PVC를 사용하는 것을 중지하고 있다.

_ 쓰레기 : Tesco는 특이한 소리가 나는 재활용기계 100개에 투자했는데, 그것은 다른 타입의 쓰레기를 감별하고 분류하는 내장 카메라를 가지고 있다. 나를 흥미롭게 했던 것은 시간당 60km 이상의 고속으로 움직이는 칼이 플라스틱과 알루미늄을 분해하는 것이었다. 이러한 높은 재활용 기술은 다른 기술에 비해 4배에 달하는 정도의 자원을 절약할 수 있다.

슈퍼마켓에서 나오는 대부분 쓰레기는 쓰레기매립지로 보내진다. 이것이 지금 바뀌고 있다. Sainsbury's는 이미 쓰레기의 절반의 행선지를 바꾸었다. Asda는 2010년까지 매장에서 나오는 모든 쓰레기를 재사용하고 재활용하며, 퇴비화할 것이라고 발표했다. 반면에 M&S와 Tesco, Waitrose는 쓰레기 감소에 목표를 두고 있다. 진정 흥미를 끄는 것은 거대한 양의 음식물쓰레기 퇴비화 가능성, 나아가 사용가능한 연료로 바뀌는 것이다. 이러한 연료, 또는 '바이오가스'는 매장에서 난방이나 전력으로 쓰일 수도 있고, 자동차의 연료로 쓰일 수도 있다.

● 살충제에 관련된 행동

　　나는 사과의 껍질을 벗기거나 포도를 씻는
방법으로는 안심이 되지 않는다. 나는 농약잔류
물에 대한 노출을 줄이고 있다. 다른 것들과는 달
리 과일껍질이나 채소의 겉부분은 매우 영양이 풍
부한 부분이다.

　　하지만 살충제가 없다면 전 세계 곡식의 1/3
은 추수되기 전에 없어질 것이라고 추산된 바 있
다. 화학약품은 해충을 죽임으로써 질병을 예방하
고 식품을 보호하며 더 나아가 우리의 식탁에 망고와 바나나와 같은 열대과일을
포함한 더욱 많은 종류의 이국적인 식품을 즐길 수 있게 한다. 그러나 우리가 너
무 많은 비용을 지불하고 있지는 않을까? 여기 몇 가지 질문이 있다.

> **잔류량을 최소화하기 위한 방법**
>
> 1. 각자의 생산품을 길러라.
> 2. 유기농제품을 구매하라.
> 3. 계절에 맞는 국산품을 구매하라.
> 4. 수입과일을 피해라.
> 5. 과일은 껍질을 깎거나 잘 씻어라.

　　<u>농약잔량검사는 적정한 수준인가?</u> 식품에서 허용되는 농약잔류량에 대한 정부
의 지침은 지나치다 싶을 정도로 주의를 기울이고 있지만, 법적 허용치 위반은
드물지 않다. 게다가 정부는 우리가 먹는 양과 비교해 볼 때 단지 극소량의 생산
품만을 테스트한다.

　　<u>화학약품이 많이 사용된 일부 수입과일과 채소가 우리나라에서는 금지되었나?</u> 이 질문
에 간단히 대답하자면 '그렇다'이다. 그러나 가끔 위험하게 여겨지는 약품이 수입
제품에 사용된다. 그리고 검사절차에서 이러한 문제가 있는 품목을 제대로 선택
하지 못할 수도 있다.

　　<u>아이들이 위험한 수준으로 화학약품에 노출되었는가?</u> 어린아이들은 어른에 비해 더
작기 때문에 체중에 비해 더욱 강하게 화학약품에 노출될 수 있다는 걱정이 있다.
또한 아이들은 면역체계가 자라고 있는 중이라 이러한 위협에 더욱 취약하다.

다양한 화학물질의 혼합에 의한 '칵테일효과'에 대해 잘 알고 있는가? 개개의 화학물질은 해롭지 않을 수 있지만, 이러한 화학물질이 인체에 동시에 작용하면 치명적일 수 있다. 하지만 아직 판단하기엔 어렵다.

농부는 그들이 사용하는 농약으로부터 안전한가? 바나나 농장에서 일하는 농부가 대단히 참혹한 피해를 받은 사례가 있다. 예를 들면, 농약의 사용으로 심각한 건강상의 문제로 고통 받은 농부들이 있다.

농약으로 인한 오염을 없애기 위해 얼마나 큰 비용이 필요한가? 값싼 음식물의 숨겨진 비용 중 하나가 농업을 위해 사용한 화학물질로 야기된 토양오염 및 수질오염을 해결하는 데 우리가 지불해야 하는 비용이다.

화학약품이 야생동물에게는 어떠한 영향을 끼치는가? 과거에는 많은 조류와 다른 야생동물이 직접적으로 살충제에 신음했다. 최근에 가장 큰 이슈는 살충제의 간접적인 효과이다. 살충제는 식물과 해충들을 죽이는데, 이것은 야생동물에겐 필수 음식일 수 있다.

● 농약 잔류량에서 가장 좋지 않은 10가지 품목

국제농약행동망(The Pesticide Action Network)은 지난 5년간 농약잔류량에 대한 정부의 검사를 보고 농약잔류량이 가장 높았던 상위 10가지 품목을 구분했다. 그것은 다음과 같다.

1. 사과	2. 콩	3. 빵	4. 오이	5. 밀가루
6. 포도	7. 배	8. 감자	9. 딸기	10. 토마토

국제농약행동망은 일반적으로 배가 사과에 비해 많은 농약잔류량을 보임에도 어떤 품종의 사과나 배는 다른 종에 비해 해충에 더욱 취약하며 그런 품종(예를 들면 Cox의 사과)에서 더 많은 농약이 검출되기 쉽다고 한다. 이 점은 유기농으로

작물을 재배하는 사람들이 병충해에 강한 품종을 선택하게 만든다.

　2/3 이상의 딸기와 1/2 이상의 포도에서 상당한 양의 잔류농약이 남아 있고 종종 두 배나 되기도 한다. 강낭콩와 같은 특별한 콩의 일부에도 충격적으로 표본의 45%에서 적어도 하나 이상의 화학물질이 법정기준치를 초과하여 있다. 강낭콩 같은 녹색 콩의 경우는 매우 나쁘지는 않아서 이 항목에는 포함되지 않는다.

　가장 놀라운 사실은 통밀가루와 통밀빵이 소맥분과 그것으로 만든 빵에 비해 잔류량의 측면에서 상당히 나쁘다는 것이다.

슈퍼마켓 감시 -2 　농약의 잔류와 유기농

M&S의 제품이 가장 많은 잔류물을 포함하고 있는 제품 리스트의 가장 상단에 위치하고 있는 동안 그들은 Co-op와 함께 일련의 조치를 취하는 슈퍼마켓 리스트의 상단에 현재는 위치하고 있다. M&S는 그들의 생산자에게 가장 해로운 농약을 제거하고 제품 내 잔류물의 수준을 고객에게 제공하는 사전대책을 시행하였다. 이러한 소비자의 압력이 모든 슈퍼마켓으로 하여금 제품을 검토하고 곡물에 사용하는 농약의 양을 제한하는 것을 이끌어 냈다는 부분은 참으로 긍정적이다.

소비자 압력은 또한 유기농 열풍에 부분적인 책임을 지고 있다. Asda와 M&S, Morrisons, Sainsbury's, Tesco, Waitrose는 모두 지난 1년간 유기농 제품 판매량의 급성장을 발표했고 이제는 유기농제품의 확산을 더 넓게 촉진시키고 있다. 예를 들어, Tesco는 기존의 제품 옆에 유기농제품을 배열한 것을 통합하는 방식이 판매에 극적인 성장을 이끌었다고 말한다. Waitrose는 대부분의 상품이 유기농으로 가능하다는 점에서 선도적인 업체가 될 것으로 보인다.

_ 슈퍼마켓이 해야 하는 일 :
· 화학물질을 없애기 위한 목표와 기간을 설정할 것
· 살충제사용을 최소화하기 위해 생산자와 함께 노력할 것
· 웹사이트에 화학물질에 관한 정보를 알릴 것
· 살충제를 많이 필요로 하는 과일과 야채품종을 피할 것
· 제품의 겉포장을 줄이고 이것을 고객에게 설명할 것
· 유기농제품의 판매를 늘릴 것

● 음 식 의 거 리

<u>원거리 수송식품</u> 신문에서 여행섹션을 보면 외국공휴일이 언제인지에 대한 세부사항을 볼 수 있다. 최근에는 슈퍼마켓의 제품의 포장에서도 이와 같은 재미를 느낄 수 있다. 파키스탄의 망고, 스페인의 토마토 그리고 칠레의 체리가 바로 그것이다. 심지어 제철이 지났을 때에도 멀리 중국에서 온 사과를 매우 쉽게 찾을 수 있다.

이런 현상은 식품이 얼마나 멀리서부터 왔는지를 실지로 보여주는 '원거리 수송식품'이라는 새로운 어구를 만들어 내기에 이르렀다. 그리고 주요한 걱정은 이에 소모되는 에너지, 그리고 그에 따라 발생하는 기후변화 효과가 대단히 크다는 것이다. 예를 들어, 미국에서 영국으로 상추를 가져오는 것이 국내에서 공급하는 것보다 127배나 많은 에너지를 소모하고, 남아프리카에서 당근을 가져오는 것은 66배나 많은 에너지를 소모한다.

이러한 우려에 대한 해답은 여러분이 생각하는 것보다 조금 더 복잡하다. 수입을 멈추는 것은 확실하게 원거리 수송식품을 획기적으로 줄일 수 있을 것이다. 하지만 이것은 수출을 생계수단으로 삼고 있는 개발도상국의 많은 가난한 사람들에게 심각한 곤란을 야기한다. 또한 만약 우리가 커피나 홍차, 바나나와 오렌지같이 배로 수입되는 식품 없이 살아가기 시작한다면 우리의 생활방식은 극단적으로 변화할 것이다.

그렇다면 어떠한 물품의 수입을 중지하고 어떤 작물을 직접 키워야 할까? 우리가 재배하는 사과, 딸기, 토마토와 당근의 수량이 충분할 수 있을까? 말처럼 쉬운 일은 아니다. 그것은 계절적인 생산품의 구매가 예를 들면 3월과 4월과 같이 몇 달간으로 심각하게 제한되기 때문에 미리 준비해야 한다는 것을 의미한다. 더욱 복잡

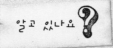

한 것은 12월에 케냐에서 콩을 수입하는 게 영국의 비닐하우스에서 생산하는 것보다 탄소배출이 더 적을 수 있다는 사실이다.

국내산은 어떨까? 가능한 조언은 일반적으로 근처에서 생산되는 제품을 구매하고 가급적 계절적인 제품을 구매하는 것이다. 그렇지만 이것이 실제로 의미하는 바를 심사숙고해야 한다.

근처에서 생산된 제품이라 함은 제품이 판매된 곳에서 약 50km 이내 지역에서 온 것을 의미한다. 슈퍼마켓에서 제품을 구매했다 하더라도 실제적으로 이것이 식품의 운송거리를 줄였다고 말하기는 어렵다. 슈퍼마켓은 점포로 들어오는 수천 가지 다른 제품의 동선을 가진 거대한 분포체계이기 때문에 많은 차량을 이용하여 영세한 생산자로부터 운반하는 것은 실제로 에너지의 사용을 증가시킬 수 있다. 슈퍼마켓에게 있어 가장 좋은 선택사항은 코미시의 크림이나 켄트의 딸기, 스코틀랜드 쇠고기와 같이 구역마다 특화된 지역특산 식품을 판매하는 것이다. 이것은 또한 슈퍼마켓이 직접적으로 지역 소매업자나 농산물시장 또는 유기농상품과 경쟁하는 문제를 극복할 수 있을 것이다.

지난 10년간 이러한 종류의 계획이 논의되었다. 내가 10년 전에 처음으로 서머셋에 돌아왔을 때 유기농을 제외하고는 양질의 지역특산품을 찾기가 거의 불가능했다. 지금은 굉장히 넓은 선택의 폭을 가지고 있다. 그리고 나는 거의 모든 음식과 몇몇 식료품을 지역 유기농배달용역을 통해 구매한다. 또한 나는 그것이

Tesco를 비롯한 다른 몇몇의 업체들에 비해 더 저렴하다는 놀라운 사실을 알게 되었다.

항공운송을 조심하라!

상품을 항공편으로 운송하는 건 기차로 운송하는 것에 비해 100배나 더 환경을 오염시킨다. 그리고 배로 운송하는 것에 비해 200배나 더 환경을 오염시킨다.

항공화물운송 상위품목	항공화물로 운송해도 괜찮은 품목은 다음과 같다.
아스파라거스(비유럽산)	1. 아보카도
무화과	2. 까막까치밤나무
리세(Lycees)	3. 블루베리
망고	4. 체리
파파야	5. 자른 꽃
패션 프루트(Passion fruit)	6. 외국종 과일
아프리카에서는 콩, 깍지완두,	7. 포도
완두콩, 어린 옥수수와 허브를	8. 복숭아와 천도복숭아
수입한다.	9. 파인애플
	10. 딸기와 산딸기

단지 1.5%의 과일과 채소만이 항공편으로 수입되지만 이것들이 화물운송의 온실가스에서 차지하는 비중은 전체의 1/3에 해당한다. 나는 슈퍼마켓에 있는 모든 항공운송 품목에 스티커를 붙여야 한다고 생각한다. 또한 이러한 항공화물운송 사실을 연례보고서와 함께 웹사이트에 공시해야 한다고 믿는다. 항공운송화물을 줄이기 위해 여러분이 할 수 있는 유일한 방법은 항공 운송된 상품의 구입을 피하는 것이다.

원거리 수송식품과 계절성

모든 슈퍼마켓이 식품의 이동거리를 줄이기 위해 노력한다고 말한다. 대부분 공통적으로 국산 식료품의 양을 증가시키기 위해 노력하고 있지만, 이는 계절의 영향을 받는다. 이것은 고기와 낙농제품에도 적용이 되는데, 국산 양고기를 판매할 수 없을 때는 뉴질랜드산 양고기를 판매한다. M&S와 Waitrose는 신선한 국산 육류나 가금류, 달걀 부분에서 가까스로 Sainsbury's를 앞서 있는 것으로 보인다.

가장 넓은 범위에서 지역 특산품의 판매가 가능한가라는 측면에서 Asda와 Waitrose 둘 중 하나를 선택하는 것은 어려운 일이다. Asda는 모든 매장에 적어도 한 가지 이상의 지역 특산을 판매하고, 그들 중 절반가량은 40가지 이상의 품목을 판매하고 있다고 말하는 반면, Waitrose는 모든 매장의 절반 이상에서 지역특산의 과일과 야채를 판매하는데 그러한 품목들은 계절별로 활성화되는 상표를 가지고 있다고 이야기한다. M&S, Sainsbury's, Tesco와 함께 Asda와 Waitrose는 그들의 매장에 상품을 쉽게 팔게 하기 위하여 중소 공급업자와 함께 일하고 있다.

Sainsbury's는 최초의 슈퍼마켓 유기농 상자 계획을 출시했는데, 이는 작은 소농장을 겨냥한 것이다. 긍정적인 측면에서 이것은 유기농제품에 대한 수요를 증가시키고, 계절적인 제품이 수입되는 것을 없앴다. 좋지 않은 것은 영세한 업체 간에 지역 생산 계획에 대한 경쟁이 심해질 수 있다는 점이다. 식품의 이동거리라는 관점에서도 이것은 그다지 훌륭하다고 볼 순 없는데, 왜냐하면 제품은 소비자에게는 지역 내의 것일 수도 있지만 국내의 어느 장소에서 생산될 수도 있고 한 장소에서 분배될 수도 있기 때문이다. Tesco의 상자 계획은 심지어 식품의 이동거리 면에서 더욱 좋지 않은데, 남동쪽 전체에 단 하나의 점포에서 상품을 판매하기 때문이다. 특이하게도 모든 슈퍼마켓이 항공으로 수입되는 식품의 양을 줄였다고 주장하는 반면에 항공운송식품의 양은 늘었다는 것이다. 유일한 사례로 M&S와 Waitrose를 들 수 있는데, 이는 항공편으로 수입되는 생선의 양을 배편으로 수입되는 양보다 더욱 많이 줄인 것이다.

_ 식료품의 운송거리를 줄이는 일

만약 식료품 운송거리의 효과를 줄이고 싶다면, 상점으로 오가는 이동거리를 간과하지 말자. 분명 아이를 학교에 데려다주거나 일하러 가는 것과 같이 다른 일과 쇼핑을 조합할 수 있다면 이러한 부분이 차이점을 발생시킨다. 마찬가지로 걸어서 쇼핑가는 것도 식료품 운송거리를 줄일 수 있다. 부분적으로 쇼핑하러 나가는 것을 실제로 줄일 수 있다면 배달음식을 먹는 것도 좋은 방법이 될 수 있다. 여기 식료품 이동거리를 줄일 만한 몇 가지 아이디어가 있다. 하지만 이것은 각자의 상황에 따라 다르고, 여러분이 어디에 사는지 무엇을 하기 원하는지에 달려 있다는 점을 기억하기 바란다.

· 직접 생산하자.
· 주당 1회만 장을 보고 한꺼번에 배달시키자.
· 국내 생산 계획을 후원하자.
· 생산자시장을 방문하자.
· 가능한 거리라면 걷거나 자전거를 이용하자.
· 가능하다면 계절음식을 구매하자.
· 슈퍼마켓에서 국내에서 생산된 식품에 주의를 기울이자.
· 항공편으로 수입되었을 것 같은 제품은 피하도록 하자.

슈퍼마켓 감시 -4 버섯과 토탄

슈퍼마켓은 판매하는 버섯에 대해 토탄을 줄이는 것을 명시하고 그들이 하고 있는 일을 우리에게 설명하는 라벨을 붙여야 한다. 내가 설문조사 했던 모든 슈퍼마켓 이 대안을 찾고 있고 또는 토탄의 사용량을 줄이기 위해 노력하고 있다고 주장했 지만 아무도 매장에서 판매되는 모든 버섯에 대해 토탄포장을 줄였다고 명시하지 않았다. 어느 회사가 가장 먼저 할 것인지 매우 흥미로울 것이고, M&S는 모든 사 업 분야에서 포장의 사용을 점진적으로 폐지하려는 장기적인 계획을 가지고 있다.

버섯 마니아 버섯과 관련된 큰 환경적인 이슈는 토탄의 사용이다. 잘 알려진 바대로 버섯은 토양을 상업적으로 이용하는 사람들에게는 필수적인 구성요소다. 하지만 한 회사가 토탄의 사용을 2/3로 줄이는 포장 재료를 소개했다. 이 회사는 추출에서부터 제품을 수확하는 것까지 통상 두 작업 후에 버려지는 토탄을 섬유질로 대체하는 방법을 해냈다. 더욱 중요 한 점은 이 버섯이 다른 버섯보다 물기가 적으면서 더욱 맛이 있다는 점이다. 그런데도 어째서 슈 퍼마켓이 이러한 방식을 중단하지 않는지, 그리고 토탄을 획기적으로 줄이는 방법을 따르지 않는 지 궁금할 뿐이다. 놀랍지는 않지만 이 모든 것은 비용이라는 측면에서 설명할 수 있다. 버섯재배 는 매우 경쟁적인 사업이어서 이렇게 원재료를 바꾸는 것은 버섯의 가격을 2% 상승시킨다. 이것 은 이 쟁점에서 주요한 고려대상이 아니다. 유기농 버섯 재배는 어떨까? 그들 중 꼭 그럴 필요가 없는 일부만이 토탄의 사용을 줄이고 있다.

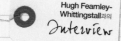

휴 펀리 - 휘팅스톨과의 인터뷰

<u>슈퍼마켓 공포</u> 휴 펀리-휘팅스톨의 「강가 오두막」 프로그램을 본 누구라도 그가 슈퍼마켓의 팬이 아니라는 것을 듣고는 놀라지 않을 것이다. 휴 펀리는 그가 순전히 싫어하는 것을 근본적으로 조사하고 체크하는 연구만을 위해 이러한 대형 매장을 방문한다고 말한다. 그는 특히 미리 만든 식사에 싫증을 낸다. 포장은 음식을 확실히 매력 있게 보이게 하지만, 여러분이 뚜껑을 열거나 안쪽을 들여다볼 때는 또 다른 면이 있다. 그는 그것이 매우 비싼, 식품회사를 위한 진짜 돈벌이라는 걸 지적한다.

휴 펀리는 '친환경' 안에 있는 새로운 관심사로 감명을 준 것이 아니다. 왜 유기농 상자를 사기 위해 슈퍼마켓에 가야 하는가? 지역 농산물 박람회를 Tesco에서 여는 목적은 무엇인가? 그는 특히 농민들이 생산하고 식품을 판매하는 농부 마켓을 추천한다. 그러나 휴 펀리는 유기농 생산물을 판매하는 슈퍼마켓에 반대하지는 않는다. 그는 친환경적인 유기농 농사를 짓기 위해서 우리가 경작할 수 있는 한 많은 땅을 일구어야 한다고 말한다. 그리고 그는 슈퍼마켓 구매자의 수요 증가와 더불어 향후 10년 내에 국내 경작의 20-30%가 유기농이 될 것이라고 믿는다.

<u>야생의 음식</u> 휴 펀리의 식단은 조금 특이하다. 비둘기, 떼까마귀, 달팽이 그리고 다람쥐(토끼보다 사냥한 냄새가 덜 나는)가 종종 그의 식사에 오른다. 나는 그에게 쥐며느리도 먹느냐고 물어보았다. 그의 프로그램 중 하나에 그것이 포함된 것을 기억했기 때문이었다. 그는 쥐며느리 튀김은 시도할 만하며, 다만 이 '땅의 새우'는 (껍질이) 매우 아작거렸지만 매우 맛있었다고 말했다. 쐐기풀과 검은 딸기와 같은 야생 음식은 공짜이며, 풍부하고, 지역적이며, 영양분이 많으며, 친환경적 자격이 훌륭하다. 애초에 포장이나 운송거리 문제가 존재하지 않는다.

꿩은 어떨까? 꿩 병아리는 종종 집중적으로 사육되는데, 자유롭게 사육되고 나중에 야생에 풀어 놓는다. 결국에는 닭과 같이 많은 문제를 야기한다고 그는 말한다. 휴는 사냥을 좋아하지만, 하루에 많은 양의 조류를 자루에 넣지는 않는다. 정말 소름

끼치는 건 과거에는 몇몇 사냥감은 먹기보다는 매장했다는 사실이다. 휴가 지적하는 스포츠로서 사냥의 주요한 이점 중 하나는 작은 관목 숲과 산림지대의 보존을 가능하게 한다는 점이다. 몇몇 사려 깊은 농부는 농토를 개간할 때 새들이 쓰는 나무 덮개도 보관한다.

River Cottage Fish 휴는 야생 새뿐만 아니라 야생 물고기도 좋아한다. 사실 내가 그를 인터뷰했을 때 그는 닉 피셔(Nick Fisher)와 함께 『River Cottage Fish Book』을 집필하고 있었다. 그는 물고기가 소비자들이 주변에서 얻을 수 있는 가장 어려운 것 중 하나라고 말했다.

예를 들어, 대구(Cod)는 일반적으로 먹이사슬의 상위에 지속가능한 기반을 만들기 위해 먹지 않아야 한다. 그래도 아이슬란드의 대구 재고량은 블랙리스트에 있지 않은 다른 많은 물고기에 비해 조금 나은 상태이다. 그리고 영국에는 대구나 해덕, 넙치, 가오리, 납서대류와 같은 희귀 물고기에 대한 고정관념이 있다. 북대서양산 대구류(Pollack)를 사용하는 River cottage HQ에서 휴 펀리는 이것이 대구만큼 좋지만 포획되고 저장되는 방식에 단점이 있다고 말한다. 대구는 민간어업에서 바다물고기 보전에 별로 주의를 기울이지 않는 낚시꾼에게 보통 포획된다. 휴가 말하는 윤리적인 물고기 구매는 MSC상표를 찾는 것이다. 그리고 지역의 생선 가게나 오늘의 생선을 판매하는 곳을 확인하는 것도 한 방법이다. 소규모 지역 어선은 큰 공장의 배보다 훨씬 덜 유해하다. 계절에 맞는 생선을 구입해야 신선하고 더 특별할 것이다. 신선하게 포획된 물고기는, 바다에서 포획되어 10일 동안 얼음에 저장되는 대구보다 훨씬 맛있다고 그는 말한다.

진실한 논점 휴는 음식, 자연, 사람들이 그들의 환경에 주는 영향을 감소시키는 일에 대한 더 나은 이해를 촉진시키는 데에 열정적이다. 그는 우리의 친환경 의도가 잘못되어 있더라도 가치 있는 것이라고 말한다. 그는 사람들이 관심을 갖는 것이 더 중요하다고 생각한다. 궁극적으로 그는 우리 모두가 달라지도록 도와주고 있다.

움직이는 바나나 바나나는 거대 사업이다. 우리는 바나나를 굉장히 좋아하며 평균적으로 매년 13kg의 바나나를 먹는다. 하지만 얼마나 많은 사람이 바나나가 어떻게 생산되었는지에 대해 생각할까? 목화를 제외한 다른 농작물과 비교할 때, 수출용 바나나는 가장 많은 화학재료를 필요로 한다. 모든 고객에게 바나나가 어떤 맛을 낼까보다 어떻게 보일지 그리고 흠이 없다는 것을 확인하는 것에 더욱 관심이 있는 게 이런 화학약품 사용의 이유라고 할 수 있다. 수많은 화학약품이 가게에서 팔리는 노란색의 과일의 완벽한 겉모양을 만들기 위해 쓰일 것이다. 다른 이유는 전 세계 바나나 교역량의 97%가 오직 한 품종에만 집중되어 있다는 점이다. 한 가지 농작물로 구성된 이러한 거대한 바나나농장은 300종류 이상을 선택할 수 있는 다른 여러 종류의 농작물이 혼재하는 농장에 비해 병충해와 곰팡이에 민감하다. 바나나 생산의 강도는 토양을 황폐하게 할 수도 있다. 그리고 열대우림 연안과 바나나가 잘 자라는 지역이 같다는 사실은 농장 확장이 이러한 귀중한 서식지를 위협한다는 것을 의미한다.

바나나 농장을 방문해본 적이 있다면 거대한 바나나 다발이 빈번하게 독성이 있는 살충제와 함께 플라스틱 포장에 감싸여 있는 매우 충격적인 사실을 발견할 것이다. 문제는 이러한 포장이 언제나 적절하지는 않다는 점이다. 바나나 1톤을 생산할 때마다 1톤은 버려진다고 계산된다. 다른 문

카리브지역의 바나나 선택

Windward 섬의 대부분 바나나 생산자는 작은 가족농장이다. 그들은 화학물질을 적게 쓰고 부유한 경쟁자보다 환경적으로 더 나은 수준의 상품을 생산하려고 한다. 그들 중 많은 수가 이런 방법을 따르기 때문에 섬 전체가 작물을 재배하는 공정거래에 등록되어 있다. 만약 Windward 섬의 바나나를 본다면 구입해보도록 하자.

제는 농장 근로자를 충분히 보호하는 경우가 매우 드물다는 것이다. 아직도 많은 노동자가 고통에 시달리며 화학물질의 위협에 놓여 있다. 이러한 모든 사항이 걱정된다면 이에 대한 대답은 유기농 바나나를 사는 것이다. 이러한 바나나는 화학약품을 전혀 사용하지 않는다. 하지만 농장근로자의 건강을 보증하고 싶다면 바나나가 적정가격에 거래되어야 한다. 공정거래에 대한 요구에 따라 유기농 바나나는 종종 공급을 앞지른다. 슈퍼마켓은 스스로의 힘을 우리가 원하는 것보다 더 많이 생산해내는 데에 사용하기를 바란다.

_ 쌀 지구촌의 메탄발생의 10~15%는 충격적이게도 쌀 분야에서 기인하는데, 이것은 기후변화에 상당한 영향을 주고 있다. 마찬가지로 상상하기도 힘든 것은 쌀 1kg을 생산하는 데 5,000톤의 물이 필요하다는 것이다. 일부 쌀 생산자는 이전에 사용되었던 것에 비해 물 사용량을 1/3로 줄이는 새로운 시스템을 사용하고 있으며, 이 혁신적인 방법을 소개했다. 그러나 안타까운 것은 쌀 품종에 따라 살충제 사용에 연쇄반응을 일으킨다는 점이다. 나는 주요한 탄수화물 공급원으로 국내에서 생산된 감자를 먹을 것을 권한다.

_ 콩 콩은 동물 먹이의 핵심 재료일 뿐 아니라 60% 이상이 다른 형태로 가공되어 나온다. 또한 아이스크림이나 감자칩, 소시지, 페이스트리, 면류, 시리얼, 수프와 식물성 기름에도 포함되어 있으며, 식물성 식이요법에도 핵심적인 구성 성분이다. 콩은 건강식품으로 종종 권장되지만, 이것이 실제로 사실인지에 대한 심각한 의문점이 존재한다. 환경적인 면에서 콩 작물이 많은 숲을 없애는 결과를 초래하는 우려가 있다. 그리고 GM(유전자 조작)콩이 있다. 콩의 사용이 바람직한지 또는 심지어 수용할 만한지 토론도 하기 전에 콩은 우리의 식생활에 침투했다.

_ 딸기　식품의 이동거리와 계절성에 대해서 이야기한다면, 많은 사람들이 "어째서 크리스마스 때 파는 딸기는 맛이 없을까?"라고 물을 것이다. 그에 대한 답은 소비자가 이탈할 수도 있는 위험에도 불구하고 계절성 식품의 연중 판매를 가장 먼저 중지하는 용감한 슈퍼마켓이 되는 것이다. 긍정적인 측면으로는 국내에서 딸기의 재배기간은 5월에서 10월까지 대략 6개월 정도가 되는데, 이 기간에는 극소수의 딸기만 온실에서 생산된다. 게다가 슈퍼마켓은 해당 품종이 얼마나 오래 지속되는지뿐만 아니라 딸기의 맛에도 관심을 가지기 시작했다. 스페인산 딸기 중 가끔씩 덜 익어서 맛이 좀 떨어지는 게 수입이 되기도 하지만 말이다.

딸기와 관련된 다른 문제는 딸기산업이 오존층을 보호하기 위해 만들어진 법률로부터 간신히 면제받았다는 점이다. 딸기영농업자들은 오존층을 파괴하고 토양을 위협하는 브롬화메틸의 주사용자이며, 이것은 2005년까지 모두 사라졌지만 딸기만은 예외가 되었다. 여전히 그것을 사용하는 사람은 거의 없다고 하더라도, 면제가 꼭 필요한가에 대한 고민은 해야 할 것이다.

겨울에는 국내산 딸기를 사는 것을 자제하고 다른 과일을 사도록 하자.

_ 토마토　토마토가 환경에 끼치는 영향은 가늠하기 어렵다. 가장 치명적인 쟁점은 국내산인지 아니면 스페인과 같은 곳에서 수입된 것인지에 관한 것이다.

거의 모든 국내산 토마토는 온실에서만 키워지는데 이것이 토마토를 생산하는 데 많은 에너지가 필요한 이유가 된다. 하지만 토마토산업은 지난 2년 동안 에너지 사용을 1/4 수준으로 간신히 감소시켰다고 말한다. 더 많은 토마토 영농업자들이 CHP(전력발전에서 버려지는 열을 사용하는 것)를 사용해서 에너지를 절약했을 가능성이 훨씬 높다.

스페인산 수입토마토는 아마 국내의 온실에서 생산한 토마토보다 운송의 면에서 실질적으로 더 적은 에너지를 사용할지도 모른다. 하지만 국내 토마토보다 5배나 넓은 농경지를 사용하는 스페인 토마토가 에너지에 끼치는 영향은 아직 계산되지 않았다. 어떠한 연구도 3년에 한 번씩 교체해야 하는 비닐터널에 사용되는 방대한 플라스틱의 양을 주의 깊게 살펴보지 않았기 때문이다. 또 다른 까다로운 쟁점은 살충제의 사용이다. 국내 토마토 영농업자는 해충을 제거하기 위해 자연포식자를 사용하고, 농작물을 수분하기 위해 꿀벌을 이용한다. 이러한 온실조건은 스페인 토마토보다 국내 토마토가 병충해에 관련된 문제가 더 적다는 것을 의미한다. 네덜란드의 한 연구결과에 따르면 스페인 토마토 1kg당 쓰는 살충제의 양이 네덜란드산 토마토보다 19배나 더 많다고 하며, 국내의 토마토 영농업자는 그들이 네덜란드보다도 더 적은 살충제를 사용한다고 말한다.

토마토는 국내에서 바나나와 사과, 오렌지 다음으로 인기 있는 과일이다. 이러한 과일들의 에너지효과야 어쨌든, 이런 과일은 우리 몸에 이롭기 때문에 우리가 이런 과일을 섭취하는 일을 멈출 수는 없다. 나는 국내산 과일을 이용하되 더 많은 토마토 영농업자에게 아직 사용되어지지 않은 CHP를 주어서 잠재적으로 CHP를 더 많이 사용하게 하도록 만드는 데에 소비자의 구매력을 이용할 것을 추천한다. 확실히 많은 토마토 영농업자가 CHP를 사용할 잠재력을 가지고 있으나 아직도 그렇게 하지 않고 있다. 만약 슈퍼마켓과 소매상들이 우리에게 1kg의 토마토를 생산하기 위해 얼마나 많은 에너지가 사용되는지를 알게 한다면 나는 그들이 계획했던 것보다 훨씬 더 많은 절약을 할 것이라고 확신한다.

_ 예전의 토마토 : 이전 토마토 품종은 최근 품종보다 병에 대한 저항력이 더 약해서 화학물질 잔류량이 더 높게 나오기 쉽다.

고기와 유제품

차와 가정 난방 다음으로, 우리의 육식이 아마도 우리가 하는 가장 파괴적인 일이라는 걸 안다면 놀랄지도 모른다. 20세기 후반에 세계 육류품은 약 5배 증가했으며, 지금 220억 마리의 농장 동물이 존재한다.

　　산업 국가에서 사는 사람들이 먹는 다량의 고기는 비만을 만드는 주요 요인이다. 그리고 우리가 먹는 고기의 양은 증가하고 있다. 또한 서구에서 먹는 양보다 3배 이상 개발도상국에서 더 빠르게 증가하고 있다. 이 증가 수요는 우유에서도 마찬가지다.

● 섭 취 와 　배 설

<u>토지 점용</u>　유럽에서 가축류의 사육조건에 맞추려면 유럽 땅의 7배의 목초지가 필요하다고 한다. 영국에서는 경작지의 거의 70%를 농장동물이 사용하고, 다른 대부분의 산업국가 또한 마찬가지다. 단순히 육식만을 지원하는 충분한 땅이 없다. 문제는 고기를 만드는 데 우리가 회수할 것보다 훨씬 많은 단백질이 들어간다는 것이다. 단순히 급식 면에서 닭 1kg를 생성하기 위해 2kg을, 돼지고기 1kg을 위해 4kg, 쇠고기 1kg을 생성하기 위해 적어도 7kg를 먹여야 한다. 에너지로 계산해보면 모든 단백질의 열량은 콩을 만드는 데 2칼로리, 밀과 옥수수를 만드는 데 3칼로리와 쇠고기를 만드는 데 54칼로리로 측정된다. 그러나 동물을 먹이는 것만이 아니라, 소비하는 물이 큰 문제다. 쇠고기 1kg을 생성하기 위해 필요한 물 양의 견적은 대략 50,000리터에서 100,000리터까지 변한다. 어떤 견적이 나오든지 간에 이것은 압도적인 수치이다. 닭은 표면적으로 1kg당 3,500리터가 필요하다. 이것은 생산에서뿐만 아니라 급식작물의 관개에 사용된 물을 포함한다. 예를 들어, 브라질에 있는 도살장은 닭 한 마리를 처리하는 데 14리터의

물을 사용한다. 동시에 브라질 인구의 4분의 1은 마시기 안전한 물에 접근할 수 없게 된다.

숲을 먹기   걱정거리 중의 하나는 현대 농업의 현장에서 먹이로 이용된 콩의 양이다. 그것은 이상적으로 동물의 규정식단에 있는 기본적인 단백질을 제공하기 위해서이고, 다량이 닭, 돼지, 소의 먹이로 된다. 최근 20년 동안 전 세계적 콩 생산은 두 배로 증가하였고, 85%가 동물의 먹이로 사용되었다. 이 콩의 다량은 숲 또는 다른 귀중한 서식지의 깨끗한 땅에서 온다. 브라질 농업은 유럽에서 요구하는 콩 생산의 많은 부분을 아마존 숲을 개간해서 생산한다. 열대우림의 콩은 표면상으로 90%가 Mato Grosso에서 생산되고, 그것의 반은 유럽에 수출된다. 열대우림의 파괴는 그렇다 쳐도, 이러한 확장은 화학오염을 일으키는 원인이 되고 있다. 최근 10년 동안 브라질에서 농약 판매는 3배가 늘어났고 이 화학제품의 4분의 1은 콩에 사용되었다.

또 다른 논쟁적인 문제점은 콩에 사용되는 GM기술이다. GM생산으로 1억 에이커 이상의 농경지가 동물먹이를 위한 콩과 옥수수에 거의 독점적으로 사용되었다. 걱정스럽게도 GM-Free 콩의 수요는 더 많은 파괴를 야기할 것 같다. 브라질에서 수요가 증가하고 있는 GM 없는 콩을 미국에서 구하는 것은 거의 불가능하다.

열대우림은 햄버거를 위해 가축을 살찌우는 "햄버거농장"이란 별명이 붙은 곳으로부터 위협받는다. 숲은 전 세계의 패스트푸드 판매점에서 판매되는 가축을 기르기 위해서 파괴되고 있다.

닭과 물고기   닭과 돼지는 우리와 같이 고기와 야채를 둘 다 먹는 잡식 동물이다. 그러나 닭 생산자와 대화를 해보면 여러분은 그들이 이 동물들을 채식주의자로 만들려고 한다는 것을 발견할 것이다. 대부분 사람이 알고 있는 것처럼 1980

년대에 있는 광우병 사태는 일반적으로 초식동물에게, 특히 암소와 양에게 고기와 뼈를 먹인 것이 원인이라고 생각했다. 그렇다면 닭과 돼지에게 무엇을 먹여야 할까? 이 현상에 대한 관심은 동물 사료의 완전한 변경을 이끌어 냈다. 폐기된 고기와 뼈는 안전하게 처분되었고 다른 단백질 공급원을 찾게 되었다.

많은 닭과 돼지 생산자는 동물의 성장에 필수적인 음식 전부에 대하여 이상적이지 않더라도, 동물성 사료에서 벗어나기 위하여 식물에서 충분한 단백질을 찾아냈다. 그러나 다른 생산자들은 그들의 배고픈 돼지나 닭에게 물고기를 먹인다. 양식된 물고기와 같이 먹이로 급식되는 물고기는 어분과 어유의 형태이며, 그렇게 만들기 위하여 이용된 물고기는 거의 산업적으로 바다에서 양식된 것이다. 이것은 유기농 생산자에게 종합적 대안을 줄 수 없기 때문에 큰 문제가 된다. 기준은 계속해서 개정되고 있으며 어류를 먹이로 쓸 수 없도록 계획하고 있다.

나는 닭의 자연적인 먹이를 생각해 봤다. 땅벌레와 곤충을 먹는 것을 좋아하고 흙 주변에서 이를 긁어 먹는다. 왜 닭 모이가 되는 벌레를 아무도 생산하지 않는 것일까? 이것은 물고기를 살려내고, 콩 수요를 감소시키고, 확실히 닭을 훨씬 더 건강하게 만들 수 있다.

지저분한 돈벌이   젖소 1마리가 평균 57리터의 배설물을 매일 배출하고, 낙농 농장의 액체는 사람의 하수 오물보다 100배 더 오염이 심하다. 돼지 두엄은 훨씬 더 강력하다. 실제로 그런 문제를 고려하여 네덜란드에서는 정부가 돼지 수의 25% 감소를 요구했다. 그리고 650만 인구와 700만 마리의 돼지가 있는 노스캐롤라이나에서 식용돼지는 인간보다 4배 더 많이 오물을 발생시킨다.

오염시킨 지하수 및 토양은 그렇다 치고, 동물배설물은 지구온난화에 중요한 요인이다. 전 세계에 걸쳐서, 가축은 메탄 방출의 15-20%, 아산화질소의 7% 및 모든 온실가스의 10%에 책임이 있다.

고기를 덜 먹어야 하는 10가지 이유

1. 비만이 될 수 있다.
2. 육류품은 매우 많은 땅을 필요로 한다.
3. 이것은 단백질의 비효율적인 공급원이다.
4. 과대 방목은 사막화로 이어진다.
5. 동물의 사육과 수송, 가공에 엄청난 양의 물이 사용된다.
6. 동물먹이로 사용하는 콩의 생산은 열대우림을 파괴시킨다.
7. 많은 GM 콩과 옥수수가 동물먹이를 위해 재배된다.
8. 동물먹이로 물고기를 사용하는 것은 남획을 초래한다.
9. 일부 동물의 사육 방법은 잔인하다.
10. 과밀한 환경에서의 동물 사육은 질병을 일으키기가
    훨씬 더 쉽다.

슈퍼마켓 감시 -5 동물의 사료

Asda, M&S, Sainsbury's, Tesco와 Waitrose 모두 그린피스와 함께 일하고 있으며 열대우림 지역에서의 콩 생산을 우려한다. Co-op와 Morrisons 또한 이것을 염려하고 있다. 모든 주요한 슈퍼마켓은 고객 대부분이 구매하는 제품에서 어떤 GM성분도 원하지 않는다는 것을 인식하고 있다. 그리고 이것은 GM 음식물로 사육된 동물로부터 나오는 고기와 유가공제품에까지 확대되고 있다. M&S는 가장 포괄적인 정책을 펼친다. 신선한 고기, 물고기, 그리고 생활용품을 위한 동물사육에 GM이 사용되지 않는다고 밝힌다. 다량의 Co-op와 Sainsbury's 고기와 물고기는 GM 식단을 먹지 않으며 모든 다른 슈퍼마켓에서도 비GM 라인이 있다.

아이러니컬하게도 지속가능한 농업 체계의 근본은 부분적으로 발생하는 동물성 배설물이다. 예를 들어, 유기농 시스템은 가축을 최소화하고 유지할 수 있는 농업이 요구된다. 그렇게 해야지만 많은 수의 동물을 집중적으로 기르는 에너지 집약적 농업보다 훨씬 더 가치가 생긴다.

● 공장식 축산 농장

<u>빠른 성장</u> 고기, 우유 및 계란에 대한 사람들의 선호 속도는 공급 속도보다 빨라서 이 동물들의 공급과정(축산과정)을 빠르게 할 필요가 있다. 25,000마리의 닭이 한꺼번에 들어가 있는 헛간은 여러분이 시골에 대하여 생각하는 것을 꺼려하게 할지도 모르지만, 슬프게도 그것이 현대 축산의 현실이다.

닭은 1960년대에 비해 두 배나 빠르게 성장하여 생후 40일이면 도살되는 나이로 성장한다. 그리고 알을 낳는 암탉은 평균적으로 거의 매일 1개의 계란을 1년 내내 낳는다. 닭이 알을 낳는 속도가 느려지게 되면 도살된다.

영국의 돼지는 세계의 다른 돼지보다는 나은 생활을 한다. 그럼에도 암돼지들은 우리가 너무 좁아서 뒤로 돌 수도 편안하게 눕지도 못한다. 새끼 돼지는 겨우 몇 주면 젖을 떼기 때문에 암돼지는 2년 동안 5마리를 낳을 수 있다. 따라서 돼지 가격이 더 싸질 수 있다.

젖소는 또한 매우 부당한 취급을 당한다. 이 동물은 우유를 대량 생산하기 위하여 사육된다. 각 암소에게서 얻는 우유의 총계는 최근 50년 동안에 두 배가 되었다. 그리고 새끼가 젖을 굉장히 빨리 떼기 때문에 다시 우유 생산에 전념할 수 있다.

이 속도와 효율성이 가격을 정한다. 먹거리로 준비되기도 전에 생산된 닭의

6%까지는 폐사된다. 또한 많은 동물이 빠른 성장으로 인해 다리가 몸무게를 지탱하지 못해서 스스로 쌓은 배설물 위에 쓰러진다. 돼지도 이런 스트레스를 받는데 자신의 우리를 물거나 머리를 땅에 박고 구르곤 한다. 그리고 유방염, 젖통의 감염이 젖소의 1/3 정도에서 보인다.

처리와 무역 우리 대다수는 스트레스에 의하여 병이 더 빨리 발생된다는 것을 알고 있으며 이것은 다른 동물도 마찬가지다. 그리고 초만원의 답답한 환경은 감염이 한 동물에게서 다른 동물에게로 빨리 퍼질 수 있기 때문에 질병문제를 발생시킨다. 일부 생산자가 질병 치료보다 질병을 예방하기 위해 모든 동물에게 항생제를 주어서 문제는 더 복잡해진다. 이러한 행위는 항생물질 내성으로 이어질 수 있어서 지금 EU에서는 금지되었다. 인간의 질병 또한 마찬가지다.

유럽 전역에서 건강상 이유로 금지되는 또다른 것으로는 성장촉진호르몬 사용이 있다. 그러나 이것은 미국에서는 허용된다. 미국인은 자신의 고기 수출을 막는 유럽의 수입금지 조치와 우리의 제한할 수 있는 권리에 대항해 싸웠고 이것은 무역 전쟁으로 이어졌다.

영국에서는 허용되지 않는 다른 약품들이 해외에서는 허용되고 있다. 예를 들면, 브라질에서 영국에 수출된 닭은 잔여 약물을 포함하고 있을지도 모른다. 이들이 만약 영국에서 자랐다면 수출이 허용되지 않을 것이다.

아마도 우리는 도대체 왜 이렇게 많은 고기들이, 특히 닭고기가 수입되는지에 대해서 질문해야 할 것이다. 태국, 브라질 및 중국 같은 국가에는 특별한 닭 기르는 전문 기술이 있는 게 아닐까? 아니면 그곳의 기후는 행복한 닭을 기르기에 좀 더 알맞지 않을까? 실제로 그것은 사실이 아니다. 사실은 그곳에서 생산하는 것이 더 싸기 때문이다. 수천km를 이동해야 하는 점을 계산한다고 해도 말이다. 이들 몇 나라에서 닭을 집중적으로 생산할 때는 까다로운 기준이 적용된다. 값싼 단백질 수요는 비용이 절감된다는 것을 의미하지만, 또한 최소한의 기준조차 지키지 않고 생산된 닭고기가 국내에서 판매되고 먹힌다는 것을 의미한다.

<u>스트레스를 줄이자</u> 동물복지 전문가는 어떤 유기 낙농업 농부에게 그의 암소가 성적으로 만족하지 않았다고 조언하였다. 그 조언이 다소 미친 소리로 들릴 수 있지만, 암소가 흥분됐을 때마다 황소가 '서비스'하기 위해 찾아오는 것을 알게 되었다. 그 암소는 임신되지 않았지만 놀랍게도 생식력은 향상되었다. 결론은 성적으로 만족했기 때문에 인위적으로 뿌려진 정액이 잘 받아진 것이다. 아마 스트레스 또한 줄었을 것이다!

긴장을 이완시키고 '행복한' 동물을 기르기 위해서는 병을 방지하고 면역성을 높이도록 도와주는 것이 효과적이다. 부분적으로 이것은 동물에게 더 많은 공간을 줌으로써 해결된다. 그러나 다른 아이디어는 닭이 잠자리에 들고 돼지에게 장난감을 주는 것도 포함한다. 실제로 돼지가 어떤 종류의 장난감을 즐기는가에 관한 토론이 있었다. RSPCA는 이에 관한 EU 법률이 부적절하다고 여긴다. 돼지가 씹으며 놀 수 있는 일반적인 것 대신 동물의 자연적인 행동습관을 만족시켜주지 못하는 장난감이 주어지게 될 것이다.

동물복지 문제를 고려하는 과정에서 더 행복하고 더 건강한 동물이 나온다. 그것은 우리 모두가 고려해야 하는 것이다.

● 육 류 부 족

육류생산 문제에 대한 해결책은 채식주의자가 되는 것밖에 없다고 생각할지도 모르겠다. 참고로, 우리들 중 5%는 실제로 채식을 하고 있다. 극소수의 엄격한 채식주의자들은 육류 제품을 전혀 먹지 않는다. 그러나 나는 모든 사람이 채식주의자가 되어야 한다고 생각하지 않는다. 나 역시 채식주의자가 아니다. 축산 폐기물과 관련해서 언급했듯이 거름은 인공비료와 마찬가지로 작물이 자라는 데 필수적인 영양분을 공급하기 때문에, 지속가능한 농작체계에서 중요한 부분이다. 인도에서는 소 배설물이 사라지면 인도 경제 전체가 무너진다고 한다. 그들은 소 배설물을 연료로도 사용한다.

또한 가축 방목지가 중요한 문제이다. 방목지가 불모지일 때는 가축을 기를 수 없기 때문이다. 불모지에서 작물을 기르는 것은 불가능하다. 예를 들어, 산에서 양이나 염소를 기르는 농부들은 가축 대신에 보리, 귀리, 심지어는 양배추도 경작할 수 없다. 물론 지역 장려책이 없는 상태에서 우리가 먹는 모든 고기를 생산할 수는 없을 것이다. 그러나 닭 한 마리에 몇 파운드밖에 하지 않는 식품 체계에 이의를 제기할 수는 있지 않을까? 여기에 대한 해답은 고기를 적게 먹고, 더 많은 비용을 내는 것이어야만 한다. 고기는 사치품이어야만 하는 것이다.

정육점 | 돼지

완전하게 밖에서 길러진 돼지고기를 사는 것은 쉽지 않다. 닭의 경우와 다르게, 돼지는 '외부사육'이란 라벨을 붙이기 위하여 얼마나 밖에서 사육되어야 하는지에 대한 명확한 규칙이 없다. 돼지들은 야외에서 태어나고, 나머지 시간을 축사에서 보냈을 수도 있다.

유기농 돼지의 경우에는 수명의 최대 1/5까지만 실내에서 기를 수 있다. 그리고 다른 가축과 마찬가지로, 닭 찌꺼기가 아닌 유기농 먹이만 먹여야 한다. 심지어 집에서 기르는 돼지의 경우에도 말이다. 닭 찌꺼기는 구제역의 원인이기 때문에 현재 모든 판매용 돼지에게 사용하는 것을 금지하고 있다. 돼지에게 먹이는 것은 음식물 찌꺼기를 활용하는 좋은 방법 중 하나였는데 금지되어 개인적으로 안타깝다.

정육점 | 양고기

양과 관련한 큰 환경적인 논쟁 중 하나는 해충 관리다. 심각한 것 중 하나가 파리이다. 농부들은 몇 년 동안 양을 유기인산 화합물에 담그는 식으로 해충 피해를 막아 왔다. 하지만 이 방식은 인간에게 매우 해로운 방식이다. 유기농이 퍼지면서 대안적인 살충제가 널리 사용되었지만, 물고기나 다른 수중 생물에게 극히 해롭다는 사실이 밝혀지면서 금지되었다. 현재 유기농 기준에서 피부병을 위한 주사와 파리를 막는 담금 방식은 허용하고 있다. 그러나 규제가 엄격해도 농부들은 여전히 해충약에 담그는 방식을 택하고 있다. 하지만 유기인산화합물을 이용한 살충제를 계속 사용한다면 걱정이다. 우리는 농부들이 해충처리에 유기농 방식으로 접근하도록 해야 할 것이다.

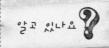
알고 있나요?

뉴질랜드에서 방출되는 온실 가스의 43%는 배에 가스가 가득찬 양에게서 생긴다.

Freedom food 운동

영국 왕립동물학대방지협회(RSPCA: Royal Society for the Prevention of Cruelty to Animals)는 한 계획을 소개했고, 개선해야 하는 동물복지 기준을 매우 염려하고 있다. 이 기준은 5가지의 자유(해방)에 근거를 둔다.

1. 굶주림과 갈증으로부터의 해방
2. 불편으로부터의 해방
3. 고통, 상해, 질병으로부터의 해방
4. 정상 행동을 표현할 자유
5. 공포와 고민으로부터의 해방

Freedom Food 운동 라벨이 붙은 제품은 광범위하게 이용된다. 그들은 사육과정, 수송과정 그리고 도축과정에서 RSPCA 복지 기준에 합당한지 평가받는다.

정 육 점 ┃ 쇠 고 기

　　광우병 파동보다 영국산 쇠고기 조절이 훨씬 시급하다. 모든 가축은 길러진 곳을 표시하는 라벨이 부착되어 있다. 그러나 큰 도살장에서는 각각의 소를 관리하는 방식보다, 여전히 소에서 고기로 만드는 작업을 중심으로 운영하고 있다. 반면 작은 도살장은 가축의 경로를 파악하는 것이 쉽다. 하지만 대부분의 작은 도살장은 거대 조직의 시스템이나 통제로 인해 파산하거나 위태로운 상태에 있다. 그래서 도축을 위한 동물의 수송거리가 훨씬 길어지는데 결과적으로 가축의 고통과 그것들의 수송 거리는 더 길어진다.

　　우리들 대부분은 소비자로서 우리가 사는 것들에 대해 알고 싶어 한다. 예를 들면, 가축이 어떻게 길러졌는가를 궁금해 한다. 그렇다면 정육점이나 슈퍼마켓에 물어보도록 하자.

 정 육 점 ┃ 송 아 지 고 기

　　2006년 유럽 전역에 매우 작은 공간에 꽉 들어찬 상태로 사육되는 새끼 송아지 고기 제품이 금지되었다. 현재 송아지들은 더 넓은 공간에서 사육되고 있으며, 유럽 지역 동물 보호는 여전히 영국에서 행했던 방식 외에 몇몇 방식을 택하고 있다. 그 결과 현재 송아지는 더 많이 움직이고, 더 많은 섬유질을 먹을 수 있고, 충분한 짚 위에서 잘 수 있게 되었다. 이렇게 길러진 송아지들은 살보다는 근육이 발달되어서 '장미 송아지 고기'라고 하는데, 왜냐하면 근육이 발달하면서 하얀색이 사라지기 때문이다.

육류에 대한 제안

· 고기를 더 적게 먹자.
· 소고기보다 닭이나 돼지고기를 먹자.
· 지역에서 생산된 고기를 구입하자.
· 여러분의 식단에 내장도 포함하자.
· 여러분이 사는 고기의 원산지를 확인하자.
· 자유 방목으로 기른 것이나 유기농을 구입하자.
· 더 많은 비용을 지불할 준비를 하자.
· 뼈를 우려 국까지, 먹을 수 있는 부분은 최대한 모두 먹자.

내 의견으로는 송아지 고기를 먹는 것이 낫다고 생각한다. 대부분의 송아지 고기는 낙농산업의 부산물로서 우유를 생산할 수 없는 수컷 송아지를 도축하는 대신 송아지 고기로 기를 수 있기 때문이다. 우유를 생산할 수 없는 수컷 송아지는 태어나는 순간 사살되는데 이는 범죄적인 동시에 굉장한 낭비로 보인다.

우 유

현대의 젖소들은 엄청난 양의 우유 생산을 위해, 엄선되어 먹이고 길러진다. 몇몇 소는 1년에 10,000리터에 가까운 우유를 생산할 수 있다고 한다. 이 양은 불과 몇십 년 전의 일반적 생산량에 비해 2배나 되는 양이다.

미국은 이보다 더하다. 착유용 가축에 우유 생산을 촉진하는 BST(bovine somatatrophin)와 같은 호르몬 주사를 투여한다. 호르몬 제조업자들은 이 호르몬이 우유를 더 나은 방식으로 활용할 수 있고, 그 결과 공기 중의 메탄 양을 줄일 수 있다고 말한다. 그런데 이들이 말하지 않은 것이 있다. BST사용은 소의 면역체계를 무너뜨리고, 소가 유방염에 걸리기 쉽다. 이는 다시 더 많은 항생제 사용으로 이어져 항생제 내성뿐만 아니라 엄청난 고통을 준다. 유럽에서는 이 BST 호르몬 사용이 금지되어 있다.

유기농 기준에서 가축의 건강상태는 핵심 요소이다. 그래서 우유가 팔리기 전 단계에는 항생제 사용에 대해서 엄격한 제한을 두고 있다. 또 다른 규제는 농축 사료를 덜 먹이고, 풍부한 풀을 먹이도록 하고 있다. 이는 결국 우유를 덜 생산하게 한다. 유기농 우유의 건강상 이점에 대해 몇몇 논란이 있긴 하지만, 여러 연구결과들에서 비유기농 제품보다 유기농 우유가 높은 수준의 영양분과 비타민을 포함하고 있다고 밝히고 있다. 나는 우리가 더 좋은 품질의 제품을 구하고 동시에 더 행복하고 건강한 동물과 좋은 환경을 만들 수 있도록 프리미엄을 지불할 가치가 있다고 생각한다.

달걀

M&S는 자유 방목으로 낳은 알만 파는 최초의 슈퍼마켓이다. Waitrose도 자체 생산 제품과 1/3의 신선한 알이 유기농으로 생산되도록 하고 있다. Co-op 상표의 달걀은 자유방목으로 생산된 달걀이다. Sainsbury's와 Tesco 달걀은 절반 이상이 자유방목 달걀이다. Asda는 최근에 암탉 50만 마리를 기계식 닭장에서 열린 헛간으로 옮기고 있는 중인데, 이는 기계식 양계장에서 생산되는 알이 매년 1억 4000만 개씩 줄어드는 것과 같다.

달 걀

우리들이 1년에 먹는 달걀의 양은 100억 개가 넘는다. 한 사람당 1년에 172개를 먹는다는 말이다. 거의 2/3의 달걀이 닭장에서 생산되는데, 이 닭장은 차곡차곡 쌓은 고도로 기계화되어 있는 시스템이다. 그리고 달걀을 모으고 분류하는 것뿐 아니라 먹이와 물의 공급도 모두 자동화되어 있다. 헛간 시스템은 닭장 시스템보다는 덜하다. 둥지 상자, 홰대부터 욕조 설비까지도 갖춰져 있다. 그러나 여전히 5성급 양계장과는 거리가 있다. 왜냐하면 새로운 규정에는 1㎡당 암탉을 9마리 이상 기르지 못하게 되어 있는데 25마리를 길러왔기 때문이다. 1/3의 암탉이 방목으로 길러지는데, 단순히 밖에서 기르는 것이 아니라 밖을 적극 활용해야 한다. 유기농 닭은 모두 방목으로 사육되지만, 유기농 인증 확인에 따라 다른 규제도 있다. 토양협회의 기준은 대량 생산자들에게는 분명 너무 엄격하다. 하나의

달걀 위계도

집에서 기른 암탉의 달걀
↓
유기농 달걀
↓
자유 방목한 달걀
↓
헛간에서 기른 달걀
↓
닭장에서 기른 달걀

단위에 암탉 500마리 이하를 권장하고, 2,000마리 이상은 금지한다. 다른 인증 조직체인 유기농 농업종사자, 사육자, 유기농 음식 연합은 한 단위당 12,000마리까지 기를 수 있도록 제한했다.

여러분이 구입하는 대부분의 달걀에는 조그만 일련번호가 찍혀 있다. 첫 번째 숫자는 암탉이 어떤 시스템에서 사육되었는지를 보여주는 숫자이다. 0은 유기농, 1은 자유 방목, 2는 헛간, 3은 닭장을 나타낸다. 다음 숫자는 어느 지역에서 나온 달걀인지를 말하고, 마지막 숫자는 농장 ID 숫자이다. 이런 표지는 아주 유용하다. 내가 사는 주변에 오리와 닭의 알을 파는 농장이 있는 것을 발견했는데, 그곳에서는 가둬진 채로 뭔가를 많이 쪼아 먹고 있는 오리나 닭이 많이 있었다. 그러나 그곳에서 생산된 알에 헛간에서 길러졌다는 표시를 확인하고서는, 그 이후로는 다시 가지 않았다.

생선

● 건 강 방 정 식

생선은 건강에 좋다. 특히 기름기 있는 생선은 더욱 좋다. 적어도 예전에는 그랬다. 참치, 고등어, 황새치와 같은 기름기 있는 생선은 오메가 3가 풍부하다. 오메가 3는 두뇌발달, 심장 건강, 우울증 해소, 독서 장애 등에 매우 좋다. 그러나 오늘날에는 기름기 있는 생선을 먹을 때, 양과 빈도수를 결정할 때 이것저것 생각해야 할 게 많아졌다. 그 이유는 폴리염화비페닐(PCB)과 수은과 같은 오염물질이

모시모시

일본 초밥식당인 '모시모시'는 참다랑어 수확이 중단되어서 판매를 중단했다. 초밥식당으로서는 과감한 조처이다. 일본은 현재 모든 어류에 대해 환경 정책을 적용하고, 어류 자원에 대한 책임의 한 방법으로서 추진하고 있다. 모시모시의 사례로 다른 식당에게 경각심을 일깨워야 한다.

바다에 퍼졌고, 그 오염 성분이 생선을 포함한 생물체에도 누적되었기 때문이다. 임산부와 어린 아이들은 특히 약한데, 이들은 오메가 3를 섭취해야 하는 대상이기도 한다. 식품표준기구는 갱년기 전 여성과 아이들은 1주일에 한두 마리의 생선 섭취는 하도록 권장한다. 물론 오염물질은 여전히 몸에 녹아 있지만, 뚜렷하게 위험한 수준은 아니다. 또한 어류의 지방성분처럼 그렇게 몸에 좋은 것은 아니지만, 아마, 해초나 호두와 같이 식물체에도 오메가 3가 들어 있다는 것을 알아두면 좋다.

양식 연어에서 독성 물질이 발견되어서 엄청난 파문이 일어난 것을 기억할 것이다. 그 원인은 물고기들이 PCB와 다이옥신 성분을 섭취해 살에 축적된 것이었다. 이 문제는 태평양 어류보다 칠레 연안과 같은 북해에서 훨씬 더 복잡한 상태다. 그러나 정부가 오염물질 기준에 엄격한 제한을 하고 있음을 기억하도록 하자. 간단한 해결책은 없을 것이다. 하지만 현실은 환경 오염물질이 우리의 건강한 식단을 위협하고 있다는 것이다.

● 좋은 생선과 나쁜 생선

앞에서 보았듯이, 많은 종류의 어류가 멸종위기에 있고, 엄청난 수의 어류가 남획으로 급격하게 감소하고 있다. 가끔은 내가 어떤 생선을 사고, 사지 말아야 하는지를 조금만 덜 알았더라면 하고 바랄 때가 있다. 슬프게도, 아귀, 홍어, 대구 등 아주 맛있는 생선을 최우선으로 피해야 한다. 하지만 나와 같이 생선을 아주 좋아하는 사람은 이러한 사실을 모르는 척하기보다는 어떤 생선을 먹을 수 있는지를 알아내야 할 필요가 있다.

좋은 생선 슈퍼마켓에서 생선을 구입할 때면, MSC(Marine Stewardship Council) 라벨이 붙어 있는 것을 찾을 수 있을 것이다. MSC는 지속가능한 어업 운영을 위해 마련된 표준체계이다. 그리고 소비자는 이런 좋은 체계를 지지해야 한다. 하지만 불행하게도, 이 체계가 모든 어업 운영에 적용했을 때, 긍정적인 효과로 이어질지를 모두가 확신하지는 않는다. 하지만 나는 이 체계가 생선전문가가 아닌 우리가 좋은 생선을 고르는 데 큰 도움이 될 것이라 생각한다.

또 다른 조직은 이름이 비슷하기도 한데, MCS(Marine Conservation Society)가 있다. 이 조직도 우리에게 대안을 제안하며, 이는 앞선 체계보다 다소 시간이 더 소모된다. 여기에서는 'The Good Fish Guide'라는 책자를 발행하고 있다. 이 책은 어떤 생선을 사야 하고 어떤 생선을 사지 말아야 하는지에 관해 설명해준다. 그뿐만 아니라 책에 있는 정보들을 온라인 사이트인 'Fish Online'에서도 제공하고 있다. 그리고 쇼핑에 유용하도록 매년 'Pocket Good Fish Guide'를 발행하고 있다.

한 가지 쉬운 제안: 살고 있는 곳에서 가까운 연안에서 잡은 생선을 산다면,

살 수 있는 생선

지속가능한 어류의 종류를 나열하는 것은 쉬운 일이 아니다. 왜냐하면 그 기준은 잡힌 장소와 어떤 방법으로 잡혔는지에 따라 달라지기 때문이다. 하지만 생선코너나 가판대에서, 다음의 항목을 따라 선별해 보자.

- 가까운 지역과 작은 배로 잡았는지를 알아보자. 일반적으로 이 경우 그나마 지속가능한 조업의 방법으로 수확했고, 대량으로 원거리 어류를 수확해온 것이 아니기 때문이다.
- 새조개, 홍합, 고둥, 게, 가재나 물새우 등의 조개류를 선택하자.
- 고등어, 바다 농어, 도다리를 구매하자.
- MSC 인증 생선을 고르자.
- 명태와 민어 같은 것은 대구나 해덕 대구로 대신할 수 있다.

_ 최신 정보를 Fish Online에서 확인할 수 있다(www.fishonline.org).

상어지느러미 수프

중국인이 좋아하는 상어지느러미 수프를 만들기 위해서는 상어의 지느러미를 잘라야 한다. 때로는 상어가 살아있을 때 지느러미를 자르고, 다시 바닷속에 넣는다. 또한 상어는 저인망 어선 때문에 죽기도 한다. 많은 어종이 60-80% 정도로 줄어들고 있다. 그래서 번식률도 낮다. 즉 우리가 상어지느러미 수프를 포기하지 않으면 번식률을 회복하는 데 오랜 시간이 걸릴 것이다.

훨씬 깨끗한 생선을 먹을 수 있다. 동시에 수많은 원거리 식품 구입에 일조하지 않게 된다. 물론 이 경우에는 원거리 이동된 생선이다. 우리가 잊고 있는 것 중 하나는, 정말 끔찍하게 많은 수의 생선이 멀리서 날아온다는 것이다. 거기에 더 많은 생선들이 냉동선을 타고 '헤엄'쳐 온다. 이처럼 우리의 생선 섭취 습관은 계절 변화와 무관하게 변하고 있다.

<u>금지 생선</u> 특정 어류를 먹지 말아야 하는 가장 설득력 있는 이유는 번식 속도가 느려지기 때문이다. 예로서 오렌지 러피는 25살이 되어야 번식을 할 수 있다. 때문에 성숙하기 전에 남획하면 회복할 수 없게 된다. 그 외에도 홍어, 아귀, 숭어, 가자미, 칠레 농어 모두 마찬가지로 번식 속도가 느리다. 만약 이 생선들을 구했다면, 아마 불법으로 조업된 생선일 가능성이 높다.

그 외에도 우리 몸에 좋은 생선은 유명한 것이 많다. 지금은 대구를 팔지 않는 생선·튀김 가게를 찾는 것도 힘들지만 대구는 시장에서 가장 비싼 고기 중 하나다. 대구는 서식하는 웬만한 지역에서 거의 남획되고 있기 때문에, 20년 후에는 보기 어려울 것 같다. 넙치, 연어, 헤이크, 해덕 모두 마찬가지다.

소비자의 습관을 바꾸기란 쉽지 않다. 한 피시앤칩 가게에서는 고객들에게 대구 대신에 명태를 먹도록 했지만, 고객의 절반 이상이 맛이 없다고 했다. 하지만 블라인드 테스트 결과, 실제로 소비자는 명태와 대구의 맛을 구별하지 못했다. 유닐레버 또한 대구를 정확하게 집어내는 고객들을 뉴질랜드에서 MSC로 인증받은 호키(뉴질랜드 근해산 물고기를 정확하게 집어내는 고객)로 만들고자 했다. 하지만 이것은 실패했다.

생 선 가 게 | 참 치

아마 슈퍼에서 캔을 집어 카트에 넣거나 참치 스테이크를 살 때, 참치의 멸종에 대해 생각하진 않을 것이다. 참치는 여전히 세계에서 가장 인기 있는 어종이고, 계속해서 수요가 늘어나고 있다. 대부분 상업용 참치류는 통조림으로 생산되는 가다랑어를 제외하고는 압축 포장된다.

참치 통조림을 살 때 아마 겉에 '돌고래 친화' 또는 '돌고래 안전' 등의 문구가 적힌 걸 보았을 것이다. 그 이유는 참치 조업을 하다가 광범위하게, 돌고래나 다른 포유동물이 죽기도 하기 때문이다. 황다랑어는 특히 돌고래와 섞여 서식하기 때문에, 어망에 돌고래가 함께 걸린다. 하지만 안타깝게도, 저 문구는 법적인 구속력을 발휘하지도 않기 때문에 사실 무의미한 문구이다. 일부 회사들은 잡히는 돌고래 수를 줄이기 위해 다른 방법을 쓰기도 한다. 그러나 그 방법도 결국엔 바다에 서식하는 다른 많은 조류와 해양 동물이 잡히는 방식이다.

남방 참다랑어는 고가어종인데, 한 마리에 60,000달러 또는 그 이상이다. 그리고 당연히 멸종에 가까운 어종이다. 정찰기를 동원한 어부들은 이 한 마리를 잡기 위해 2주 정도 시간을 보낸다. 이렇게 해서 터무니없이 비싼 살코기가 일본에서 회로 팔리는 것이다.

비행하는 물고기!?

'친환경적' 물고기, 호주에서 미국으로 날아가다. - 내가 제대로 읽은 것인지 모르겠다! 이 광고는 호주산 배러먼디가 실내 양식장에서 양식되기 위해 미국으로 날아가는 것처럼 보인다. 하지만 많은 물고기 좌석이 예약되면 이런 어종의 친환경적인 특징이 사라지는 것은 아닐지 걱정된다.

심지어 북해 참다랑어도 위험에 처해 있다. 이는 참치 가두리나 상하개폐식 양식에 의해 더 멸종 위기로 몰리고 있다. 참치를 모아 바다 안에 있는 가두리에 몰아넣는 방식인데, 이 과정에서 많은 수가 죽어간다. 이 가두리장 안에서 자란다면, 참치 1kg를 얻기 위해서는 20kg나 되는 미끼가 소비된다. 이렇게 모아진 참치는 공식적으로 보고할 필요도 없으며 대부분 암컷이기 때문에 암컷의 수는 훨씬 급격하게 감소하고 있다.

그리고 눈다랑어를 주의해서 보아야 한다. 눈다랑어가 참다랑어를 대신할 가능성이 높다. 가다랭이 어류를 제외한 모든 참치는 피하는 게 좋다.

피해야 할 어류

일부 어류는 멸종 위기에 처했거나 지속적인 포획이 불가능하기 때문에 판매하지 않아야 한다. 이렇게 많은 어종이 어디서 어떻게 잡히는지 의문이다. 어떤 것을 피해야 하는지 알려 주겠다.

- 모든 꽃도미와 참다랑어, 대부분의 날개다랑어, 황새치
- 번식률이 낮은 황다랑어, 오렌지 러피, 비막치어
- 아귀, 홍어, 가오리류
- 상어, 청새치
- 흰색 어종인 대구, 해덕, 넙치, 열대 새우—자연산 새우는 최우선으로 피해야 한다. 그리고 만약 양식 새우를 살 경우에는, 엄격한 기준으로 양식한 것을 사야 한다.
- 대서양 연어, 대서양 넙치, 유럽산 헤이크, 푸른 히스와
- 바다 브리임, 저인망 어선으로 잡은 농어, 북해산 넙치
- 일정 크기 이하인 오징어

_피시온라인 웹사이트에서 최신 정보를 확인하자(www.fishonline.org).

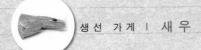
생선 가게 | 새 우

새우는 크게 냉수성과 온수성의 두 가지 종류가 있다. 온수성 또는 열대성 새우는 환경운동가들에게 큰 걱정거리 중 하나이다.

자연산 새우는 저인망 어선으로 잡는다. 그런데 중요한 문제는 온수성 지역에는 의도하지 않은 어획물이 다른 지역에서보다 훨씬 많이 잡힌다. 여기에는 심지어 수천 마리의 거북이도 포함된다. 거북이의 경우에는 거북사출기를 망에 고정시켜서 새우를 잡는 동안 거북이는 다시 바다로 나갈 수 있도록 하는 방법이 있긴 하다. 하지만 불행히도 모든 배에 거북사출기가 있는 것은 아니다.

열대지방에서 새우잡이는 점점 더 큰 사업이 되고 있다. 하지만 많은 지역에서 이 사업은 엄청난 파괴로 이어진다. 맹그로브 연안은 열대우림과 맞먹는 지역이다. 이 지역은 많은 어종이 번식하고, 도시로 인해 더러워진 물을 깨끗하게 하는 역할을 한다. 그런데 최근에는 타이, 방글라데시, 베트남, 온두라스와 에콰도르의 어부들이 회사를 세우기 위해 넓은 우림을 밀어버리고 있다고 전해진다.

유기농 새우 어부들은 지역산 새우를 먹어야 한다. 또한 과잉 양식을 해서도 안 되며, 항생제와 그 밖의 화학제도 피해야 한다.

가장 주요한 문제 중 하나는 새우 양식이 한번 시작되면 계속 유지시켜나가는 데 몇 가지 기술이 필요할 것이다. 세심하게 운영하지 않으면 물이 오염되기 쉽고, 새우는 병에 걸려 죽어 나가게 된다. 몇몇 어부들은 높은 화학제와 항생제에 의존하기도 하는데, 이것이 항상 도움이 되지는 않는다. 새우 양식장을 닫는 것은 땅과 관련이 있다. 조그만 양이라도 땅에 투입되었을 때 소금 성분으로 인해 땅이 척박해지기 때문이다. 그러고난 다음에는 다른 맹그로브로 옮겨가 파괴하는 과정을 반복할 것이다.

소비자는 새우와 관련한 위와 같은 문제들에 대한 답을 지니고 있다. 만약 우리가 이러한 고급 식품을 계속해서 먹고자 한다면 우리는 그것들이 믿을 수 있게 생산되고 있다는 확신이 있어야 할 것이다. 그리고 가게와 식당은 반드시 이를 보장해야만 할 것이다. 냉수성 새우는 온수성 새우보다 나은 대안이다.

생 선 가 게 ㅣ 갑 각 류

좋은 소식은 갑각류는 깨끗한 친환경 의식을 가지고 먹을 수 있다는 것이다. 그리고 대부분 갑각류는 영국에서 나온다. 실은 프랑스, 스페인, 이탈리아에서 소비되는 갑각류의 대부분은 영국 연안에서 거둔 것이다. 영국은 전체 수확의 80%를 수출한다. 게, 바닷가재, 홍합, 대합, 굴 그리고 쇠고둥은 여과식 섭식자이다. 즉 이들은 물에서 입자들을 뽑아 먹으며 서식하는 어종이다. 그래서 이들은 물의 상태에 민감하게 반응한다. 말하자면, 갑각류 산업은 청정수역을 지키는 데 큰 역할을 한다고 볼 수 있다.

번식지에서의 수질은 가장 청정한 A에서 가장 더러운 D순으로 분류된다. 시장에 내보내지기 전에 갑각류가 어떻게 정화되어야 하는지를 규정하고 있는 엄격한 코드가 있다. 그래서 공급자는 D등급의 수역에서 생산한 것은 절대 팔 수 없다. 하지만 실제로 슈퍼마켓에서는 A등급 이하의 것은 받지 않는다.

건강측면에서, 갑각류 또한 오메가 3 함유량이 높다. 오메가 3는 어유에 있는 성분이다. 하지만 다지어와는 다르게, 갑각류는 PCB나 다이옥신을 지방에 축적하지 않는다. 그러므로 여러분은 갑각류에서 나쁜 요소보다는 긍정적인 부분을 얻는 것이다. 임산부는 다른 오염원이 우려되기 때

바닷가재 부화장

지금은 바닷가재 수가 부족하지 않다. 하지만 바닷가재의 인기가 높아지고 있으므로 앞으로도 계속 바닷가재가 부족하지 않으리라고 볼 수 없다. 패드스토와 콘월에 있는 바닷가재 부화장에서는 현재 재고 확보를 위해 노력하고 있다. 이들은 산란 중인 바닷가재를 자연 상태로부터 분리시켜, 다른 포식자로부터 보호한다. 그리고 나중에는 자연으로 돌려보낸다. 이 부화장들은 일반인에게도 공개되므로 언제든 가서 어떤 일을 하고 있는지 직접 볼 수 있다.

문에, 갑각류를 먹을 때는 여전히 주의해야 한다.

갑각류가 지닌 또 다른 이점은 어떠한 작은 크기의 종류라도 손상 없이 수확할 수 있다는 것이다. 하지만 물밑바닥을 다니는 가리비는 얘기가 다르다. 날이 있는 육중한 금속 바구니가 바다 밑바닥을 쓸면서 돌과 산호초들을 파괴하고, 바닷가재뿐만 아니라 다른 어종들도 끌어 올리고 있다. 최근에 몇몇 바닷가재 어업에서는 덜 파괴적인 방식을 실행하고 있기도 하다.

MSC에서도 몇몇 갑각류에 등급을 정하고 있지만, 우리에게 크게 도움될 만한 정보는 아직 없다. 그래서 여러분이 어디서든 갑각류를 구입할 때, 공급자들에게 조업 방식과 크기 제한 등에 관한 것을 물어보길 바란다. 공급자는 더 많은 정보를 제공해야 한다.

 생 선 가 게 ㅣ 연 어

스코틀랜드 호수는 지금 이전에는 없었던 물고기들로 넘치고 있다. 이러한 물고기인 양식 연어는 전 세계 수출로 큰 사업이 되었다. 물론 이 사업은 스코틀랜드 경제에 큰 도움이 될 것이다. 하지만 호수의 수질이나 자연 상태의 연어를 호수로 옮기는 일은 좋은 일이 아닌 것 같다.

간혹 양식어업이 남획을 방지할 수 있는 좋은 대안이 된다는 의견도 있다. 하지만 이는 결코 말이 되지 않는 이야기다. 연어는 육식성이고, 고단백 먹이를 먹는 어종이다. 이 고단백 먹이는 연어의 풍부한 어분(魚粉)과 어유(魚油)를 구성한다. 그래서 이를 위해 많은 작은 고기를 잡아들여 연어의 식욕을 채워줘야 한다. 아주 작은 비율의 먹이는 수산물 가공 공장의 폐기물로 만들어진다. 이를 유기농 양식어류에게 먹이는 것이다. 먹이는 배설물과 함께 호수 바닥 가두리 아래까지 떨어진다. 만약 이것이 제대로 처리되지 않으면, 해저 주변은 헐벗은 곳이 될 것이다. 스코틀랜드 서해 연안의 자연산 연어의 수는 급격히 감소하고 있다.

주요한 이유 중 하나는 많은 수의 양식된 동족이 그곳에서 도망쳤기 때문이라고 한다.

　　많은 수의 양식된 연어가 야생 종과 결합해서 새끼를 낳고 유전자 풀(gene pool)을 오염시킨다. 이것은 절대 작은 문제가 아니다. 1년에 보고되지 않은 것을 제외하고서 약 400,000마리의 양식연어가 탈출한다. 설상가상으로 도망친 연어는 바다 기생충(Sea lice)을 야생 연어에게 전염시켜 상황을 더 악화시킨다. 이것은 흡혈습성의 기생충인데, 물고기의 점액질을 뚫고 나와서 물고기가 살아 있는 동안 피를 빨아먹는다. 양식업자의 한 가지 도전과제는 이러한 질병을 예방하고 이러한 질병이 발병했을 때 어떻게 치료하는가이다. 어느 쪽이든 끔찍한 화학처리 기법을 포함할 것이다.

　　이는 연어 양식에 대한 나쁜 소식이다. 하지만 좋은 소식도 있다. 연어 양식 산업은 캠페인의 규제 아래에 있고 지난 10년간 주목할 만큼 개선되어 왔다. 그로 인해 여러분은 바다 기생충 문제가 해결된 유기농 양식 물고기를 살 수 있다.

 생 선 가 게 | 대 구 　양 식

　　대구는 양식업계에서 새로 떠오르는 어류이다. 몇 년 후에는 양식 연어만큼 인기를 끌지도 모르겠지만, 과연 친환경적인 측면에서도 연어보다 뛰어날까?

　　대구 양식이라는 새로운 산업의 선두주자는 바로 존슨 양식장이다. 존슨 양식장에서는 말 그대로 수천 톤의 대구를 유기 양식할 계획이라고 한다. 기존의 양식과 다를 바가 없지 않느냐는 비판은 못 하겠다. 대구에게 장난감을 준다는 획기적인 방법을 쓰고 있기 때문이다. 대구가 물어뜯을 수 있도록 밧줄 같은 것을 준다고 하니, 대구는 물어뜯기를 좋아하나 보다. 게다가 존슨 양식장에서는 조금 더 고가의 그물을 사용하는데, 이를 보면 양식 물고기를 잡아먹으려다가 죽는 바닷새의 수를 줄이려는 양식장의 노력을 알 수 있다. 하지만 어떤 어류든지 간에 어류 양식에서 가장 중요한 문제는 해당 양식기법이 야생 어류에 대한 압력을 덜어줄 수 있는지, 그리고 지속가능한 양식기법인지가 되어야 할 것이다. 부분적으로는 양식 어류가 다른 어류를 얼마나 잡아먹는지에 달려 있다. 육식 어류인 대구는 연어와 맞먹는 양의 먹이를 필요로 한다. 그래서 대구와 연어가 채식 중심의 먹이를 얼마나 잘 소화할 수 있을지를 알아보는 연구도 행해지고 있다. 채식 먹이를 사용해서 다른 어족에 미치는 영향을 줄일 수 있을 것이다.

로크듀어트(Loch Duart)

로크듀어트 사의 연어는 유기 방식이 아니라, 우수한 수준의 지속가능성 기준에 따라 양식된다. 로크듀어트 사에서는 연어가 먹지 않는 먹이를 성게가 다 먹어치우도록 하고, 물을 깨끗하게 해주는 해초도 양식한다. 그 뒤 성게와 해초는 초밥 재료로 팔린다.

대량으로 연어를 양식하는 업자가 이와 똑같이 하기는 어려울 것 같지만, 동종업계에서 친환경적으로 앞서나간 로크듀어트 사를 이들이 본받기를 바랄 뿐이다.

연어와는 달리 양식 대구는 이미 잘 팔리는 물고기의 수요에 영향을 미치지는 못할 것이다. 무엇보다도 유기 양식을 하면 야생 대구보다 20~30% 비싸지기 때문이다.

처음에 나는 대구를 양식한다는 생각에 반대하는 쪽에 가까웠지만, 지금은 양식 연어보다 더 나쁠 것 같지 않다는 생각이 든다. 대구와 마찬가지로 육식을 하는 분홍색 살빛의 연어보다 대구가 환경적으로 이점이 더 많을지도 모른다. 하지만 이러한 이점도 고도의 환경적 기준에 따라 대구를 양식해야지만 드러날 것이다. 존슨 양식장이 이미 이렇게 하고 있는 것 같지만 말이다. 다른 대구 양식장도 존슨 양식장을 따라가기를 바란다.

어류관련 웹사이트

피쉬 온라인(Fish Online) · www.fishonline.org
해양 보호 협회에서 운영하는 사이트. 재고의 지속가능성을 기준으로 어떤 생선을 먹지 말아야 하고, 먹어도 되는지에 관한 정보를 제공. 이 정보들은 생선 소매상에게 질문 시에도 도움이 되고, 조업 방식에 관한 일람표도 제공한다.

- - - - - - - - - - - - - - - - -

그린피스(Greenpeace) · www.greenpeace.org.uk
바다와 지중해를 보호하는 주요 캠페인

- - - - - - - - - - - - - - - - -

Loch Duart · www.lochduart.com
스코틀랜드에서 어류 양식을 위한 혁신적인 방법을 개척

- - - - - - - - - - - - - - - - -

해양보호협회(Marine Conservation Society / MCS) · www.mcsuk.org
해양 환경과 해양 생물보호를 위한 캠페인 「좋은 어종 안내서」 출간. 피쉬온라인 사이트 운영

- - - - - - - - - - - - - - - - -

해양 상점관리 위원회(Marine Stewardship Council / MSC) · www.msc.org
어류에 대한 인증 작업을 통해 지속가능한 조업을 촉진

- - - - - - - - - - - - - - - - -

'모시모시' 체인(Mosih Moshi) · www.moshimoshi.co.uk
어족자원 관련정책을 실행

- - - - - - - - - - - - - - - - -

국가 바닷가재 부화장(National Lobster Hatchery) · www.nationallobsterhatchery.co.uk
패드스토와 콘월에 있는 바닷가재 번식 센터. 대중들에게도 공개되어 있음

- - - - - - - - - - - - - - - - -

유기농 식품 연합(Organic Food Federation) · www.orgfoodfed.com
양식 연어, 양식 대구에 관한 유기농 기준을 선정

- - - - - - - - - - - - - - - - -

영국 갑각류 협회(Shell Fish Association of Great Britain) · www.shellfish.org.uk
갑각류 생산자를 위한 무역 협회

- - - - - - - - - - - - - - - - -

토양협회(Soil Association) · www.soilassociation.org
유기농 양식을 위한 기준인 유기농 표준체계를 개발

- - - - - - - - - - - - - - - - -

세계자연보호기금(World Wide Fund for Nature: WWF) · www.wwf.org.uk
남획을 막고 해양 서식지를 보호하는 캠페인을 벌이고 있다.

- - - - - - - - - - - - - - - - -

어류

어류는 확실히 여러 슈퍼마켓에서 심각하게 생각하는 사안이다. 막스앤스펜서 (M&S)와 웨이트로즈(Waitrose)는 조금 더 지속가능한 어업 관행을 촉진하고, 직원 교육을 실시하고, 어획을 금지한 물고기를 팔지 않음으로써 이 문제를 앞장서서 해결하고 있다. 그리고 세인스버리(Sainsbury's)가 그 뒤를 바짝 따른다. 여기에서는 모든 수산물을 지속가능성 기준에 따라 평가하고 있으며, 남서 지방에서 잡힌 현지 수산물 판매를 촉진하는 계획에 흥미를 보인다. 아스다(Asda)가 2006년에 극적인 역전을 이루기 전까지 그 뒤를 좇고 있었다. 아스다가 파는 모든 야생 어류는 3~5년 이내에 MSC 인증 마크를 받을 것이다.

조합은 어류 양식 관행에 주의를 기울여 왔는데, 특히 양식 어류의 복지에 대해 엄격한 기준을 갖고 있다. 이 글을 쓰는 시점에 이들은 원산지와 어획 방법이 알려지지 않은 물고기는 사들이지 않을 것이라고 했지만, 여전히 MCS에서 어획을 금지한 야생 어류와 난류성 새우를 팔고 있었다. 이들은 공급자와 함께 대안을 찾기 위해 노력하고 있다고 말했다. 여전히 어획을 금지한 물고기를 팔고 있는 슈퍼마켓이 있는지 MCS와 함께 검사해 보아야 하겠다.

막스앤스펜서와 웨이트로즈는 어류 양식에 대한 높은 기준을 설정해놓고, 양식 산업자에게 혁신과 꾸준한 개선을 권장한다. 반면 아스다와 세인스버리, 테스코는 양식 어류 공급업자에 대한 지속가능성 기준을 개선해 왔다. 웨이트로즈만이 '어류 운반거리'을 줄이기 위해 모든 일을 하고 있다고 말했다. 모든 슈퍼마켓에서는 원산지를 분명히 아는 물고기만 들여놓아야 한다.

· 지속가능한 어업 방식을 명시해야 한다.
· 지속 불가능한 어종은 들여놓지 않아야 한다.
· 제철에 현지에서 잡힌, 지속가능한 어종 판매를 촉진해야 한다.
· 원산지, 상세한 어획 방법, 수송 경로를 표기해야 한다.
· 지속가능한 어업을 위한 연구를 지원해야 한다.
· 해양 보존을 위한 캠페인을 해야 한다.
· 양식 어류에 대해 엄격한 기준을 설정해야 한다.

음료

● 술과 청량음료

<u>기후 마시기</u>　여러분이 아끼는 술이 무엇이든지 간에, 술이 지구온난화에 영향을 미친다는 생각을 해본 적은 없을 것이다. 그래서 아마 영국 온실가스의 최소 1.5%가 영국에서 소비된 술 때문에 만들어진다는 사실을 들으면 놀랄 것이다. 이는 매우 의미심장한 결과이다. 더구나 여기에는 청량음료와 물은 포함되지도 않았다.

이 습관들의 핵심은 포장에 있다. 1회용 유리병은 재활용된다 하더라도 가장 좋지 않은 포장이다. 그나마 캔이 낫지만 캔은 이동하면서 마시는 습관을 증가시키기 때문에 결국에는 지구 온난화를 가속화하는 데 영향을 미치고 있다. 술집에서 생맥주를 마시는 것이 좋다. 물론 얼마나 멀리 이동했고, 어떻게 술집에 갔는지에 달렸지만 말이다.

기후 변화를 증폭시키는 음주와 관련해서 가장 어려운 문제는 '서비스업(술집, 클럽, 식당)'이라고 부르는 것에 어느 정도의 영향을 주는가 하는 것이다. 이 산업들은 엄청난 낭비를 하고 있다.

혹시 에너지 효율 전등이 있는 술집에 가본 적이 있는가? 나는 없다. 내가 사는 곳 인근에 있는 새로 지어진 식당에서는 마을 전체를 밝히고도 남을 만큼 빽빽하게 할로겐램프를 켜고 있다는 사실을 알게 되었다.

아마 우리 음주습관 중 가장 안 좋은 경우가 공항에서 면세 주류를 구입하는 것이다. 수천 킬로미터를 날아온 위스키를 그것을 구입해 비행기

03
음식과 음료수

175

위스키 열광

2005년 스코틀랜드산 위스키 5백만 리터 이상이 영국으로 수입되었다. 세계를 여행하는 위스키는 친환경 실천과는 거리가 멀다.

에 싣고 다시 그 술이 처음 만들어진 곳에 가져가는 것은 미친 짓이 아닐까? 물론 친환경적인 이유는 아니라고 확신하지만 지금은 면세점 관련 법률 수정으로 이런 상황은 줄어들고 있다. 차라리 해외에 가서 거기서 진탕 마시는 것이 훨씬 더 저렴할 것이다.

● 유 기 농   술

유기농 담배와 다르지 않게 유기농 술이라는 단어도 뭔가 모순이라고 생각할까? 한 거대 양조 회사는 사람들이 주로 건강상의 이유로 유기농 술을 구입한다고 한다. 그래서 유기농 맥주를 생산할 이유가 거의 없다고 한다. 하지만 유기농 농작이 환경에 미치는 영향을 줄인다는 건 어떨까?

흥미롭게도 유기농 와인을 마시는 것은 실제로도 건강에 좋다. 유기농 기준과 관련된 규정은 포도에 살충제를 줄이도록 할 뿐 아니라 와인 제조 시 유황성분을 제한하고 있기 때문이다. 이는 숙취도 덜하다. 만약 유황 성분이 걱정된다면 확실히 시도해볼 만한 가치가 있는 일이라고 생각한다. 하지만 이로써 더 많은 음주를 해도 된다는 합리화는 하지 않길 바란다.

슈퍼마켓을 제외하지 않더라도 빈티지 루트는 가장 큰 유기농 와인 판매회사이다. 그리고 경쟁사로 빈세레모스도 있다. 이 두 기업 모두 유기농 스피릿을 판매하고 있다. 쥬니퍼 그린 유기농 진, 유트킨스 유기농 보드카, 하일랜드 하비스트 위스키 등이 대표적이다. 이 회사들 외에도, 유기농 맥주를 만드는 작은 양조 회사들이 있다(식료품 관련 웹사이트 참고).

> **친환경적 음주 습관**
>
> · 캔맥주나 병맥주보다는 생맥주를 마시자.
> · 가능한 한 병맥주보다는 캔맥주를 구입하자.
> · 수송을 줄이기 위해 국내산 맥주를 선택하자.
> · 신세계 브랜드보다는 유럽산 와인을 고르자.
> · 차게 할 필요가 없는 술을 고르자.
> · 비행 전이나 비행 중 면세점의 술은 사지 말자.

● 식 수

우리 집으로 직접 연결된 수도관에서 충분한 물이 공급되는데도, 엄청난 양의 생수병이 세계로 옮겨지는 것은 이상하다. 생수병은 수돗물보다 10,000배 이상 비싸다. 심지어 자동차 연료보다도 비싸다. 하지만 사람들은 연료 가격에 달하는 생수를 또 끓여서 후각이 행복하기 위해 많은 비용을 지불한다.

우리들은 1년에 20억 리터나 되는 어마어마한 생수를 소비한다. 이 연간 소비는 향후 5년 뒤 9%가 증가할 것이라고 한다. 그나마 다행인 것은 유리병이 아닌 플라스틱 병에 담아 판매한다는 것이다. 하지만 우리가 마시는 물의 1/4은 수입된 물이다.

많은 사람들이 맛 때문에 생수를 선호한다고 말한다. 하지만 판매하는 생수는 맛 테스트를 거쳐 시장에 나오는 것이 아니다. 가끔은 수돗물의 맛이 가장 낫다. 수돗물을 정화하고 냉장고에서 냉각시킨

!! 가장 나쁜 물 !!
피지수, 캐나다 빙산수는 아마 깨끗할지는 모르지만 지구에는 좋지 않다. 이 물이 세계의 수천 km를 지나며 옮기는 과정에서 기후 변화에 줄 영향을 생각하면 끔찍하기만 하다.

다면 염소성분과 함께 맛과 관련된 걱정은 날아갈 것이다. 비록 수도꼭지에서 직접 소다수를 얻을 수는 없겠지만 소다 스트림과 같은 소다수 제조기를 사용하는 것이 생수를 사서 마시는 것보다 낫다.

또한 건강과 관련한 논의 중 청결 문제가 논의되지 않는 것이 안타깝다. 왜냐하면 확실히 생수병보다 수도에 훨씬 더 엄격한 규제를 적용하고 있기 때문이다. 즉 여러분이 따로 비용을 들여 생수를 구입하는 것이 더 건강한 선택이라는 보장이 없다는 의미이다.

그리고 정말 골칫거리 중 하나는, 사무실의 회의 테이블에 올라오는 물병이다. 여러분이 할 수 있는 간단한 일은 주전자를 사서 수돗물을 채워 두는 것이다. 또 나머지 사람들은 어딘가를 다닐 때마다 자기 물병을 가지고 다닐 것을 명심해야 한다.

● 탄산음료 또는 주스

탄산음료보다 건강에 좋지 않은 것들 또한 많지만 그렇다고 해서 탄산음료가 건강에 유익하다는 것은 아니다. 설탕 및 당 성분들이 들어가는 것을 생각한다면 건강뿐만 아니라 치아에도 좋지 않다. 주스도 치아 건강을 생각한다면 여전히 나쁘지만 적어도 탄산음료보다는 낫다고 생각한다. Grove Fresh나 James White 같은 유기농 제품을 골라보자.

유기농은 아니지만 환경보호측면을 건드리고 있는 기업으로 이노선트 드링크(Innocent Drink)가 있다. 이들은 사용한 성분이 어디서 났는지를 공개하고 항공 수송을 하지 않으며, 세계의 혁신적인 프로젝트에 기부하고 있다고 말한다. 무엇보다 가장 인상적인 점은 포장과정에 재활용재료 사용을 선도하고 있는 점이다. 이 방식의 장애물은 주로 기계적인 문제로, 한 가지 질문을 하게 한다. 하찮은 음료를 팔아서 어떻게 더 큰 회사로 성장할 수 있었을까?

● 공평한 몫

카페 다이렉트는 '공정무역' 개념을 세계에 소개했다. 그리고 지금까지 1,500개가 넘는 다른 많은 제품에도 공정무역 개념이 퍼지고 있다. 하지만 어느 곳에서도 개발도상국의 공정무역의 바람이 퍼지고 있는 차와 커피 생산자보다 더 큰 변화를 겪고 있지는 않다.

공정무역마크는 업무 환경뿐만 아니라 지속가능성과 농부들과의 공정한 계약여부가 엄격한 기준에 부합했을 때 부여된다. 물론 기존 주류 제품보다 공정무역제품이 환경에 주는 영향이 일반적으로 적지만, 이 마크는 환경보호가

공정거래

- 공정거래 커피: 많은 돈이 커피재배지역의 농가로 간다.
- 열대우림 커피: 열대우림 협회로부터 인증된 커피다. 이 협회에서는 열대 우림에 미치는 영향을 최소화하는 커피 생산물에 관한 구체적인 기준을 마련하고 있다. 또한 커피 농부를 지원한다.
- 그늘 커피: 그늘 지역에서 커피는 자연적으로 자란다. 그늘(shade) 커피는 일광이 가득한 곳보다 나무 사이에서 자란다.
- 유기농 커피: 비록 일본, 미국, 유럽에서 판매되는 커피에 다른 기준들이 적용되겠지만, 커피 재배에서는 유기농 기준이 적용된다.

!! 냉각 !!

시원한 음료를 살 때 냉장고 냉각제를 잊지 말아야 한다. 오존층 파괴나 기후 변화에 큰 문제를 주는 시원한 음료를 덜 마시도록 노력하자.

최선의 선택, 벨루

만약 정말로 어쩔 수 없이 생수병을 사야 한다면, 벨루를 구입하자. 이들은 얻은 수익 전체를 전 세계의 청정수 프로젝트에 기부하고, 재활용하기 위해 빈 병 수거를 하는 등 전반적으로 환경에 미치는 영향을 줄이기 위해 노력하고 있다. 물론 옥수수로부터 생분해 가능한 플라스틱 병을 개발하기 위해 엄청난 투자를 하고 있는 것은 썩 현명한 선택은 아니지만 현재로서는 벨루를 구입하는 것이 가장 나은 대안이라고 생각한다.

주된 인증은 아니다. 그리고 이것은 다른 곳에도 작용하는데 예를 들어 유기농 생산자들이 일반적으로 더 공정한 거래를 할 것이라는 점이다.

차를 마시자! 여러분이 아침에 차 한 잔을 할 때 차 밭에 있는 벌레의 수를 생각하진 않을 것이다. 하지만 생각해야 한다. 왜냐하면 벌레가 없다는 것은 차 밭의 토질이 좋지 않다는 것을 의미하고, 그만큼 많은 화학약품을 사용한 것이다. 비유기농 차 잎에 엄청난 양의 살충제 잔여물이 있다는 것을 안다면 놀랄 것이다. 공정무역 차는 근로자들의 건강을 위해 가급적 적은 양의 화학약품을 사용하려고 한다.

차 생산과 관련된 또 다른 핵심 이슈는 새로운 농장을 위해 숲과 많은 야생동물이 살고 있는 땅을 개간하는 것이다. Clipper Teas사를 포함한 몇몇 회사들은 이런 이유로 이미 개간된 농장만 사들인다고 한다. 차를 말리기 위해 사용되는 엄청난 양의 나무 때문에 숲이 위험에 처해 있다고 한다. 스리랑카에서 차 1kg

을 말리기 위해 나무 1.5~2.5kg이 소비된다고 한다. 그래서 한 나라의 땔감 나무의 가장 큰 수요는 차 산업에서 나온다는 말이 있다.

커피 타임 하나의 작은 커피콩의 일생이 환경에 미치는 영향은 아주 크다. 땅 밀기, 재배 과정에서의 살충제부터, 볶는 데 드는 에너지, 그리고 무엇보다 마시기 위해 물을 끓이는 것까지 엄청난 영향을 미치고 있다.

커피는 열대우림 나무 중 잎이 무성한 캐노피 아래에서 자란다. 하지만 지금은 대부분이 밀집되고 빽빽하게 정렬되어 길러지고 있다. 물론 더 많은 수확량을 거두지만 커피 재배 방식의 변화는 농약 남용, 수로 오염, 숲 파괴 등으로 이루어지고 있다. 커피 재배를 위해 숲을 밀어내는 것에 대한 관심은 '그늘 커피' 또는 '열대우림 커피' 등으로 이어지고 있다. 혼란스럽지만 않다면 우리는 유기농 커피, 공정무역 커피와 이들의 혼합물을 선택할 수 있다. 커피윤리는 사실 꽤 복잡하다.

더구나 자기만의 기준을 발전시키고 있는 거대 커피 구매자가 많다. 예를 들자면 스타벅스를 들 수 있겠다. 스타벅스는 꾸준히 품질과 사회적·환경적 기준을 개발하고 있다. 그리고 여기에 엄청난 돈을 들인다. 네스카페를 생산하는 네슬레 또한 지속가능한 커피관련 계획을 실행해 오고 있다.

커피를 향한 우리의 끊임없는 욕망을 채우는 일은 엄청난 사업이다. 사실 세계에서 커피무역 상업은 기름(oil) 다음으로 가장 큰 상업이다. 또 열대지방의 2,400만 명의 사람들이 커피콩 수확에 의존하고 있다는 측면에서 커피콩의 사회적 측면도 중요하다.

머그컵 가지고 다니기

미국의 스타벅스에서는 소비자가 각자의 머그컵을 가져오도록 하고 있다. 이는 1년에 586,000파운드의 무게가 되는 1,350만 개의 종이컵 사용을 절약할 수 있는 양이라고 한다. 나는 영국에 이러한 시도가 확산되기를 희망한다.

공정거래 커피가 처음 소개되었을 때 사람들은 인상 깊게 생각하지 않았다. 지금은 더 많은 선택의 기회가 있는 만큼 여러분이 좋아하는 것이 무엇인지를 찾을 수 있어야 한다. 만약 여러분이 마시는 커피가 비 친환경적으로 추출된 것이라면 환경 마크를 단 커피는 아무런 가치가 없다는 것을 기억하자.

식료품 관련 웹사이트

Banana Link · www.bananalink.org.uk
공정하고 지속 가능한 바나나 거래를 위한 캠페인

Belu · www.belu.org
생수병에서 얻은 전체 수익금을 청정수 프로젝트에 투자

Clipper Teas · www.clipper-teas.com
유기농 차와 공정무역 차, 커피, 코코아 판매

Commonground · www.commonground.org.uk
지역, 특히 과수원 지원

세계가축애호협회 Compassion in World Farming · www.ciwf.org.uk
동물 복지 이슈에 대해 슈퍼마켓들의 역할을 정기적으로 비교하는 캠페인 협회. 2005~2006년 조사는 Waitrose를 선두로 M&S, Co-op, Tesco, Sainsbury's, Somerfield, Asda 순으로 결과가 나왔음.

Fairtrade Foundation · www.fairtrade.org.uk
공정무역 제품을 촉진시키고 자격을 주는 단체

Food Commission · www.foodcomm.org.uk
음식과 건강관련 이슈에 대해 캠페인을 시행. 계간지 『The Food Magazine』을 발행

Friends of the Earth(FoE) · www.foe.co.uk
슈퍼마켓의 농약 잔여물에 대한 수행 정도를 조사 · 발행

Grove Fresh · www.grovefresh.co.uk/
유기농 과일과 채소 주스 생산

Innocent Drinks · www.innocentdrinks.co.uk
스무티와 기타 과일 음료 생산

James White · www.jameswhite.co.uk
유기농을 포함한 과일과 채소 주스 생산

국립소비자협회(National Consumer's Council) · www.ncc.org.uk
지속가능한 소비를 포함한 소비자관련 이슈에 관한 캠페인. 녹색 슈퍼마켓에 관한 보고서 발행

Organic Farmers and Growers · www.organicfarmers.uk.com/
유기농 농부와 양식자의 유기농 자격 협회

국제농약행동망(Pesticide Action Network UK/PAN) · http://www.pan-uk.org/
농약 중독을 줄이기 위한 활동

토양 협회(Soil Association) · www.soilassociation.org/
중앙 유기농 기준 본부

Sustain · www.sustainweb.org
더 나은 식료와 영농의 지속 촉진

Vinceremos · www.vinceremos.co.uk
유기농 와인 전문점

Vintage Roots · www.vintageroots.co.uk
유기농 와인, 맥주, 스피릿의 주 공급업체

04

수송

서구 사회에서 꼬리에 꼬리를 물고 늘어지는 교통 체증을 경험해 보지 않은 사람은 많지 않다. 애석하게도 교통 혼잡은 우리 삶에서 피할 수 없는 부분이 되었다. 우리는 뒷좌석에서 떠드는 아이들을 달래가면서 시끄러운 음악 속에서 교통 정보를 시시각각 확인하면서 늦을까봐 염려하며 운전한다. 항공 여행객들 또한 체증에 시달린다. 여러분은 착륙 허가를 받기 전까지 공항 주변을 몇 번이나 선회해야 하는 비행기를 탄 적이 있는가?

교통 혼잡은 단지 인구가 점점 늘어나기 때문에 발생하는 것은 아니다. 우리는 더 많이, 더 멀리 여행하고 우리의 생활양식은 우리가 원하는 때면 언제든지 승용차나 비행기에 오를 수 있는 능력에 따라 달라진다.

내가 태어난 1961년 이래로 승용차 운행은 10배, 항공기 운행은 20배 증가했다. 그러나 이 모든 수송은 비용을 초래한다. 이산화탄소 배출량의 1/4이 '교통'에서 비롯되는데, 이는 2010년까지 1/3 수준으로 증가할 것으로 예상된다.

승용차는 수송으로 인한 배출량의 절반가량을 차지한다. 우리가 차를 이용하는 것은 상대적으로 다른 운송수단에 비해 지출이 덜 되기 때문이기도 하다. 철도와 버스 요금이 1980년 이래로 약 1/3 정도가 인상되어온 반면 차량 운행의 전반적인 비용은 사실상 감소하고 있다.

차와 비행기에 대한 우리의 집착이 수그러들지 않은 채로 계속 남아 있어선 안 된다. 연료 탱크에 더 이상 채워 넣을 연료가 없을 때에야 중대 사안이 나올 것 같다. 자동차와 항공기 제조회사들은 연비를 아주 조금밖에 개선시키지 못하여 문제해결의 겉만 맴돌고 있고, 정부는 운전자를 제한하는 방안을 도입하는 소극적인 방책만 실행하고 있다. 그러나 우리가 흥청망청 운전할 수 있는 시간은 몇 년 남지 않았다.

우리 모두는 교통수단 이용을 줄이고 더 많이 걷고 자전거 이용을 늘려야 한다. 장거리 여행 시에는 버스나 열차 등의 대중교통을 이용해야 한다. 그러나 만약 승용차를 이용하게 된다면 어떤 종류의 차를 사야 하는지, 그 차에 어떤 연료가 들어가는지, 그리고 어떻게 해야 우리의 운전이 환경에 가하는 영향을 최소화시킬 수 있는지 등을 꼭 알아야 한다. 이 장에서는 왜 저가항공사가 환경적으로는 무서운 이야기인지와 같은 질문들에 대답할 것이다.

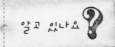

알고 있나요?

베이징에서 차 소유는 2000년에서 2005년 사이 2배가 된 반면, 인도에서는 8년 전에 비해 3배가 늘었다.

수송 문제

● 이 동 을 줄 이 자

여러분이 만약 여러분의 교통 수요를 생각한다면 가장 먼저 고려해야 할 것은 이동을 줄이는 것이어야 한다. 이는 자녀의 학교나 여러분의 직장 혹은 여가 활동지에 가까운 곳으로 이사함으로써 여러분의 삶을 다시 꾸리라는 것을 의미할 수 있다. 또는 물건을 다량으로 구입하는 것 등으로 쇼핑 습관을 바꾸어서 시내나 슈퍼마켓에 자주 갈 일을 만들지 말라는 것을 의미할 수도 있다. 배달을 통해 음식을 사는 것도 규칙적인 쇼핑의 다른 대안이 될 수 있다. 나는 지역의 훌륭한 배달 서비스를 이용하고 있는데 그 결과 몇 주 만에 한 번 정도 쇼핑하러 가게 되었다.

카풀 자동차 이용을 줄이는 또 하나의 방법은 카풀이다. 카풀은 현재 급속도로 회원수를 늘려 확장하고 있다. 사람들은 학교의 등하교, 출퇴근이나 쇼핑,

축제나 이벤트, 친구 집에 방문할 때와 같은 당일 여행을 위해서 카풀을 이용한다. 이는 돈이 절약되며 더 적은 수의 차들이 도로로 나온다는 것을 의미한다.

카풀에는 크게 두 가지의 종류가 있다. 첫 번째는, 예를 들면 출퇴근을 위한 것이다. 영국에서 우리는 이것을 'car sharing' 혹은 'lift sharing'이라고 부르고, 미국에서는 'car pooling'이라고 한다.

출근길 러시아워 시간대의 차량 80%가 단 한 명이 탄 차라는 사실을 아는가? 단순히 다른 한 명과 카풀을 하는 것만으로도 길 위의 차들은 절반으로 줄어든다. 만약 여러분이 정기적으로 어디론가 가거나 먼 여행을 떠난다면 이 제도들을 살펴보는 것이 유익하다. 항상 같은 사람과 카풀을 해야 할 필요가 없다는 것을 기억하자. 이 제도가 더 인기 있어졌기 때문에 지금은 많은 융통성이 생겼다.

카풀의 두 번째 종류는 'car club'이라고 부르는 것이다. 혼란스럽게도 미국과 유럽의 많은 지역에서는 이것을 'car sharing'이라고 부른다. car club의 회원이 되면 여러분은 공동으로 이용하는 자동차 중 어떤 것이라도 원하는 때에 사용할 수 있다. 일반적으로 회비를 내고, 후에 시간당 이용비용을 지불한다. 자동차를 항상 이용하지 않는 사람에게는 차를 소유하는 것보다 이 제도를 이용하는 것이 훨씬 더 싸고 편리하다. 왜냐하면 이용 요금과 유지비가 지불되기 때문이다.

게다가 친한 친구들이나 이웃 간에는 이미 car club들이 형성되어 있다. 다섯 가구가 모여 자동차 한 대나 두 대를 사면 그들 모두에게 충분하다는 것을 의미한다.

버스 타기   버스나 대형 버스를 이용하는 것이 승용차나 비행기를 이용하는 것보다 훨씬 싸다는 점을 빼놓고 이야기할 수는 없을 것 같다. 집에 차를 두고 버스를 타자.

그리고 버스는 점점 더 깨끗해지고 있다. 지난 십 년간 자동차배기가스에 대한 EU의 규제는 점차적으로 강화되었다. 런던의 버스는 특히 선구적인 역할을 하고 있다. Ken Livingstone 시장은 런던을 더 깨끗하게 하겠다는 그의 공약을 위해 디젤 버스에 미립자 필터를 설치하고 수소 연료 전지와 디젤 하이브리드와 같은 수많은 친환경 기술들을 개척해 왔다. 그런데 놀랍게도 그는 아직 바이오메탄의 이점에 대해서는 깨닫지 못한 듯하다. 아마도 논의 중에 있을 것이라고 생각한다. 이 연료들에 대해서는 이 장의 뒤편에서 읽어볼 수 있을 것이다.

대형 버스는 주차장에서 엔진을 켜두는 무서운 습관이 있다는 것을 아는가? 듣자 하니 이런 습관의 주된 이유 중 하나는 그들의 에어컨 시스템은 엔진이 켜져 있지 않으면 작동하지 않기 때문이라고 한다. 나는 얼마나 많은 이산화탄소와 다른 오염 물질들이 운전자를 시원하게(혹은 따뜻하게) 해주기 위해 또는 손님이 돌아올 때를 기다리며 배출되는지 계산해 본 적이 없지만 아마 꽤 많을 것이라고 추측된다. 어떤 지역에서는 운전자가 엔진을 켠 채로 자리를 비우면 즉시 벌금을

자전거 의식

자전거 이용자들이 지구의 모든 거주자 가운데 가장 친환경적인 사람들에 속한다는 것을 고려해 볼 때 우리는 할 수 있는 모든 방면에서 그들을 지지해야 한다. 다음을 통해 반(反)자전거 부대원이 되는 것을 피하자.

- 자전거 주차 금지문을 걸지 말기 (예. 울타리 위에)
- 가능한 모든 곳에 자전거 전용 도로를 장려하기
- 자전거 이용자를 염두에 두며 운전하기

이에 대한 보답으로 자전거 이용자는 야간에는 조명등을 켜고, 눈에 띄는 옷을 입고, 인도에서 타지 않으며 평상시에 공손하게 행동함으로써 다른 자전거 이용자들에게 나쁜 평판이 가해지지 않도록 주의해야 한다. 즉 다시 말해서, 반대 단체에 연료를 제공하는 것과 같은 행동을 하지 말자!

물릴 수 있고 시민들은 그런 운전자들을 지역 의회에 신고할 수도 있다.

열차를 우리 곁에 여러분이 만약 런던에서 에든버러까지 열차로 이동한다면 차로 갈 때보다 이산화탄소 배출을 6배가량 줄이며 비행기로 갈 때보다 8~9배 줄이게 된다. 이는 차 한 대당 1.5인이 탔다고 가정할 때이기에 만약 차 한 대에 한 명만 탄다면 CO_2 배출이 더욱 심각해질 것이다. 또한 열차가 승용차보다 훨씬 더 안전하다는 사실은 놀랍지 않을 것이다. 1여객마일(승객 1인 1마일을 기준으로)당 9배 더 안전하다고 한다.

문제는 철도에 대한 수요가 공급을 초과한다는 것이다. 승객 수는 연 10억 명에 도달했고 향후 20년간 계속해서 증가할 것으로 예상된다. 이는 우리 중 더 많은 사람이 만원으로 붐비는 열차에 억지로 밀쳐가며 탑승하는 것을 뜻하며 향후 열차요금은 물가상승률을 훌쩍 넘기며 인상될 것이다. 그러나 승객 수요를 감당하기 위해 열차 운행을 확대하는 것이 정부 의제가 되는 건 간단치 않아 보인다.

만약 사람들이 철도 여행에 환멸을 느끼게 된다면 그들은 다시 자동차 여행을 선택할 것이다. 그것은 주변 지역의 더 많은 교통 혼잡과 오염과 파괴를 의미한다. 우리는 철도에 투자하고, 더 많은 역을 세우고, 요금을 인하하고, 자동차 여행과 단거리 항공 여행 모두의 대안으로서 철도 여행을 장려해야 한다.

자전거를 타자 자전거 이용자는 자동차 운전자에게 보편적으로 인기가 있는 편은 아니지만, 그들은 환경오염물질을 배출하지 않기에 많은 친환경 점수를 얻는다. 자전거 이용은 점점 더 편리해지고 있다. 영국에서는 우리 가운데 절반 이상이 전국적으로 설치된 자전거 전용 도로를 거주지로부터 약 2km 안에서 이용할 수 있다. 물론 자전거로 통근하는 사람들이 더 적긴 하지만 자전거를 이용함으로써 얻는 이점은 많다. 우선 돈을 절약하게 된다. 또한 여러분의 이동시간이 얼마나 될지 가늠할 수 있다는 것을 의미하기도 한다. 그리고 건강관리에 도움이

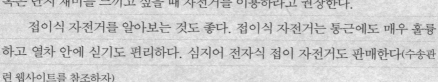

된다. 또 두뇌활동을 미리 시작한 채로 직장에 도착하는 것에도 몇 가지 이로운 점이 있다. 현재 더 많은 회사들이 자전거 주차 공간과 자전거 이용 후에 필요할 경우를 대비한 샤워 시설을 제공한다.

자전거 이동은 모든 이동의 약 2%만을 차지하지만 이는 더 이상 감소하는 추세는 아니다. 부분적으로는 지난 몇 년간 런던에서의 자전거 이용이 급증했기 때문이다. 기관들은 직장이나 학교까지 이동할 때나 혹은 단지 재미를 느끼고 싶을 때 자전거를 이용하라고 권장한다.

접이식 자전거를 알아보는 것도 좋다. 접이식 자전거는 통근에도 매우 훌륭하고 열차 안에 싣기도 편리하다. 심지어 전자식 접이 자전거도 판매한다(수송관련 웹사이트를 참조하자).

자동차 구입

● 더 좋은 연 비

최근 나는 자동차안전검사에서 실격되어 차를 바꿔야 했다. 그리고 중고 디젤 자동차가 휘발유 차보다 거의 2배 가까이 비싸다는 사실에 놀랐다. 나와 대화를 한 기술자의 말에 따르면 이러한 현상은 연료 효율이 원인이라고 했다. 연비가 좋은 차를 얻기 위해

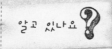

알고 있나요?

미국인은 세계 자동차 중 30%를 소유하고 있지만 온실 가스의 절반이 그곳에서 배출된다.

어떤 자동차 모델이 적당할지를 찾는 것이 나에게는 아직도 쉽지 않은 일이다. 확실히 예산문제에 관한 더 많은 정보가 구매자에게 제공되어야 할 필요가 있다.

포드의 10억 파운드

2006년 포드사는 10억 파운드를 녹색 자동차 개발에 투자할 계획이라고 발표했다. 강철보다 알루미늄 재료로 만든 경차를 생산한다는 것이 주요 핵심이다. 포드 포커스는 1갤런당 110km를 주행할 수 있고 1km당 이산화탄소 배출량을 100g 이하로 배출할 수 있다고 밝혔다.

새 차를 구입하려는 사람들에게 도움은 가까운 곳에 있다. 아마 자동차 창문에 붙은 친환경 라벨을 보았을 것이다. 이 라벨은 가전제품에도 똑같이 붙어 있는데 1에서 5까지 등급이 매겨진다. 1이 가장 효율적인 표시이다.

이 체계를 시행한 교통부는 또한 자동차연료 효율에 관한 세부사항을 제공하고 있는 웹사이트도 가지고 있다(수송관련 웹사이트에서 자동차 인증기관 부분을 참고). 이 사항들은 운송거리 1km당 몇 그램(g)의 이산화탄소가 배출되는지를 알려준다. 또한 도심지의 주행과 도시와 시골을 병행하여 주행하는데 1갤런당 연비와 세금을 알려준다. 참고로, 도시 주행이 일반적으로 연료 효율이 낮다.

연료를 가장 많이 잡아먹는 차는 1km당 이산화탄소 300g에 가까운 양을 배출한다. 그리고 가장 연비가 좋은 차는 100g을 배출한다. 2001년 이후로 이 사이트를 확장해서 모든 차들에게 적용할 계획이라고 하니 중고차 구매자들은 곧 그런 정보를 제공받을 수 있을 것이다.

자동차를 살펴볼 때 알아두면 좋을 점들을 제공하기 위해 가장 적은 오염 차를 소개하겠다. 최신 정보를 살펴려면 The Green Car Guide 사이트를 참고하자.

최소 오염 수소자동차 시장에 출시된 최초의 하이브리드 자동차는 Toyata Prius와 Honda Civic Hybrid이며 둘 다 연료효율이 인상적이다.

최소 오염 디젤 자동차 Toyota Aygo / C1, C2, C3 / Peugeot206 / Fiat New Panda / Vauxhall Corsa / Ford Fiesta / Renault Clio / Ford Fusion

최소 오염 휘발유자동차 Peugeot 107 / Toyota Aygo and Yaris / Citroen C1 / Mitsubishi Colt / Smart for two Coupe and Cabrio / Daihatsu Charade and Sirion / Vauxhall Corsa

<u>작은 것이 아름답다</u> 더 크고 더 무거운 차는 연료를 더 많이 소모할 것이다.

따라서 4륜 오프로드 차량은 기름을 많이 잡아먹는다. 걱정스럽게도 농부나 사냥꾼에 의해서만 이용되지 않는 이 기름을 먹는 고래는 유행이 되었고, 각 도로마다 진흙투성이의 바퀴 자국을 남기고 다니게 되었다. 그들은 아이들을 학교에 등교시킬 때, 쇼핑을 하거나 친구를 만나러 갈 때, 심지어 건물로 둘러싸인 곳을 다닐 때에도 선택되었다.

실제로 이 자동차 때문에 캠핑 모임이 도시를 여행하는 것처럼 되었다. 4륜 구동 차량을 반대하는 연맹은 이 차량이 다른 도로에서 사용하기는 무겁고, 다른 운전자에게 위험하며, 더 적은 연료를 사용하면서 같은 크기의 실내를 제공하는 더 좋은 대체 차량이 있다고 지적한다. 의회에서 법안이 발의되어 '기름을 먹는 고래'보다는 '주차 가능'한 차량으로 변화되고 결과적으로 이런 대체 차량의 인기가 한순간의 유행으로 시들지 않기를 바란다.

이 글을 쓰고 있는 지금도 9개의 가장 나쁜 차는 모두 휘발유 엔진을 장착하고 있다. 도심지의 주행을 위한 그것들은 정말 끔찍하게도 평균적으로 1갤런(약 4.5리터)당 20km나 24km 사이를 주행한다. 가장 나쁜 것부터 시작하여 그것들은 다음과 같다.

· Range Rover · Land Rover Discovery · Porsche Cayenne · Toyota Landcruiser
· Isuzu Trooper · Mercedes ML500 · VW touareg · Audi All Road Quattro
· Mitsubishi Shogun

그러나 대부분의 '고성능'차가 기름을 먹는 고래 4륜 구동 차량보다 더 나쁘다는 것을 잊지 말자. 가장 나쁜 것은 페라리, 닷지, 밴틀리, 애스턴 마틴, 마세라티 및 벤츠의 모델이다. 몇몇은 km당 500그램의 이산화탄소를 배출한다.

● 에 어 컨 과 최 신 설 비
2050년까지 차량에 있는 에어컨은 세계에 있는 모든 개인용 자동차의 배기

연료 효율을 위한 팁

· 여러분이 필요한 차량의 가장 작은 타입을 선택하자.
· 그 범주에서 가장 좋은 연료 효율의 차량 상표를 체크하자.
· 하이브리드 차량이라면 가장 연료 효율이 좋은 것만을 선택하자.
· 여러분이 특별히 먼 거리나 지방에 거주하는 경우라면 휘발유 차량보다는 디젤 차량을 선택하자.
· 에어컨을 장착하지 말자.
· 일반적으로 가벼운 차량이 연료를 적게 사용한다.
· 일반적으로 오토매틱 차량이 연료를 더 많이 사용한다.
· 움직이는 지붕과 자전거 거치대, 심지어 깃발을 달고 다니는 것을 제거하자!

_연료 효율 정보의 업데이트를 위해 녹색 차량 가이드(수송관련 웹사이트 참조)를 체크하자.

관 배출처럼 기후변화에 많은 영향을 줄 것이다. 그러나 여름이 더 더워지고 있어서 사람들에게 에어컨이 필요 없다고 납득시키는 건 매우 어렵다. 더구나 새로운 모든 차량은 이 시스템을 채택하고 있기 때문에 피하기도 어렵다.

그럼 차량 에어컨은 왜 문제인가? 첫째로 에어컨은 HFC를 사용하는 데 이것은 이산화탄소보다 약 1,400배 더 강력한 온실가스이기 때문이라는 것을 여러분은 기억하는가? 자동차 한 대당 1년에 2~3kg을 사용하는데, 더욱 나쁜 것은 이것의 결손율이 연간 1/4~1/3로 극히 높다는 것이다. 이것은 여러분의 차를 점검할 때 HFC 냉각수를 가득 부어넣는다는 것을 의미한다.

몇몇 차 모델은 기후변화 문제에 더 적게 영향을 주는 이산화탄소 냉난방 장치를 이용한다. 그러나 이것은 아직 영국에서 판매되지 않는다.

자동차 에어컨의 사용으로 인하여 엔진에서 나오는 연료 효율은 5~15% 감소한다. 여러분은 또한 에어컨을 사용함으로써 세균을 담아두는 데에 더 중대한 위험에 처해 있다는 것을 알아야 한다. 특히 나쁜 경우에는 여과기를 교환하지 않아서 세균들은 시스템 안에서 돌고 있을 때이다.

차량의 연료 효율을 감소시키는 원인은 에어컨뿐만이 아니다. CD 플레이어, 내비게이션, 전기창문, 쓰레기통 등은 모두 다 차량의 무게를 증가시킴으로써 연료를 소비한다. 전기 선루프도 모터 및 철사로 연결하고 비치한다. 따라서 더 가볍게 되기보다는 부품으로 인해 점점 무겁게 되는 차량이 기본사양으로 되고 있다.

> ### 에어컨을 사용하지 말자!
>
> · 창문을 열어 두자!
> · 엷은 색의 창문을 선택하자.
> · 옅은 색의 차를 구입하자.
> · 차를 햇빛이 비치는 곳에 두려면 햇빛 가리개나 자동차 커버를 사용하자.
> · 가능하면 차를 주차할 때 창문을 열어 두자.
> · 더운 날에는 타기 전에 몇 분 정도 문을 열어 둠으로써 차의 열을 방출시키자.

도로 위와 도로 밖에서

● 운전

지금 여러분이 차를 가지고 있다면 다음을 보고 친환경 운전과 최선의 방법으로 여러분의 차를 유지시키도록 하자.

<u>속도</u> 천천히 운전하는 것은 연료를 적게 사용한다. 만일 여러분이 시속80km로 운전하면 110km로 운전했을 때보다 30% 적은 연료를 사용하게 된다.

<u>부드러운 운전</u> 가속과 정지를 너무 많이 사용하지 말고 부드럽게 운전하자. 다른 자동차로부터 끌러 움직이는 것은 여러분이 쾌적한 속도로 달릴 때보다 연료를 60% 이상 더 사용할 수 있다. 그래서 공격적인 운전자는 연료를

많이 사용한다.

기어 여러분이 할 수 있는 만큼 높은 기어를 올리자. 이것은 15%의 연료 소비를 줄여 줄 수 있다.

완전 시작 엔진이 차가울 때 엔진이 달아오르도록 두지 마라. 이것은 급격한 엔진 마모와 연료 소비를 야기한다.

계획 어디든 가능하면 출근 시간을 피하고 수많은 단거리 이동을 하나의 원거리 이동으로 바꾸자.

● 차 를 알 맞 게 유 지 하 기

짐 자동차 위의 짐칸이나 여러분이 사용하지 않는 짐 또는 잡동사니를 제거하며 차를 가볍게 하자.

서비스 차를 정기적으로 정비하자. 정교하게 손질된 엔진은 더 잘 작동한다.

타이어 타이어 압력을 자주 확인하자. 만일 타이어가 적당히 팽창하지 않았다면 그 타이어는 더 빨리 마모되고 연료를 3~4% 더 낭비할 수 있다.

오일 연료를 계속해서 채우자. 만일 다 쓴 오일을 버려야 한다면 배수구에 버리지 말고 정비소로 가자.

놀랍게도 오토바이가 일반 차보다 CO_2를 6배 적게 방출하지만, 그것은 다른 오염물질로 인하여 더 나쁜 운송수단일 수 있다. 예를 들면 1997년 124cc Piaggio Vespa는 1kg당 36배의 일산화탄소를, 141배 탄화수소를, 1.7배의 산화질소를 더 배출했다.

● 제작과 파괴

사람들이 평생 차를 이용하는 것보다 차를 사기 위해 더 많은 힘을 쓴다는 건 일반적인 일이다. 만일 이 것이 사실이라면 우리는 효율적인 새 차를 사는 것을 미루고 차를 최대한 오래 써야 할 것이다. 그러나 이는 사실이 아니다. 물론 그 비율은 차가 얼마나 사용되었는

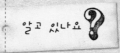
가, 언제 만들었는가, 연료는 효율적인가 하는 것들에 달렸지만 야구장 같은 것 을 만드는 데 비해 일생동안 10%의 에너지밖에 사용하지 않는다.

5%는 이것을 제거하기 위해, 그리고 85%는 이것을 가동시키기 위해. 그래 서 만일 10년이 넘는 자동차를 가지고 있다면 가능한 빨리 그것들을 도로에서 추 방해야 한다.

새로운 자동차를 제작하는 데는 두 가지 대립되는 추세가 있다. 첫 번째는 금 속보다 가벼운 알루미늄이나 플라스틱과 같은 경량 물질을 투입하는 수많은 노력 이다. 두 번째는 자동차 위성 내비게이션 시스템 같은 추가품목을 포함시키고 있 기 때문에 자동차가 점점 무거워지고 있다는 것이다. 이 추가품목 중 꼭 필요한 것이 무엇인지 검토해보고 사용하지 않는 것을 없애는 게 가치 있는 일이다.

놀랍게도 차는 우리가 폐기하는 것들 중 가장 재활용이 잘 되는 제품일 것이 다. 자동차 금속들은 수년 동안 재활용되어 왔고 현재의 법은 차 안의 재료 80% 가 재활용되어야 하고 그 밖에 5%는 반드시 에너지를 되찾기 위해 수집되어야 한다고 요구한다.

각각의 자동차 부품들은 아래와 같은 다른 문제를 야기한다.

금속 자동차 속 98%의 부품은 재활용된다. 그것들은 큰 기계에서 잘게 잘리 고 철강 산업과 재료 공장들에 의해 사용된다. 그래서 그것들은 새로운 자동차 를 만드는 데 다시 투입될 수 있다.

<u>플라스틱</u> 오늘날 더 많은 플라스틱이 자동차에 사용된다. 이것은 장점이다. 왜냐하면 그것들은 놀라울 정도로 가볍기 때문이다. 오늘날 많은 플라스틱 제품이 자동차에 사용되는데 이는 큰 장점이다. 왜냐하면 플라스틱은 놀라울 정도로 가볍기 때문이다. 그러나 자동차의 플라스틱 제품은 일반적으로 비용대비 효과가 크지 않기 때문에 비교적 적게 재활용되고 있다.

<u>타이어</u> 타이어는 자동차 무게의 작은 부분을 차지하지만 큰 문제가 있어왔다. 광활하고 험악한 그리고 오염물질 비축량이 많은 장소에선 스스로 연소되어왔고 수십 년 동안 들끓는 용광로에서 사라져왔다. 2006년 쓰레기 매립장에 타이어를 버리는 것이 불법이 되었다. 5000만 개의 버려진 타이어는 모두 재활용되어야만 했고 재사용 또는 에너지로서 재생되어야 했다.

<u>오일과 유동체</u> 운전자에 의해 제거된 오일 2만 톤 중 50% 정도가 부적절하게 처리됐다고 평가되었다. 그리고 자동차 재활용자는 그들이 해야 하는 양만큼을 항상 제거하지 않았다고 한다. 버리는 오일 1리터는 100만 리터의 물을 오염시킨다.

<u>배터리</u> 배터리 케이스는 자동차로부터 재활용되는 플라스틱의 중요한 부분이다. 자동차배터리의 재활용 비율은 90% 이상이다.

<u>유리</u> 자동차 창문의 매우 작은 유리들은 거의 재활용되지 않는다. 왜냐하면 사용 가치가 작기 때문이다. 이것은 재활용법들이 발전하면 개선될 수 있을 것이다.

환경을 생각한다며 자신의 재활용 자동차를 내세우는 기업의 주장에 동조하지 말아야 한다. 그들은 단지 법이 요구하는 기준대로만 따를 뿐이다. 만일 여러분이 여러분의 차 제조과정에서 사용된 재활용 재료들이 무엇인지 찾아낼 수 있다면 그것은 보여주기 위한 전시용에 불과할 뿐이다. 지금까지 높은 비율로 재활용 물질을 사용한 그 어떤 제조자도 없다. 다같이 이것이 바뀌기를 희망해야 한다.

● 휘 발 유 대 디 젤

사람들이 어떤 종류의 차를 살지 고민할 때 휘발유 엔진을 쓸지 디젤 엔진을 쓸지는 종종 높은 관심거리다. 초보 운전자는 또한 그들의 차 연료로 동물유를 쓸지 또는 바이오 연료를 사용할지 망설일 수 있다. 여기 여러분의 궁금증을 해결해 줄 나의 의견이 있다.

대부분 차는 휘발유나 디젤을 사용한다. 이 두 가지 사이에서의 선택은 어디에서 어떻게 운전할지에 따라 달라지므로 쉽게 판단하기 어렵다. 휘발유 엔진 차는 과거보다 훨씬 더 깨끗해졌다. 1992년 이래로 그들은 가장 해로운 배출물질을 제거하는 촉매전환기를 장착해야 했기 때문이다.

디젤차들은 이러한 배출물질을 더 적게 발생하고 연료 효율적이다. 따라서 갤런 당 마일수가 더 많다.

디젤차의 주요 문제는 디젤이 점화될 때 미세한 매연조각이 생성된다는 것이다(휘발유 차는 이보다 적게 생성된다). 이것은 지구온난화의 문제가 되지는 않지만 건강의 위험요소로, 천식과 기타 호흡기 질환을 일으키는 원인이 된다. 이 미립자를 잡기 위해 고안된 트랩장치는 아직 신(新)차에도 강제적으로 적용하지 않고 있다.

만약 여러분이 자주 고속도로를 주행하거나 시골에 사는 경우라면 아마 디젤차가 더 좋을 것이다. 새 차를 사야 한다면 미립자 트랩장치가 있는 것을 사야한다는 것을 잊지 않길 바란다. 이것은 온실가스를 적게 발생시킬 것이다. 심지어는 미립자배기구 없이도 그을음 방출은 넓게 분산되고 문제를 많이 일으키지는 않을 것이다. 한편 여러분이 도시에 살거나 도심권에서 대부분 운전을 한다면 휘발유차가 좋을 것이다.

● 가스 연료

여러분은 액화석유가스(LPG)가 가장 깨끗한 연료라는 말을 들어본 적이 있을 것이다. 지금까지 그것은 특별하게 적용할 필요가 있기 때문에 택시 회사와 상업용 차 등에 사용되어 왔다.

우리 대부분은 우리가 방귀를 뀔 때 메탄이 나온다는 것을 알고 있다. 또한 그것은 암소도 많이 만들어낸다. 여러분이 알지 못하는 것은 석탄과 석유의 분해에도 메탄가스가 생성된다는 것과 이것들이 화석연료라는 점이다. 이것은 '천연가스'로 잘 알려져 있으며 우리 가정에 공급되는 가스의 중요한 성분이다. 차에 이용되는 천연가스는 압축천연가스(CNG)로 불리고 심지어 LPG보다 더 청결하고 연료효율도 좋다. CNG는 아르헨티나, 파키스탄, 인도, 이탈리아 등 몇 나라에서는 인기가 있으나, 영국에서는 아직 널리 쓰이지 않고 있다.

가정 쓰레기를 다룬 부분에서 언급한 바와 같이, 또한 메탄은 하수, 음식물 쓰레기 및 사료 등의 부패 물질에서 방출되는 주요 가스이다. 이런 경우 그것은 '바이오메탄'이라고 불리고 전기, 난방뿐만 아니라 차를 위한 우수한 연료로 만들어진다. 이것에 대해서는 뒤에서 더 자세히 언급하겠다.

● 전기차와 하이브리드

<u>전기차</u>   표면적으로 전기차량은 우리 문제를 전부 해결할 수 있다. 이것은 배기관에서 어떤 것도 배출도 하지 않고 소음이 거의 없다. 이것은 1차적으로 가스 폭발 차량에서 기인한 배기 스모그를 감소시키기 위하여 고안되었다. 캘리포니아에서 이것은 아주 대중적이다.

전기차량의 전력은 중앙집중된 발전소에서 온다. 그러나 그것은 오염 이동

의 경우는 아니다. 비록 전력이 석탄(화력)발전소에서 올지라도 실
제로 그것은 이동시 오염이 그리 크지 않다. 태양, 풍력에 의
해 전기차량의 건전지를 재충전하는 경우에는 더 청결하
다. 우리 대부분은 전기 우유 배달차와 골프장의 소형 자
동차를 보지만 그것들이 더 이상 인기를 끌지 못하는 이
유는 차량을 전원에 가져가 플러그를 꽂음으로써 재충전
해야 하기 때문이다. 이것은 시간이 걸리고 차량의 이동 범위
가 한정된다. 여기에서 하이브리드 차가 등장하게 된다.

전기 스쿠터

여러분이 만약 그저 동네를
돌아다닐 거라면 전기 스쿠터가
적격일 것이다. 관련 웹사이트
에서 Scoot Electric과 Vectrix
UK를 참고하자.

<u>하이브리드</u>　하이브리드는 차량 시장에 상대적으로 새로운 것이다. 현 시점
까지는 휘발유 버전만 나와 있다. 디젤 버전도 출시될 예정이다. 이것의 이점은
주행 중에 전기모터를 충전한다는 것이다. 그래서 연료효율이 더 좋아진다.

　동급의 일반 차량보다 몇천 파운드 더 비싸다는 사실에도 불구하고 하이브
리드 차량의 이른바 '친환경' 기준 덕에 매우 인기 있다. 하이브리드 차는 연료 효
율을 높일 경우에만 더 친환경적이라고 할 수 있는데, 실제로 일반 차량 중에 더
연료효율이 좋은 것도 있다.

　여러분이 알 수도 있지만 하이브리드 차량이 사용하는 배터리를 만들기 위
해서는 에너지가 너무 많이 사용되어 도로에서 절약하는 에너지를 상쇄한다.

　실제로 하이브리드 기술을 생산할 때 더 많은 에너지가 사용되지만, 이는 차
량의 전체 수명에 비해 상대적으로 미미한 편이다.

　내 견해는 하이브리드에 대한 관심이 매우 긍정적이라는 것이다. 그것은 연
료효율 기술을 크게 향상시켰으며 그것들이 얼마나 성공적일 수 있는지 보여주
었다. 내 예상으로는 많은 사람들이 0~60마일까지 불과 몇 초 만에 질주하는 '섹
시한' 차량에 반대하며, 친환경적인 차량을 원한다는 것을 제조업자들이 깨달으
면 더 많은 혁신이 이루어질 것으로 본다.

교통체증비

하이브리드 차는 런던에서 교통체증비를 면제받는다. 하지만 2008년부터는 면제 조건은 기술이 아닌 차량연료효율에 의해 결정될 것으로 계획되어 있다. 이것이 훨씬 더 합당하다고 본다. 대부분 하이브리드 차량이 연료효율이 매우 높은 반면 4륜 렉서스 하이브리드는 절대 그렇지 않다.

G WIZ와 NICE 전기차

작은 지하철보다 작은 이 두 차는 이미 런던을 질주하고 있다. 1갤런당 평균 960km와 동등한 효율을 가진 이 두 차는 최근 도로에서 볼 수 있는 가장 '친환경적인' 차량이다. 또한 교통체증비를 내지 않아도 된다. 하지만 시내에만 머물러야 한다는 점을 알아야 한다. 왜냐하면 이것들은 80km를 못 가서 충전해야 하기 때문이다.

● 수 소 의 미 래

수소가 미래의 연료라고 들었을 것이다. 차량의 경우는 긍정적으로 보인다. 그리고 수소연료차들은 다른 연료로 교체되어 나가지 않을 것이다. 그들은 내연기관도 몰아낼 것이다. 이 차들은 수소가스를 연소하는 대신에 배터리와 유사한 연료전지에서 사용할 것이다. 여러분의 배기관에서 유일하게 방출되는 건 물일 것이며 전기차량과 같이 그들은 특히 도시와 읍내에서 환영받을 것이다.

어려운 부분은 수소가 만들어지는 방법이다. 그것은 기름, 석탄, 가스와 같은 방법이 아닌 물과 화석연료에서 추출되어야 한다. 어쨌든 수소를 만드는 데 에너지가 필요하다. 장점은 재생가능 에너지를 포함한 어떤 종류의 에너지든지 이용가능하다는 것이다.

여러분이 휘발유가 가득 차 있는 탱크를 가지고 있고 연료 전지를 위해 수소를 만들어낸다면 같은 연료의 양으로 더 많이 운전할 수 있을 것이다. 그러므로 1마일마다 CO_2를 포함한 배기가스를 더 적게 만들어낼 수 있다. 확실히 만약 풍력이나 태양열과 같은 재생가능한 에너지로부터 수소를 만들어낸다면 혜택은 더 커진다. 재생가능한 에너지도 결점이 없지 않다는 것을 기억하는 것은 매우 중요하다.

수소를 무엇으로 만드느냐에 따라 다르고 무엇과 비교하느냐에 따라 다르기 때문에 수소연료로 교체함에 따른 이익을 수치화하는 것은 어렵다. 수천 마일을 수송할 때 쓰이는 정말 더러운 연료에 대응하는 최고의 깨끗한 석유는 등장하지 않을 것이다. 해결책은 우리에게 석유의 현실적인 대안을 주는 것뿐이다.

우리는 또한 에너지 이권을 가지고 있는 핵심 주자가 될 새로운 국가를 볼지도 모른다. 상상하건대, 거대 수소농장은 태양에너지를 사용하여 아프리카의 모래 강풍이 부는 지역에 설치될 것으로 보인다. 대다수 최빈국에서 태양은 오랫동안 떠 있다.

5년 전에 차량 제조업체들이 일반 차만큼 잘 작동하는 연료전지 자동차를 과연 만들 수 있을까라는 의문이 들었으나 이는 현재 해결되었고 그들은 이제 더 오래가고 믿을 수 있는 비용절감적인 차를 만들기 위해 노력 중이다. 하지만 적어도 10년은 지나야 수천 혹은 수백만 대의 수소 차량이 도로를 달릴 것으로 예상된다.

멈추고 출발하라

사람들이 차안에서 엔진을 끄지 않은 채로 앉아서 얘기하는 것은 나를 거슬리게 한다! 정지되어 있으면 갤런당 아무런 이동거리를 내지 않는 것이다. 해로운 가스를 배출하면서 아무 곳에도 안 가는 것이다. 만약 9초 이상 정지해 있을 것으로 예상되면 엔진을 끄는 것이 좋다. 차를 30초 이상 미리 엔진을 켜두는 것은 시간낭비, 연료낭비라고 연구 결과는 또한 보여준다. 운전을 하는 것이 차를 더 잘 예열시키는 것이다.

한 가지 새로운 기술이 이것을 해결해 줄 수 있다. '멈추고 출발하는' 차는 여러분이 멈출 때면 언제나 자동적으로 스위치가 꺼진다. 심지어 신호등에서 대기할 때 배터리로부터의 전력 공급은 엑셀레이터를 놓자마자 자동적으로 꺼진다. 분명히 이 기술은 도시 운전자나 교통체증 시에 많은 시간을 소비하는 사람들에게 커다란 연료절약이 될 것이다. 그러나 이 차는 아직 하이브리드 차만큼 좋지는 않다.

● 바 이 오 연 료

농작물이나 다른 식물 원료에서부터 만들어지는 바이오연료는 화석연료를 대체하길 바라는 우리의 염원에 부응할 것처럼 보인다. 그러나 우리가 너무 흥분하기 전에 나는 주의를 주는 말을 해야겠다. 생물연료로의 대량적인 전환이 환경에 주는 영향은 기후변화와 연관이 있을뿐더러 절대적으로 끔찍할 수도 있다는 것이다. 다음은 바이오연료의 3가지 주요한 유형이다.

> **!! 주의 !!**
>
> 자동차 제조업체는 바이오연료를 EN590 규격에 맞는 공급자에게서만 사야 한다고 조언한다. 슈퍼마켓에서 구입한 식물성 기름은 적용되지 않으며 이것은 엔진을 손상시킬지도 모른다.

1. 근본적으로 휘발유를 대체할 수 있는 밀, 사탕수수 및 감자와 같은 딱딱한 작물의 발효작용을 이용하는 알코올의 한 종류인 바이오에탄올.
2. 콩기름 또는 야자유 같은 유성(oily) 작물에서 만들어지는 바이오디젤.
3. 내가 위에서 언급한 바이오메탄은 썩는 물체에 의해서 생성된 가스이다.

_ **바이오에탄올과 바이오디젤**   바이오에탄올과 바이오디젤은 찬반 양론이 갈리지만 유사하다. 나는 이것들이 화석연료의 친환경 대안으로 홍보되고 있으며 투자자들과 정부 모두가 이것의 사용을 과잉 촉진하고 있는 것이 염려스럽다. 어떤 문제가 있기 때문일까?

토지 공간   분명히 영국의 모든 수송에 동력을 공급하기 위하여 국내 모든 자투리땅에 농작물을 기를 필요가 있다. 그리고 전 지구적 규모로 본다면 이미 먹거리를 위해 경작하는 땅의 5~6배 정도가 더 필요할 것이다.

식용 작물   대규모로 식용작물을 연료작물로 교체하는 것은 아직은 문제되지 않더라도 불가피하게 음식 부족으로 이어질 것이다. 영국에서 자란 과잉 작물이 사용되지만, 해외 많은 나라로 하여금 더 많은 연료작물을 기르게 함으로써 식용작물을 싹 쓸어버릴 수도 있다는 점을 알아야 한다.

열대우림 파괴   나는 이미 동아시아 열대우림에 대한 야자유 공업의 엄청난 충격을 다루었다. 연료로 만들기 위한 작물의 수요는 두 배가 되었고 심각하게 고려해야 할 만큼 좋지 않은 상황에 놓이게 되었다. 깎여버린 열대우림에서부터 새로운 조림지가 필요하게 되었다.

<u>집약 농업</u> 바이오연료를 위해 성장된 작물은 경제적으로 사용하기 위해서는 싸게 생산되어야 한다. 이것은 그들이 환경 영향에 대해 심각한 고민 없이 거대한 스케일로 재배되고 있다는 것을 의미한다. 또 다른 문제는 연료를 위한 작물 수요의 상승은 불가피하게 GM작물의 사용을 유발한다는 것이다.

<u>에너지 균형</u> 간접적으로, 농업에서 사용되는 모든 에너지의 반 이상이 비료 생산용이다. 그리고 농작물을 중앙집중화된 공장에서 가공하기 위하여 수송하는 데에는 더 많은 에너지가 필요하다. 그리고 연료를 쓰는 곳으로 가져가는 데 다시 더 많은 에너지가 필요하다. 이 모든 요인의 다양화는 바이오 연료가 전체적으로 온실가스를 줄이거나 늘리는 데에서 차이를 만들게 된다.

<u>비용</u> 정부는 리터당 바이오연료에 보조금을 준다. 그러나 이러한 할인가격도, 정규 휘발유를 사용하는 차보다 바이오에탄올 차는 일반적으로 2/3 거리밖에 못 가기 때문에 여전히 비싸다.

에탄올 지지자는 에탄올이 기존 휘발유와 비교하여 온실가스 60~65% 가량을 줄여줄 것이라고 하면서 작물의 성장을 고려하여 운송하고 제조한다고 말한다. 그들은 또한 현재 매년 350만 톤의 밀을 영국에서 수출한다고 한다. 이것은 5%의 휘발유를 에탄올로부터 정제할 수 있는 양이다.

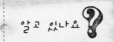

알고 있나요?

미국에서 재배된 모든 옥수수가 바이오연료로 사용된다면 미국 도로상의 승용차와 트럭의 최소한 4% 정도의 연료를 공급할 수 있을 것이다.

밀은 아주 낮은 등급이고 음식에 어울리지 않지만 음식물 생산이 되지 않는 땅에서 경작되고 있다. 무엇이 옳고 그르든 간에 바이오 연료는 혼합연료의 필수적인 부분이 되고 있다.

정부는 2008년까지 모든 휘발유 및 디젤이 식물로부터 추출된 연료의 5%를 포함해야 한다고 규정하였다. 대부분 사람은 차를 거기에 맞출 필요가 없고, 또 차량을 주행하는 데 어떤 변화를 줄 필요도 없었기 때문에 어떠한 다른 점도 알아채지 못했다. 그러나 이제 이 규정이 생겼고, 우리는 소비자로서, 지구를 파괴하기보다 지구를 돕는 바이오연료 혼합을 채택해야 한다는 것을 인식해야 한다. 우리는 다음 사항을 요구해야 한다.

- 야자유 또는 콩기름은 바이오연료를 위해 수입되지 말아야 한다.
- 바이오연료에 사용되는 모든 작물은 자가 생산된 것이어야 한다.
- 바이오연료를 위한 작물을 기르는 농부는 엄격한 환경기준을 지켜야 한다.
- 바이오연료는 운송 충격을 최소화하기 위하여 소규모 지역 농장에서 가공되어야 한다.
- 생산자는 그들 연료의 온실가스 감축을 증명하는 정보를 제공해야 한다.

● 쓰레기 연료 차량

연료로 바이오메탄을 사용하는 것이 훌륭한 점은 그것을 만드는 과정에서 에너지가 온실가스로 추출되는 것을 실제로 감소시킨다는 데에 있다. 거기에 더해 일단 가스가 액화되어 추출되면 남아 있는 영양분으로 우수한 비료를 만들 수 있게 된다. 게다가 이것은 에너지를 더 절약시킨다. 또 다른 이점은 바이오메탄이 청결한 배출을 지속할 수 있다는 것이다. 확실히 그것은 다른 어떤 연료보다 이산화탄소나 미립자 등의 배출을 상당히 감소시킨다.

이러한 모든 긍정적인 부분 때문에 여러분은 쓰레기 연료 차량이 왜 이렇게 전 세계적으로 언급되는지 이해할 수 있을 것이다. 실제로 극소수의 몇몇 회사가 있다. 영국에서는 오직 한 회사(유기농 동력 주식회사)가 차량용 기술의 발전을 위해 일하고 있으며 몇몇 다른 회사가 농장 규모의 바이오메탄 개발에 초점을 맞추고 있다.

스웨덴에서는 더 많은 것을 채택하고 있다. 예테보리 시에서는 바이오메탄을 위한 벼룩시장을 만들어냈고 바이오메탄을 사용하는 승용차, 버스, 폐기물 트럭, 심지어 기차를 지원하는 기반을 개발하고 있다.

현실적으로 바이오메탄은 휘발유와 디젤을 거대한 규모로 대체하려는 것이 아니다. 차량에 이것

유기농 동력
(Organic Power)

[Organic Power]는 작은 회사지만 온실가스를 크게 감소시키는 데 공헌할 수 있을지도 모른다. 회사는 연료를 위한 청정에너지의 근원으로서 메탄을 만드는 데 유기폐기물을 사용하는 과정을 개발했다. 에코기업가인 Chris Maltin은 회사의 잠재력이 거대하다고 말했다. 그는 현재까지 해외에 집중하고 있지만, 이것을 영국에서 이용하는 것을 희망하고 있다.
www.organic-power.co.uk

이 적용될 필요가 있고, 바이오메탄 펌프의 새로운 전체 하부구조가 설치될 수 있다. 그러나 그것에는 공공 수송체계, 승용차, 농장 차량, 그리고 모든 공공봉사 차량을 위한 주요한 연료로서 거대한 잠재력이 있다. 분산 처리되는 에너지처럼 바이오메탄의 합성된 연료가 가져오는 작은 해결책들이 모여서 큰 변화를 이끌 수 있다.

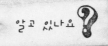

차량 기술과 연료

바이오메탄 | 나의 등급 9
장점 | 화석연료의 대안. 쓰레기로부터 원천을 만들 수 있다. 실제로 메탄으로부터의 온실효과를 감소시킨다. 다른 연료와 비교하여 깨끗한 배출을 한다. 좋은 연료 효율을 낸다. 고옥탄가의 액체 연료보다 더 나은 성과를 보인다. 더 조용하다.
단점 | 바이오메탄을 위한 기반이 존재하지 않는다. 차량을 개조해야 한다. 정부지원이 부족하다.

전기차량 | 나의 등급 6~8(전기의 근원에 따라서)
장점 | 배기관의 배출 없음. 전반적으로 배출 감소. 조용한 차량.
단점 | 발전 충격. 한정된 범위. 재충전 필요.

수소연료 전지 | 나의 등급 6~8(수소가 화석연료로부터 만들어지는 경우는 6, 재생 가능한 에너지로부터 수소가 만들어지는 경우는 8)
장점 | 깨끗한 방출(단지 물만을 배출). 내연기관 엔진에 비해 더 효율적인 기술. 화석연료의 대안. 수소는 과잉에너지 저장의 효과적인 방법. 수소는 재생 가능한 에너지에서 만들어질 수 있음. 차 제조업체와 지역사회 투자의 중대한 지원.
단점 | 현재 연료전지의 기술은 적어도 10년이나 뒤떨어져 있음. 수소는 아직도 에너지를 사용하여 만들어짐. 대다수 수소는 화석연료를 사용함. 수송 공공기

반의 변화 필요.

압축 천연가스(CNG) | 나의 등급 5

장점 | 디젤이나 휘발유보다는 더 청결한 배출. 좋은 연료 효율. 천연가스의 예비량에 의해 기름과 휘발유보다 오래 사용.

단점 | 차량은 CNG 연료로 주행하기 위하여 제작되어야 함. 영국에서 아직 광범위하게 이용할 수 없음. 가격이 더 비쌈. 화석연료 사용과 연관된 문제점 있음.

하이브리드 차 | 나의 등급 5

장점 | 전통적인 연료의 효율성을 확대. 효율적 연료기술의 인기를 입증.

단점 | 가격이 더 비쌈. 여전히 화석연료를 이용. 같은 연료의 다른 기술이 효율성 개선을 달성할 것으로 예상.

액화 석유가스(LPG) | 나의 등급 4

장점 | 디젤이나 휘발유보다 일반적으로 더 깨끗한 배출.

단점 | LPG를 사용하기 위해 차량 개조 필요. 광범위하게 이용할 수 없음. 화석연료 사용과 연관된 문제점.

바이오에탄올 | 나의 등급 4

장점 | 화석연료의 대안. 과잉 밀 작물을 이용할 수 있음.

단점 | 식량생산토지 침탈. 휘발유와 디젤에 비해 연료효율이 떨어짐. 집약적인 농업을 촉진시킴. 온실 가스 확산에 유익한지 확실하지 않음.

'Stop Start' 차량 | 나의 등급 4

장점 | 차가 정지될 때 연료를 낭비하지 않음. 개량된 연료 효율.

단점 | 하이브리드보다 저능률. 주로 도심지 주행 시에만 에너지 절약.

바이오디젤 | 나의 등급 3

장점 | 화석연료의 대안.

단점 | 식량생산토지 침탈. 휘발유와 디젤보다 낮은 연료효율. 집약적인 농업을 촉진. 온실 가스의 확산에 유익한지 확실하지 않음. 바이오 디젤을 위한 야자유와 콩의 사용은 열대우림과 동물 서식지의 엄청난 파괴를 불러올 수 있음.

디젤엔진 차량 | 나의 등급 3

장점 | 광범위하게 이용될 수 있음. 연료효율이 비교적 좋음. 휘발유 차량보다는

더 적은 온실가스를 배출.

단점 | 다른 차보다 그을음을 더 많이 배출. 미립자 소거장치 장착의 법적 책임이 없음. 훨씬 더 많은 산화질소 배출. 화석연료와 연관된 문제점.

휘발유엔진 차량 | 나의 등급 2

장점 | 광범위하게 이용될 수 있음. 촉매 변환장치(자동차 공해 방지장치)는 배출가스를 깨끗하게 함. 디젤에 비해 그을음이 덜 생성. 도심권에서 더 효과적.

단점 | 배기가스로 인한 오염. 디젤보다 낮은 연비(갤런당 마일 주행 효율). 온실가스를 더 생성. 화석연료와 연관된 문제점.

비행

● 우 리 는 하 늘 을 나 는 걸 사 랑 한 다

모든 사람이 미국인만큼 많이 비행하지 않는 걸 하늘에 감사해야 한다. 미국인은 대략 100번은 더 비행기를 탄다. 그러나 유럽인은 일반 미국인의 절반만 그러하다. 그래도 일본인을 포함한 아시아인보다는 10번이나 더 비행한다.

환경의 관점에서 진짜로 끔찍한 것은 아무도 비행의 성장을 멈출 수 없다는 것이다. 우리는 공항과 활주로를 점점 더 건축하고 있으며 비행 비용은 갈수록 더 싸지고 있다. 그리고 더 많은 국가가 충분하고 풍부한 비행 수익금을 얻기 위해 지원하고 있다. 그 사이에 항공 산업은 성장을 계속하며, 막대한 장려금을 받고 있다. 그들은 각 기업이 극적인 절제를 할 것을 요구하는 대부분 기후변화 관련 국제조약에서조차 면제되고 있다.

이것에서 우리는 비행이 환경에 주는 영향이 중요하지 않다고 추정할지도 모른다. 여러분이 거의 확실히 알고 있는 것처럼 상황은 전혀 반대다. 항공여행의 충격은 거대하다. 그러면 하늘에서 무슨 일이 일어나는지 살펴보자.

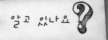

알고 있나요 ?

비행기 한 대는 일 년간 거의 아프리카 전체의 사람들이 활동하면서 발생시키는 양만큼의 이산화탄소를 배출한다.

● 기 후 변 화   충 격

여러분은 푸른 하늘에 백색 깃털이 열십사(+)로 교차되는 것을 본적이 있는가? 또는 비행운이라고 불리는 호리호리한 끝이 뾰족한 구름을 본 적이 있는가? 아마 여러분은 어떤 사람들이 높은 오두막에서 불을 지피는지 궁금했을 것이다.

비행기가 어디를 날고 있으며 구름 뒤에 비행운이 따라서 일어난다는 사실은 그리 중요하지 않다. 그러나 실제로 이들 항공기의 배기가 기후변화 충격을 악화시킨다는 건 슬프게도 사실로 드러났다. 그것이 얼마나 복잡하며 정확히 어느 정도 손상을 초래하는지에 대해 과학자들의 합의는 아직 도출되지는 않았다. 하지만 비행운은 이산화탄소와 항공여행으로부터 발생하는 다른 오염 물질과 함께 기후 변화에 4~9%의 영향을 미친다고 추정된다. 그리고 비행으로부터 나오는 온실가스의 양이 1990년대 이후로 2배 이상 되고 있다.

_ 무엇을 할 수 있을까?

기술상태 지난 50년간 과학기술이 혁신적으로 발전하였음에도 놀랍게도 여객용 비행기의 연료효율은 반세기 전보다 그다지 좋아지지 않았다. 비록 제트기 엔진의 연료효율은 많이 개선되었지만 일반적인 비행기의 연료효율은 1950년대의 비행기와 비교하여도 별반 차이가 없다(같은 연료량으로 같은 거리를 비행한다). 수십 년 후에는 비행기의 연료효율이 개선될 것이라고 예측하고는 있지만 이것조차도 확실하지 않으며, 비행기 운행 시에 배출되는 대기 오염물질을 줄일 수 있는지도 의문이다.

윙 클리핑 윙 클리핑은 비행기 운행량을 줄이는 것을 의미한다. 더욱 자세하게 설명하자면 2050년에는 대기변화 원인의 40%를 차지할 것으로 예상되는 비행기 운행, 즉 비행기 여행자 수를 줄이자는 것이다. 만약 여러분이 가족과 모리셔스나 마라케시로의 여행을 계획 중이라면 여행경비를 중요하게 고려할 것이다. 여러분뿐만 아니라 대부분 사람이 저가 항공편을 찾을 것이지만, 비행기 승객이 줄어들수록 비행요금은 올라가기 마련이다. 그러므로 이것을 실천하기란 말처럼 쉽지 않다.

승객들은 비행요금의 인상이나 불편한 비행을 원치 않고 항공사도 비행기 운행량을 줄이는 것에 반대한다. 비록 최근 여론조사에서 비행 요금 상승과 국민의 지지도 하락이 비례하지 않는다는 결과가 나왔지만 정부는 국민의 지지를 잃고 싶지 않기 때문에 비행 요금이 오르는 것을 걱정한다.

세금 부과 항공사가 정부에 대기오염물질 배출을 줄이기로 약속하고 유리한 거래를 체결하였다. 정부는 자동차 운행과 관련해서 연료세, 부가가치세 등 많은 수입을 챙긴다. 하지만 비행기 연료에는 세금이 붙지 않기 때문에 자동차 연료보다 4배나 싼 것이다. 솔직히 이것은 터무니없다.

우리가 항공승객세라는 형식으로 부담하는 세금은 항공사가 연료세 면제 및 부가가치세 면제로 받는 이익과 비교하면 아주 작은 것이다. 비행기에 부과되는 세금이 자동차 운전자가 내는 세금의 1/5 정도만 되어도 비행기 운항으로 인해 배출되는 이산화탄소를 10%는 줄일 수 있을 것이다.

정부는 과감하게 자동차와 비행기에 연료세를 같이 부과해야 한다. 이렇게 하면 비행기 요금이 대략 3분의 1 정도 높아질 것이고, 영국으로 오고가는 비행기 여행자 수가 5억 명에서 3억 1천 5백만 명 정도로 줄어들 것이다. 그러면 새로운 비행기와 시설의 확장, 활주로도 필요치 않게 될 것이다.

항공산업은 계속 꿈틀댈 것이다. 항공사는 계속해서 대기오염물질 배출을 줄이기 쉬운 산업들에게서 이산화탄소배출권을 사길 원한다. 아마 이러한 방법이 항공 수송량을 줄이는 것보다 효과적이라고 생각하기 때문이다.

● 항 공   요 금 은   공 정 한 가 ?

모든 조사에서 비행기는 다른 운송수단에 비교해서 기후 변화의 가장 큰 원인이라고 밝힌다. 그러므로 비행기 요금을 낮춘다든지 오염 물질배출과 관련하여 비행기 산업에 특혜를 주는 것은 공정하지 않다.

여러분은 다음에 나오는 비행기 여행에 관련된 정보를 보고 여러분의 견해를 확고히 하게 될 것이다.

· 영국에서 오스트레일리아까지의 왕복항공편은 일반 가정에서 3년간 난방을 하거나 조명을 켜는 것 또는 요리시에 배출되는 배기가스의 양과 비견할 만큼 기후변화에 영향을 미친다.
· 단거리 수송 비행기는 착륙하고 이륙하는 데 더 많은 연료가 필요하기 때문에 더 많은 대기오염물질을 배출한다.
· 비행을 하는 동안 평균적으로 1분에 167개의 파티풍선을 만들 수 있는 이산화탄소가 발생한다.
· 영국기는 비행을 하면서 미국 외 다른 나라에 비해 더 많은 이산화탄소를 배출한다.

- 아일랜드 크기의 지역에 매년 새롭게 식물을 심어야만 비행기로 인한 전 세계 배기가스 오염을 상쇄시킬 수 있다.
- 고향이 있는 사람들은 평균적으로 1년에 여섯 번 왕복 비행기를 탄다.

이 모든 것이 귀찮다면 최선의 선택은 비행을 하지 않는 것이다. 하지만 이를 과감하게 실천할 사람들은 많지 않을 테다.

그렇다면 다음과 같이 하자.

- 여러분이 비행기 이용을 줄일 수 있는지 확인해 보자.
- 국내에서 휴가를 보내자.
- 대중교통수단을 이용하자.
- 화상회의 기구를 설치하면 비행기를 탈 필요가 없다.
- 휴양지의 집을 생각하지 말라.
- 여러분의 비행으로 인해 배출된 이산화탄소를 상쇄할 비용을 지불하자.
- 공항 확장과 새로운 활주로를 만드는 것에 반대하자.
- 비행기 연료세와 부가가치세 도입을 지지하자.

05

개인적인
문제들

대부분 욕실에는 필요 이상의 병과 로션과 약병이 있다. 부분적인 이유는 우리들 대부분이 사용할 양보다 훨씬 더 많이 사기 때문이다. 또한 헤어스프레이, 손톱 영양제, 스킨, 무릎 수분공급제 등을 몸의 다른 부위에 따로 따로 쓰기 위해 채워 넣는다. 아마도 이것은 우리가 광택 나는 잡지와 포스터에서 보았던 깡마르고 키 큰 모델의 찰랑찰랑한 머리와 완벽한 이미지에 끌렸기 때문일 것이다. 미용 산업은 조금만 가꾸면 우리가 개구리에서 공주로 그들처럼 바뀌게 될 것이라 믿게끔 한다.

화장품과 세면용품

미용산업은 큰 시장이다. 그러나 이 매력적인 분야는 환경 문제에 관하여 거의 기여하지 않았다. 물론, 몇몇 회사는 포장을 감소시키기 시작했다. 그러나 여전히 개선해야 할 부분이 많다. 초콜릿은 차치하고 메이크업과 향수, 목욕 제품은 아마 시각적 매력이 판매에 도움되기 때문에 포장을 줄인다는 건 대단한 의외라고 여겨진다.

따라서 내가 주류 화장품의 리스트를 제시하여 추천하는 건 부질없는 일일 것이다. 여러분이 화장품 소비자로서 할 수 있는 가장 중요한 일은 화장품을 너무 많이 사지 말고, 벽장에 놓여 있는 반쯤 쓴 모든 화장품을 끝까지 쓰는 것이다. 그리하여 필요 없는 대용품을 사지 말아야 한다.

나의 또 다른 관심사는 화장품에 '유통기한' 날짜를 두는 것이다. 나는 동일한 립스틱, 마스카라와 또 다른 화장품을 수년간 사용하고 있다. 그리고 그것들은 절대로 줄어들 것 같지 않다. 나는 유통기한이 심각한 건강상의 문제를 일으킨다는 것은 확신할 수 없다. 오히려 유통기한에 대한 우려가 사람들을 더 낭비적으로 만드는 게 분명하다고 확신한다.

● 친 환 경 의 아 름 다 움

정말로 어려운 문제는 '친환경' 미용이다. 친환경 미용은 여전히 작은 틈새 영역인데, 특별히 환경과 관련된 문제에 초점을 맞추고 있는 것은 아니다. 주요 판매 포인트는 '자연' 또는 '건강' 포함물이 되고 있다. 하지만 내가 이미 지적했듯이 '자연'이라는 단어는 꼭 건강함 또는 친환경과 관련된 것은 아니다. 사실 그저 듣기 좋은 말일 뿐 아무 의미 없는 단어다.

예를 들어, 어떤 샴푸를 선택할 것인지 생각해보자. 하나는 진짜 라임과 바질로 만든 제품이고, 다른 하나는 합성 라임과 바질 향으로 만들었다고 하자. 우리 중 대부분은 첫 번째 샴푸에 더 많은 관심이 가고, 이 제품의 '친환경' 포함물이 더 나을 것이라고 생각할 것이다. 하지만 식물성 제품이라도 자라고 이동하는 데 소비된 것을 고려해본다면 합성제품과 같은 에너지를 소비하고 많은 합성물질들이 첨가된다.

그렇다면 화장품과 세면도구에 첨가된 위험 물질은 어떤 것이 있을까? 보존재료부터 시작해서 기포제까지 들어가는 첨가물을 살펴보면 나는 화가 난다. 그리고 문제의 정도가 정말 얼마나 되는가에 관해 꽤 치열한 반론들이 있다. 주류 브랜드 중 몇몇은 단순히 논란이 있다는 이유로 해당 첨가물들을 제거하고 있다. 고백하자면 이 문제들은 나의 걱정거리 리스트 중 우선순위가 아니라는 것을 밝힐 필요가 있다. 하지만 우리가 피부에 바르는 것의 60%가 혈류로 흘

무서운 첨가물

환경적 관점에서 아마도 가장 논쟁이 되는 두 가지 첨가물은 프탈산과 인공사향일 것이다. 이 두 성분들은 오랜 시간 주변 환경에서 돌아다니고 동물의 체내 조직에 쌓여 선천적 결손증과 생식력과 관련된 문제를 유발한다. 프탈산은 헤어스프레이, 손톱 광택제, 수분제품, 향수 등과 같은 미용산업에서 사용되며, 인공사향은 향 비누와 향 제조에 많이 사용된다. 그린피스는 이 성분들 사용에 반대하는 캠페인을 하고 있으며 어떤 회사가 이 성분들을 사용하고 있는지와 어떤 회사가 대체제로 전환했는지를 알 수 있도록 웹사이트에 올려 두었다(웹사이트 참조).

> ### 야자유
>
> 야자유를 기르는 것은 열대우림에 매우 파괴적일 수 있다. 야자유는 립스틱, 비누, 피부와 헤어 케어 제품 등 많은 곳에 사용된다. 그래서 야자유는 역시 미용 산업의 중요한 이슈이다. '바디샵(The Body Shop)'은 지속 가능한 야자유를 얻기 위한 계획에 참가한 최초 기업 중 하나이다. 다른 화장품, 세면도구 제조자들에게도 이러한 계획에 참여하고 있는지 질문하자.
>
> ### 향유를 쓰자
>
> 오일로 만든 향유는 물을 이용해 만든 로션보다 낭비가 덜한 제품이다. 왜냐하면 필요한 포장이 적고 이동하는 데 소비되는 에너지가 조금밖에 되지 않기 때문이다.

러가는 것을 안 이상 내 생각을 바꾸는 것이 좋을지 고민된다.

_유기농 케어 : 여러분은 아마 유기농 샴푸 또는 헤어 케어 제품은 유기농 양배추나 유기농 케이크와 같은 종류의 기준에 맞추어야 한다고 생각할 것이다. 하지만 그렇지 않다. 여전히 뷰티 제품 또는 섬유제품에는 공식인증 없이도 '유기농'이라는 라벨을 붙이는 게 가능하다.

도움을 얻을 방법이 그리 멀리 있는 건 아니다. 2006년에 농업협회(the Soil Association)가 처음으로 비누를 공인하면서 관련 기준을 개발하였다. 만약에 생산품의 재료(성분)의 최소 95%가 유기적이면 '완전 유기농'이고, 재료(성분)의 최소 70%가 유기적이면 '유기농 성분 함유'라 말할 수 있도록 하였다. 그 외에도 다른 인증기관이 있지만 아무도 그렇게 엄격하지는 않다. 확실히 유기농 재료 사용의 주요 환경적 이익은 그것이 더 많은 유기농업을 촉진한다는 데에 있다.

_ 공정한 배려 : 또한 공정무역을 촉진하고 커뮤니티를 지원하는 몇 가지 계획

이 있다. 미용 산업은 이러한 계획들에 참여하기에 이상적인 입장에 서 있다. 왜냐하면 미용 산업은 상대적으로 적은 양만을 필요로 하고 농부와 직거래가 가능하여 중간상을 거치지 않을 수 있기 때문이다. 즉 지불금이 바로 생산자와 그들의 커뮤니티로 들어가기 때문에 이들을 파괴하기보다는 자연 서식지를 보호함으로써 지역 수익에 도움이 될 것이다. 예를 들면 바디샵(The Body Shop)은 아마존에 있는 카야포 인디언으로부터 브라질 콩 오일을 샀다. 이는 그들이 엄청난 범위의 열대우림을 지키는 데 도움이 된다.

작은 것이 큰 것이 된다

많은 자외선 차단제와 그 밖의 피부보호 제품에 나노물질로 알려진 아주 작은 입자가 포함되어 있다는 사실을 아는가? 이 미세 입자는 우리의 인지나 동의 없이 욕실과 가구 제품에 조용히 흘러들어 간다. 지금까지 나노물질 사용을 제한하는 법안은 없었다. 그리고 독립적인 안전 검사가 시행된 적도 없다. GM기술과 같이 이 기술은 사람을 마치 기니피그(guinea pig : 실험재료)로 사용하는 것과 다를 바가 없는 사례다. 건강과 환경에 영향을 미치는 것은 예측하기가 어렵다. 이론적으로 몇몇 나노 입자들은 아주 유용할 수 있다. 자외선 차단에 아주 훌륭하기 때문에 자외선 차단 크림에 많이 사용된다. 또한 상처를 살균상태에서 지켜주는 의료 붕대에도 사용되며, 심지어 음식을 신선하게 유지시키는 플라스틱 통에도 사용된다. 우리 대부분이 알지 못했던 새로운 세계이다. 하지만 걱정스럽게도 이러한 나노물질이 얼마나 오랜 시간 동안 효과를 발휘할지는 미지수이다. 쓰레기를 분해하는 박테리아를 제거하는 나노입자가 하수구에 있으면 어떤 일이 일어날까? 또 자외선 차단 로션이 바다로 씻겨 들어가 버린다면 어떻게 될까? 햇볕으로 입는 화상으로부터 게와 오징어를 보호하기 시작할까? 지금 바로 이 순간 우리는 알 수 없다. 몇몇 '캠페인 조직'은 우리가 이 기술 전체에 관해 더 알 때까지 도입을 늦추어야 한다고 말한다. 영국 기업은 이 이슈에 대해 알지만 아직 어떠한 소비자 캠페인도 시행하고 있지 않다. 하지만 나는 무언가를 작은 것부터 시작하는 기술은 큰 성과를 이끌어 낸다고 생각한다.

_ 동물 실험 : 2009년 EU 전체에서 화장품 검사에 동물 시험을 금지했다. 그러나 2013년까지 완전한 판매 금지는 없다. 인도적 화장품 표준(The Human Cosmetics Standards)은 국제 동물 검사가 시행되고 있지 않다는 것을 입증하는 유일한 조직체이다. 이 로고를 붙인 모든 기업은 특정일 이후로 어떤 제품에도 동물 실험을 하지 않았다는 것을 증명할 수 있어야 한다. 생체 해부에 반대하는 영국 연합(The British Union Against Vivisection)은 동물실험을 하지 않고 생산된 제품에 관한 작은 책자(Little Book of Cruelty-Free)를 정기적으로 발행한다. 이것은 어떤 기업이 동물 실험을 하지 않았는지를 목록으로 제시한다.

화장품과 세면용품 관련 웹사이트

The Body shop · http://www.thebodyshop.co.uk/
환경적이고 윤리적 정책에 따르고 있는 화장품과 세면도구 소매점

- -

British Union for the Abolition of Vivisection(BUAV) · www.buav.org
동물 실험 반대를 위한 협회

- -

Forest Steward Council(FSC) · 산림관리협의회www.fsc-uk.org
종이와 목재제품에 관한 산림관리 인증제도

- -

Greenpeace · www.greenpeace.org.uk
가정용품 화학용품에 대한 안전한 대체용품을 위한 캠페인

- -

Mooncup · www.mooncup.co.uk
탐폰의 대안으로 재사용 가능한 제품

- -

Natracare · www.natracare.com
유기농 면으로 된 탐폰을 생산

- -

Phyto Trade · www.phytotradeafrica.com
아프리카에서 발견한 지속가능한 화장품 성분을 개발

- -

Woman's Environmental Network · www.wen.org.uk
일회용 기저귀, 화장품, 세면도구, 여타 여성 관련 논쟁과 관련한 캠페인

약국

헤어 케어

얼마나 많은 사람이 모발에 투자하는지 알려면 약국에 가봐야 한다. 나는 1주일에 1번보다는 조금 더 많이 머리를 감고 1년에 3회 이하로 미용실에 간다. 그래서 나는 모발관리 제품으로 자원낭비를 거의 하지 않는다. 그러나 여러분이 헤어스프레이 마니아인 경우 여러분은 아마 분무식 스프레이가 펌프 연사식의 스프레이보다 더 잘 작동한다고 생각할 것이다. 여기에 에코 딜레마가 있다. 안개처럼 뿜어내는 방식의 분무식 스프레이는 실제로 사용하는 양에 비해 1/3 정도가 공기 중으로 헛되게 사라져 버리게 되는 반면에, 한편으로는 머리 모양을 더 오랫동안 지속시켜주는 질 좋은 스프레이이기도 하기 때문이다.

그리고 샴푸는 어떤가? 분명 여러분이 머리를 더 감을수록 머리카락은 더 기름질 것이고 더욱더 감아야 할 것이다. 일부 사람이 전혀 머리를 감지 않는 걸 시도했고 몇 주 후에 문제없다는 걸 알게 되었다. 물론 내가 이것을 추천하는 건 아니지만 이는 확실히 친환경적 접근일 것이다.

그러면 얼마만큼 샴푸를 사용해야 하는지에 관한 논의가 남았다. 출처가 분명한 이야기는 아니지만, 샴푸 판매는 한 마케팅 관리자가 이 특별한 단어를 포장에 써넣으면 판매실적을 2배로 올릴 수 있다고 주장한 그 묘안 이후에, 급상승하였다. 그 단어는 바로 '반복'이었다.

그 이후에 대부분 사람은 두 번 샴푸 한다. 이것이 필요 없다고 생각하는 사람은 나 혼자만은 아닐 것이다.

면도

전기 면도는 물로 하는 면도보다 다시 사용할 수 있는 기계와 크림이 필요 없기 때문에 낭비가 덜하다. 만약에 물로 면도를 한다면 오래 가는 면도기와 연무식보다 튜브에 담긴 면도 크림을 선택하자.

치약 어떤 치약 포장이 가장 친환경적일 것인지 고민해본 적이 있는 가? 확실히 예전의 박스 안에 든 금속으로 된 것 말고 뚜껑이 플라스틱으로 된 치약이 가장 좋다. 가장 좋지 않은 것은 복잡한 딱딱한 판으로만 된 것이다.

생리대 어떤 위생용품(생리대)이 주로 친환경적인 기준에 해당하는지 판단할 여성은 많지 않을 것이다. 하지만 여러분이 결정해야 한다면 최우선적으로 고려되어야 할 것은 배출되는 쓰레기의 양이어야 한다. 주요 대체제의 평가 척도가 아래와 같다.

쓰레기통에 담자

여러분의 변기 옆에 쓰레기통을 놓자. 그리고 이 쓰레기통에 탐폰, 작은 도구들, 포장지, 생리대를 버리자. 이들은 하수처리 시스템을 막을 수도 있고, 변기가 넘쳐흐르게 할 수 있다. 하지만 그것들을 담을 새로 나온 일회용 가방이나 화장지를 너무 많이 사용함으로써 추가 쓰레기를 만들지 않도록 해야 한다. 면봉과 콘돔 또한 하수구를 막을 수 있다. 그것들도 쓰레기통에 넣자.

탐폰 탐폰은 작은 도구 없이 끼워 넣은 형태가 낭비가 훨씬 덜하다. 만약 여러분이 작은 도구를 택해야만 한다면 종이나 카드를 선택하도록 하자. 그리고 책 커버와 같은 것을 택하자. 비록 그렇게 하지 않는 것이 낫지만 변기통에 흘려보냈을 때 그렇게 문제가 되지 않는다.

생리대 얇은 생리대는 탐폰보다는 낭비가 덜할지도 모른다. 하지만 포장지는 재활용해야 한다. 그리고 절대 변기통에 넣어선 안 된다. 최근에는 면으로 만든 재활용 가능한 패드를 구할 수 있다. 그래서 여러분이 이 생리대를 세탁기에 따로 돌리거나 물의 온도를 올리지만 않는다면 새로운 디자인은 부드럽고, 얇고, 흡수력도 좋고, 일회용보다는 덜 낭비적이다.

문컵(mooncup) 문컵에 대해 이야기하면 대부분 사람은 이것을 약간 혐오스럽게 생각한다. 이것은 깔대기 모양의 실리콘 도구인데 질에 끼워 넣어서 생리혈을 받는 것이다. 몇 년 동안 주기적으로 재사용이 가능하지만 다른 위생용품의 6개월 동안 비용보다도 적게 든다. 이것은 일회용이 아니기 때문에 아주 친환경적이다. 내가 남아메리카에서 배낭여행 할 때 필요한 적이 있었는데 거기에서는 탐폰 1박스 값이 호스텔에서 하룻밤을 묵는 가격 정도였다.

무엇으로 만들까? 대부분 탐폰과 생리대는 레이온, 면화, 또는 이 두 소재의 혼방으로 만들어진다. 레이온은 목재 펄프로 만든다. 아직까지 지속가능하며 관리된 숲에서 생산되었다는 것을 보장해주는 산림관리협의회의 인증을 받은 위생용품은 전혀 없다. 이는 가까운 미래에 제조업자들과 소매업자들에게 요구해야 할 부분이다.

면화와 관련된 주요 문제는 농작물에 사용된 농약의 양이다. 또한 GM식물에서 만든 면화는 GM이 아닌 재료와 함께 섞어 만든다. 이는 물질 자체로는 어떤 차이도 만들어 내지 않는다. 하지만 이것은 여러분이 이 기술을 지지할 것인지 또는 하지 않을 것인지에 관한 선택권이 없다는 것을 의미한다. 현재 나트라케어에서 만든 유기농 면화 탐폰이 있다. 이 면화는 일반 면화와 달리 GM재료가 아니고, 적은 양의 농약으로 기른 것이다.

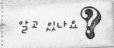
 표백제

레이온이든 면이든 섬유의 때를 제거하고, 흡수성을 높이고, 표백해서 사용에 적합하도록 하기 위해서는 표백제가 필요하다. 과거에는 많은 기업이 염소 표백을 사용했는데, 이 과정에서 환경에 영향을 미치는 위험한 다이옥신이 다량 방출되었다. 지금은 사용이 금지되었다. 현재 사용되는 두 가지 표백 기술에는 약간 다른 점이 있다. 둘 다 환경에 뚜렷하게 위험하진 않다. 하지만 그럼에도, 몇몇 기업은 여전히 그들이 사용하는 표백 기술이 서로 뛰어나다고 다툰다. 나는 이것에 오해의 소지가 있다고 생각한다. 이러한 이슈는 기저귀 표백에 있어서도 마찬가지다.

기저귀

더 적은 양의 기저귀를 사용하길 원한다면 여자 아이를 낳지 않는 것이 좋다. 2살 반까지 여아의 90%, 남아의 75%가 기저귀를 쓴다. 명백히 이는 우리가 선택할 수 있는 문제는 아니다. 하지만 우리는 어떤 종류의 기저귀를 구입할 것인지는 선택할 수 있다.

기저귀를 고를 때 가장 주요한 선택은 일반적으로 사용되는 일회용과, 친환경적 대안으로 여겨지는 재사용품의 두 가지다. 하지만 친환경적 선택은 보이는 것만큼 뚜렷하지 않다.

재사용 가능한 기저귀는 흡수력이 좋지만 아기 엉덩이에 오줌이 묻는 것을 막아주지는 못한다. 기저귀 발진을 막기 위하여 일회용 기저귀보다 더 주기적으로 자주 바꿔주어야 한다.

분명 재사용 기저귀는 훨씬 적은 쓰레기를 쓰레기장에 보낼 것이다. 매년 영국에서 약 25억 개의 기저귀가 버려진다(하루에 700만 개에 달한다). 그리고 이 양은 전체 가정 쓰레기 중 2.4%를 차지한다. 반면 재사용 기저귀는 세탁과 말리는 데 훨씬 많은 에너지가 사용되기 때문에 기후변화에도 좋지 않다.

일회용 기저귀는 전(前)보다 부피가 작아졌다. 지난 15년간 사용된 양이 40% 감소되어 오고 있다. 부분적으로 이는 강력한 흡수력이 있는 젤 사용 덕에 얻어진 결과이기도 하다. 이 젤은 액체물질을 빨아들여서 아이의 피부를 보송하게 해준다. 하지만 이것은 썩지 않는 생분해성과 관련된 논란이 있는 플라스틱 물질로 만들어졌다.

우리가 생각해야 할 또 다른 문제점은 기저귀에 쓰인 펄프가 숲으로부터 온다는 것이다. 기저귀 생산업자는 모든 펄프가 FSC 인증을 받아서 지속가능한 자원으로부터 생산된다는 것을 보증해야 한다.

썩거나 썩지 않거나 대부분 사람은 기저귀는 쓰레기 매립지에서 생분해되는 게 좋은 것이라고 생각한다. 일회용 기저귀는 확실히 전보다 더 생분해가 가능하다. 사용되지 않은 기저귀는 약 50% 생분해 가능하고, 반면 사용된 것은 평균적으로 80% 생분해가 가능하다. 하지만 전에 논의된 바에 따르면, 쓰레기 매립지와 관련된 법은 매립지에 투입되는 생분해가 가능한 쓰레기의 양을 줄이는 것을 목적으로 하고 있다. 쓰레기가 썩는 데서 배출되는 온실가스는 해결하기가 어렵다. 좋은 소식은 기저귀가 방출한 메탄을 모으는 산업시스템에서 퇴비를 연료로 사용할 수 있다는 것이다. 이러한 접근은 네덜란드에서 개발하고 있는데, 영국에서 불가능하단 이유가 없다. 일회용 기저귀의 90%가 쓰레기 매립지를 채운다. 제조업자와 지방자치단체는 기저귀를 포함한 바이오 쓰레기를 위한 퇴비시스템 구축을 도우면서 이러한 변화를 더 많이 유도해야 할 것이다.

물로 하는 세탁 일회용품의 친환경적 조건이 제품 포장의 디자인으로 요약되는 반면, 재사용은 대부분 사용자의 책임이 된다. 아쉽게도 기저귀는 끔찍한 세균을 제거하기 위해서 60℃에서 씻어야 한다는 점에서 조금 예외이다. 하지만 재사용 가능한 기저귀에 일회용 안감을 사용하거나, 세탁 전에 미리 기저귀를 표백제에 넣는다면, 다른 옷 세탁과 마찬가지로 40℃에서, 심지어 30℃

에서도 세탁 가능하다.

무엇보다도 회전식 건조기를 피하도록 하자. 그것은 의
도했던 친환경 이익을 상쇄시킬 것이기 때문이다.

<u>봉지 사용하지 않기</u> 우리 모두가 알다시피 기저귀는 냄
새가 많이 나고, 대부분 사람이 기저귀를 여러 겹으로 비
닐봉지에 넣는 것에 대해 세심하게 생각한다. 만약 여러
분이 밖에 있다면 이에 해당될 것이다. 하지만 집에서는
바로 휴지통에 넣어 뚜껑을 닫고 주기적으로 비워주는 것
으로도 충분하다. 그리고 결국은 쓰레기 매립지로 갈 부분

재사용 가능한 기저귀 종류

- 올인원: 방수 커버로 된 맞춤형 기저귀
- 모양이 잡혀 있는 기저귀: 올인원과 비
  슷하지만 분리형 방수 커버로 된 기저귀
- 평평하거나 접혀 있는 기저귀: 접어야
  하며 방수 팬츠가 따로 있는 구식의 기
  저귀

적인 생분해성 기저귀를 위해서 생분해성 비닐봉지를 사는 것은 결코 말이 되지 않는다.

<u>나의 조언</u> 일회용과 재사용 가능한 기저귀 사이 중 어떤 것이 좋을지 명확하게 선택하진 못하겠
다. 쓰레기가 더 걱정이 되어서 재사용 기저귀를 택할 것인지, 또는 기후변화가 걱정이 되어서 일
회용 기저귀를 택할 것인지는 여러분이 선택해야 한다.

만약 일회용 기저귀를 선택한다면 제조업자에게 회사의 지속가능한 산림정책에 관해 요구하고,
퇴비 시스템을 갖추도록 하는 것이 좋겠다. 해당 기업에서 생산하는 일회용 기저귀에서 바이오
가스를 모으도록 되어 있다면 친환경적 측면에서 재사용 기저귀보다 확실히 나을 것이라고 생
각한다.

유행과 보석

● 유 행 사 업

_ 너무 많은 옷 : 나는 흥을 깨는 사람을 싫어한다. 하지만 패션에 대한 생각만
큼은 별개다. 옷이 아주 괜찮은 상태임에도 더 이상 유행에 맞지 않는다고 해서
갖다 버리는 건 더 이상 패션이 아니다. 단지 낭비일 뿐이다.

여러분은 잘 입지 않을 옷도 살까? 영국에서 구매되는 의류 품목은 2001년
이래 최소 1/3 이상 증가하였다. 우리는 무게로 따져 1년에 약 200만 톤의 옷을

구입한다. 이것은 다른 옷감 등을 포함하여 1인
당 55kg에 해당한다. 과대 적재된 옷장이 많이
있는 것임이 틀림없다.

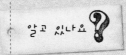
　　옷 소비의 다량증가의 주요 원인 중 하나는
단가가 급격하게 떨어진 데 있다. 요즘은 여러분
이 1만 원에 티셔츠 하나를 사고 싶으면 중고 상점에 갈 필요가 없이 새것을 살
수 있다. 극동지역으로부터 온 싼 수입품은 우리의 패션 공업을 피폐하게 하고
영국의 직물산업 재생 분야 완전붕괴에 부분적인 책임이 있다. 버려진 옷이 제
역할을 하려면 해외로 보내져야 한다.

　　구세군은 가장 크고 오래된 옷 수집가이다. 그들은 그들이 기부 받는 옷의
단지 1~2%만 그들의 상점을 통해 팔고 있다고 한다.

　　비록 여러분이 자선 상점에 직접 옷을 가져가더라도 옷의 대략 15%만이 재
활용을 위해서 상점에서 판매될 것이다. 그러나 그 옷들이 우크라이나에 간다면
80% 이상이 다시 재사용될 수 있을 것이다.

　　쓰레기 매립처리장에서 버려진 의류 중에 재생가능한 의류는 일부만 모아
지고 나머지는 폐기된다. 기본적으로 우리가 어떻게 해야 좋을지 모르는 옷의 분
량은 상당하다. 패션산업을 향한 거대한 도전은 에너지와 자원을 지키되, 너무
많은 비용이 들지 말아야 할 것이다.

　　_ 자주 빨기 : 여러분은 패션 공업이 환경에 주는 영향이 적다고 상상할지도
모르겠다. 하지만 그것은 사실이 아니다. 면 티셔츠와 청바지는 가정에서 가장
많은 탄소 배출을 할 것이다. 세탁, 건조 및 다림질 등. 여러분이 60℃에서 40℃로
세탁 온도를 줄이고, 회전식 건조를 피하고 다림질을 없애면 실제로 면 티셔츠로
인한 세계적인 환경적 파괴를 절반으로 감소시킬 수 있을 것이다.

　　따라서 여러분이 옷을 선택할 때 그 옷의 세탁과 관리조건을 고려해야 한다.

내 생각으로는, 많은 사람들이 필요보다 더 많이 다림질을 한다. 대부분 옷은, 털어서 건조만 시켜 걸어 놓아도 충분히 모양이 난다. 나는 차라리 요즘 유행하는 주름 셔츠를 권한다. 그것은 가방에 꼬깃꼬깃 구겨서 말려도 괜찮으니까 말이다.

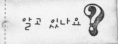

알고 있나요?

직물 1톤을 만드는 데 유리 1톤을 만드는 것보다 에너지가 10배 더 필요하다.

_ 드라이클리닝 : 드라이클리닝은 가정 세탁물보다 더 좋지 않다. 세탁소에 옷을 가지고 가는 동안의 에너지 낭비는 그렇더라도 드라이클리닝을 하는 과정에서 화학제품을 사용한다는 점을 고려해야 한다. 퍼클로로에틸렌(Perchloroethylene: perc)은 일반적인 드라이클리닝 액체이지만 그것을 사용하는 사람들의 건강에 대한 관심은 별로 없다. 진짜로 무서운 것은 수로로 우연히 흘러들어가는 경우에 이 액체는 장기 오염의 우려가 있다는 것이다.

"perc"에 대한 대안으로서 '녹색 지구 드라이클리닝'이라고 하는 것이 있다. 이 액체는 수년 후 분해될 수 있으며 샴푸, 유연제, 립스틱 및 보습제 같은 제품에서 이용되어온 실리콘의 한 유형이다. 이 액체는 인류 건강에 유해하다고 생각되지 않으며, 아무것도 오염시키지 않고, 냄새도 나지 않는다. 그래서 드라이클리닝 노동자는 이것을 매우 선호한다.

존슨(Johnson's Cleaners)은 영국에서 가장 큰 드라이클리닝 회사로, Belgravia의 Sketchleys 그리고 Jeeves를 포함한 거의 600개의 직매점을 운영하고 있다. 존슨은 그 산하 가게의 절반에서 친환경 세제를 사용하도록 바꾸었고, 2년 후까지 나머지 가게들도 이를 따르게 하였다. 그러나

의류에 대한 팁

- 필요한 것만 구매하자.
- 간접적으로나마 재생한 옷을 사자.
- 친척이나 친구와 옷을 돌려가며 입자.
- 중고 취급 웹사이트에서 옷을 사고팔자.
- 가능하면 빌려 입자.
- 질 좋은 옷을 사자.
- 대마와 유기 물질이 들어 있는 옷을 사려고 노력하자.
- 드라이클리닝을 필요로 하는 옷을 피하자.
- 쉽게 관리 가능한 의류를 선택하자.
- 오직 더러울 때만 세탁을 하자.
- 저온으로 세탁하자.
- 다림질을 하지 말자.
- 회전식 건조기를 피하자.

소규모 세탁소들은 Morrisons에서 만드는 세제를 쓰지 않을 것이다. 여러분의 옷을 드라이클리닝을 해야 하는 경우에는 친환경 세탁기술자에게 맡기도록 하자.

_ 공정한 패션 : 여러분이 '친환경' 유행의 세계를 보면, 대부분 회사에 중요한 문제는 윤리적인 거래 또는 공정거래이다. 이것은 그 사업이 대중에게서 영향을 받는다는 것을 의미한다. 한편으로 근로 환경이 안전하고 건강한가가 중요하다는 것도 확신할 수 있다.

예를 들어 면 분야 또는 염료 업체에서 일하는 사람은 사용하는 화학제품 때문에 사망할 수 있다. 다른 면에서는 공정거래는 지역사회의 계획을 지원함으로써 가난을 완화시킬 수 있도록 하고 그들이 생계를 유지할 수 있도록 공정한 상품 가격을 보장한다.

● 성 분 이 다 른 면

_ 면 : 모든 직물의 거의 반은 면으로 만든다. 그러나 그것의 생산에는 특정 문제가 있다. 그 중 하나는 작물에 이용된 엄청난 규모의 농약이다. 세계에서 가장 큰 면 생산지인 중국 면 농장에서는 농약이 평균 1년에 20번 정도 살포된다. 또한 미국에서 면 작물은 경작지의 4 퍼센트를 할애하고 있으며 국가에서 관리한다.

또 다른 문제는 물이다. 1kg의 면을 생산하기 위해서는 평균 10,000리터의 물을 사용해야 한다. 이는 물을 적게 사용할 수밖에 없는 지역에서 비참한 결과를 초래할 수 있다. 러시아의 아랄해는 면 경작으로 인하여 면적이 1/4로 줄어들었다.

면 생산에서 GM의 대폭적인 사용은 또한 논쟁이 된다. 미국에서는 지금 면 작물의 대략 20%와 면 생산량의 80%에 GM이 사용된다. 그것을 도입한 목적은 이용되는 화학제품 양을 감소시키기 위해서였다. 그러나 실제로 그 목적이 달성되었다는 것에는 의문이 있다. 실제로 GM 면 작물이 강한 잡초를 제거하는 제초제의 사용을 야기한다는 점이 우려되고 있다.

유기 면은 몇몇 농약을 이용하고 GM은 이용하지 않는다. 농부는 두엄으로 토양을 기름지게 하고 자연적인 해충 억제제를 사용한다. 하지만 그들이 말하지 않은 문제는 대량의 물을 필요로 한다는 것이다. 그러나 대부분 유기 면은 관개가 필요하지 않은 지역에서 생성된다. 성장하고 있는 유기 면은 또한 저생산성 때문에 땅을 더 필요로 한다.

면의 유기농 기준은 성장과정에서 화학약품을 쓰지 않아야 하며, 에너지와 낭비를 줄이고, 특정 라벨을 붙이고, 그리고 심지어는 버튼과 버클, 지퍼와 같은 액세서리에 대한 규제까지를 포함한다.

_폴리에스테르 : 전체 섬유 중 거의 1/3이 폴리에스테르로 만들어지는데 폴리에스테르는 석유에서 만들어진다. 그런데 폴리에스테르 생산은 고에너지 사업이다. 면 1톤보다 3~5배나 많은 에너지가 폴리에스테르 1톤 생산에 소비된다.

하지만 폴리에스테르 의복의 수명기간 전체에 소비되는 에너지는 면 의복 하나에 소비되는 에너지와 실제로 비슷하기 때문에 문제가 간단하지 않다. 그리고 폴리에스테르 의복은 염색하거나 세탁하는 데에 더 적은 에너지와 물이 사용된다. 또한 농작을 위한 땅과 엄청난 양의 농약이 필요 없다는 이점도 있다.

_레이온 또는 비스코스 : 또 다른 인기 섬유는 레이온 또는 비스코스이다. 사실 이 섬유는 나무에서 만들어진다. 그래서 지속가능한 숲 관리가 중요한 관건이다. 레이온 생산에는 많은 에너지가 소비되고 많은 독성 화학약품이 사용된다. 하지만 이것을 생산하는 주요 기업들 중 한 곳이 훨씬 친환경적인 대체물을 찾아냈다.

그것은 텐실(라이어셀의 유명상표)이다.

텐실은 제조과정에서 화학약품을 재활용한다. 그래서 낭비되는 자원이 하나도 없다. 텐실은 지속가능하게 관리된 숲에서 생산된 나무들에서 나온다. 그리고 생산과정 전체에 걸쳐 환경에 미치는 영향력을 최소화하고 있다. 일반 레이온보다 더 비싼 사실은 안타까울 뿐이다. 더 비싸지 않았다면 텐실 사용이 훨씬 더 많았을 것이기 때문이다. 옷에서 텐실 라벨을 찾아보자.

더 많은 대마(삼)가 필요하다

나는 대마의 장점을 접했을 때 왜 우리가 더 많은 대마를 재배하지 않는지 궁금했다. 내가 대마초를 피우기 때문은 아니다. 대마가 친환경적이기 때문이다. 그리고 마약 문제에 대해 언급하자면 대마초에 취하기 위해서는 방 안 가득 연기가 차도록 담배를 피워대야 한다.

대마는 어디에서든지 잘 자라는 가장 튼튼한 작물이다. 뜨겁든 차갑든, 곤충에 대한 저항력이 크고 주위 잡초보다 빨리 성장한다. 그래서 대량의 화학제품을 필요로 하지 않는다. 무엇보다 좋은 점은 1에이커의 땅에서 얻을 수 있는 면화 수확보다 3배 이상의 대마섬유를 얻을 수 있다. 에너지와 물의 장점에서 다른 어떤 섬유보다도 더 낮은 영향으로 환경에 미치는 효과는 우수하다. 그것은 기술적인 관점에서도 나쁘지 않다. 조악한 섬유를 연화하기 위한 새로운 기술이 발견되었다. 대마는 분명히 면보다 4배나 강하며, 마모에 대한 저항성이 2배나 되고, 덜 오그라들며 햇볕에서도 덜 바랜다. 그러므로 여러분은 대마가 일반적으로 파는 면들보다 크게 비싼 게 당연하다고 여길 수 있다. 그러나 실제로 대마는 보통 면보다 30% 싸고 유기농 면보다는 70% 싸다.

나는 대마의 사용이 더 널리 퍼지지 못하는 주된 이유는 '기술적 체계'가 아직 자리 잡지 못한 데 있음을 알았다. 왜 이 땅에는 심지 않는가 하고 묻고 싶다. 나는 오렌지색 대마 치마와 신발을 최근에 Natural Collection에서 구매했고, 장차 이것들이 다른 대마 부가물과 함께 내 벽장에 놓이기를 바란다.

_ 털실에 대한 생각 : '친환경'은 종종 '털실로 짠 점퍼 연대'로, 울의 친환경적인 자격은 흠 잡을 데가 없다고 생각할 것이다. 하지만 그렇지 않다. 의복에 사용되는 거의 모든 울은 고기보다 양털을 위해 특별히 길러지는 호주의 메리노 양에서 생산된다. 점점 뜨거워지는 기후를 호주의 양들은 질 좋은 울을 생산하면서 적응해야 한다. 반면에 영국 양들에서 나온 울은 거칠기 때문에 카펫용으로만 좋다.

그리고 진짜 문제는 점퍼, 정장 또는 양말이 만들어지기 전까지 울을 씻고 열처리하는 데 소비되는 에너지와 물의 양이다. 면이나 폴리에스테르보다 울은 물과 에너지 자원의 소비가 훨씬 많다.

울의 가장 큰 이점은 놀랍게도 품질보다 고가에 있다. 만약 여러분이 순모 정장 한 벌에 투자한다면 두세 번 산책 후에 버리지는 않을 것이다. 값싼 인조 대체제는 더 빠르게 닳아서 정품을 사게 하므로 더 많은 자원이 낭비된다. 비슷하게 세탁에서도 이점이 있다. 대부분 사람은 울 점퍼를 면 셔츠를 세탁하는 것처럼 자주 세탁하지는 않는다.

_ 좋은 무두질 : 가죽은 주로 육류 산업의 부산물이다. 하지만 친환경적 자격으로는 좋지 않다. 털이 많은 동물 가죽을 부드럽고 유연한 소재로 변화시켜서 신발, 벨트, 바지 또 다른 옷들을 만들어 내는 일은 아주 유해한 사업이다.

제혁 산업은 수천 명의 영세 기사들로 이루어졌는데 이들 중 많은 사람이 수십 년 동안, 몇 사람은 수 세기 동안 가죽과 관련된 일을 해오고 있다. 그들의 작

플라스틱 병으로 만드는 양털

버려진 플라스틱 병을 위한 최고의 재사용은 플라스틱 병으로 양털 재킷을 만드는 것이다. 파타고니아는 처음으로 이것을 도입한 의류 회사인데 13년 동안 8600만개의 플라스틱 병을 사용했다.

업 공정을 청결화하는 것은 어려운 일인데, 이것은 불가피하게 비용이 들고 수익을 줄이는 일이기 때문이다. 그래서 규모가 큰 기업을 상대로 중금속과 화학물 공포를 제거하기 위한 변화를 이끄는 것이 훨씬 더 쉬울 것이다.

_ 본연의 색깔 : 중세기에 모자를 만드는 사람들은 색을 위해 종종 아주 위험한 물질을 사용했다. 이들은 방호복을 입지 않아서 그들 중 몇몇은 독성 물질과 심각한 금속을 흡수해서 어

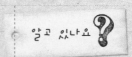

지러워지기도 했다. 'mad as a hatter(아주 미친)'이라는 말은 여기에서 온 것이다.

오늘날 8,000여 종의 화학약품이 염색, 열처리, 무늬, 마감 처리 등 섬유 제작 및 생산에서 사용될 수 있다. 사실 염료를 만들고 사용하는 전 과정은 지구상의 가장 큰 오염산업 중 하나다. 문제의 핵심은 사용 후 물에 남는 염료의 잔존물이다. 지독히 많은 잔여물이 정화되지 않은 상태로 하수도관에 쏟아져 들어간다.

전 세계의 섬유산업은 매년 4~5만 톤의 염료를 강과 개천에 버린다. 그뿐만 아니라 제조과정에서 사용되는 소금 수십만 톤도 함께 버려진다. 그리고 또 염색에 소비되는 엄청난 물의 양 또한 잊어선 안 된다. 티셔츠 한 벌을 염색하는 데에는 16~20리터의 물이 사용된다.

여러분은 아마 옷을 구매하는 우리들이 이 문제들에 대해 할 수 있는 일은 매우 작다고 생각할지도 모르겠다. 하지만 그렇지 않다. 막스앤스펜서(Marks & Spencer)는 국내 전체 옷의 10~12%를 팔고 있는 곳인데, 그들 매장을 통해 판매되는 옷에 화학약품 사용 제한과 오염을 막기 위한 규정을 설정하고 있는 의류 소매점 중 하나이다.

하지만 자신들이 판매하고 있는 옷으로 인한 오염에 대해 걱정하는 소매점은 아주 적어 보인다. 이것은 주로 소비자인 우리에게 별것 아닌 것 같아 보이기 때문이다. 우

아이들의 의류
아이들 옷의 만화 캐릭터 무늬와 디자인은 주로 프탈산과 다른 나쁜 화학약품인 폴리염화비닐로 만든다. 막스앤스펜서는 처음으로 아이들 옷에서 이런 모든 화학약품을 제거한 거대 소매점이다.

리 중 대부분은 다행히도 그 진행과정을 모른다. 그래서 Top Shop, Gap, Burtons, Jigsaw, Asda, Tesco와 같은 소매점들에 가서 의류공급 체인을 깨끗이 하기 위해 그들은 무엇을 하고 있는지 물어보아야 한다고 생각한다. 돈을 쓰는 곳이 어디인지를 보면 알 수 있다. 녹색소비자는 회사가 돈으로 무엇을 사는지뿐만 아니라 무엇을 버리는지 그리고 어떻게 관리하는지 또한 그들이 어디에 투자하는지를 알아보아야 한다.

더러운 금(金)

내 결혼반지는 20톤의 돌과 잔해들이 버려진 금 추출 결과라는 사실을 알게 되었다. 이 과정에서의 낭비는 충격적이다. 금으로 정제하기 위해서는 10,000배의 광석을 채굴한다고 한다. 그리고 금광 채굴은 가장 더러운 산업 중 하나인데, 일반적으로 청산칼리, 비소, 수은을 사용하기 때문이다. 환경오염과 파헤쳐진 경관 외에도 금광 산업은 또한 수천 명의 사람들을 고향에서 내쫓고 삶의 터전을 파괴시킨 것에도 책임이 있다. 전체 채굴된 금의 절반 이상이 토착민들의 땅에서 채굴된다. 이미 채굴된 금은 최소 50년 동안 쓸 수 있을 만큼 충분해 보인다. 그래서 왜 이 더러운 산업이 이토록 계속하여 땅을 파괴하고 강탈해서 연간 2,500톤을 채굴해야 하는지 질문해봐야 한다. 그리고 왜 채굴한 것 중 80%를 보석을 만드는 데 사용하는지도 물어봐야 한다. 미국의 회사 그린캐럿은 재활용 금만을 팔고 있다. 우리나라의 보석상들에게도 똑같은 일을 할 것을 요구해야 한다. 이들은 자신들이 하고 있는 일을 깨끗하게 할 필요가 있다.

더러운 다이아몬드

다이아몬드 산업 또한 나을 게 없다는 사실이 유감스럽다. 어쩌면 더 나쁠지도 모른다. 비슷하게 이 산업은 엄청난 쓰레기를 만들고 많은 양의 물을 사용한다.

여러 지역에서 다이아몬드 산업은 습지대를 말라가게 하고 습지대에 서식하는 야생동물들에게 심각한 영향을 미치고 있다. 세계 다이아몬드 생산의 약 1/5은 충적토 채굴에서 생산된다. 이는 강바닥의 침전물을 긁었다는 것을 의미한다. 다이아몬드는 보통 강바닥 깊이, 또는 제방 높이 묻혀 있기 때문에, 그 추출은 엄청나게 파괴적이다. 수천 톤의 물체가 제거되고, 강의 환경체계는 망가진다. 다이아몬드가 환경에 미치는 충격에도 불구하고 세계적인 관심은 현저하게 인간에게 미칠 영향에만 초점이 맞춰져 있다. 얻은 수익이 부패한 정부나 반군세력을 지원하는 데 쓰이는 '갈등' 또는 '피'의 다이아몬드는 다이아몬드 산업에 엄청난 이슈가 되고 있다. 이로 인해 거의 모든 다이아몬드 생산자는 원산지를 증명하기 위해 코드를 새겨 넣는다. 문제는 시장에 나온 다이아몬드가 어디에서 생산되었는지를 추적할 수 있는 시스템이 아직 없다는 것이다. 그래서 여러분은 나쁜 일을 지원하고 있는 건 아닌지 알 길이 없다. 또 다른 이슈로는 아동노동과 끔찍한 노동환경 문제다. 다이아몬드 산업은 여전히 이런 방법이 계속되고 있는 부분이 있다. 대안은 존재한다. 첫째는 채굴 다이아몬드를 절대 구입하지 않는 것이다! 사실, 그것들은 필요가 없다. 또 다른 선택은 모조품을 구입하는 것이다. 진짜와 가짜를 구별할 수 있는 사람은 그렇게 많지 않다.

의복과 보석관련 웹사이트

Beyond Skin · www.beyondskin.co.uk
채식 및 철저한 채식주의자 디자이너 슈즈. 영국에서 만들고 인간과 환경에 미치는 영향을 최소화하고 동물 보호 기준을 위해 일하고 있음

- -

Eco Fashion · www.eco-eco.co.uk
환경친화적 의류 판매

- -

Enamore · www.enamore.co.uk
삼(대마)을 포함해 자연의 유기농 섬유로 옷을 만들고 재료를 재활용

- -

Green Fibres · www.greenfibres.com
유기농 옷과 침구류 판매

- -

Green Karat · www.greenkarat.com
유일하게 재활용 금을 판매하고 있는 미국 회사

- -

Johnson's Cleaners · www.johnsoncleaners.co.uk
'녹색 지구 클리닝'으로 변화를 진행하고 있는 영국의 가장 큰 드라이클리닝 체인점

Junky Styling · www.junkystyling.co.uk
중고를 세련된 옷으로 다시 만듦

Marks & Spencer · www.marksandspencer.com
염료와 화학약품으로 인한 오염을 줄이는 방법을 선도하고 있는 영국의 대형 의복 소매점

Natural Collection · www.naturalcollection.com
삼(대마)과 다른 환경 친화적 옷을 팔고 있는 직거래 우편 카탈로그

Patagonia · www.patagonia.com
재활용 소재로 만든 옷을 포함해 광범위한 스포츠 의류를 만들고 있는 주도적 캠페인 회사

People Tree · www.peopletree.co.uk
런던의 옥스퍼드 거리에 있는 Top Shop을 포함해, 영국에서 많이 팔리는 공정거래와 친환경 지역 의류 브랜드

Salvation Army Trading Company · www.satradingco.org
재활용을 위해 옷과 섬유를 모으는 가장 큰 수집회사

Vote Hemp · www.votehemp.com
더 많은 산업용 삼(대마)을 위한 미국의 캠페인 조직

돈과 재무

● 원 조

자선단체에 기부금을 내려고 한다면 작은 풀뿌리 조직에 기부함으로써 큰 힘을 줄 수 있다고 생각한다. 행정과 간접비에 먹히는 돈이 그만큼 적을 것이기 때문이다.

또 다른 문제는 장기간의 해결을 제공하는 프로젝트를 찾아야 한다는 것이다. 당장의 손해를 상쇄시키는 것보다 이미 존재하는 것들을 보호하는 것부터 시작해서 지역 주민들의 이익을 도모하는 것이 훨씬 더 효과적일 것이다. 만약 생계를 열대우림에 의존한다면 열대우림을 파괴하려고 하지 않을 것이라는 점을

알 테다.

　여러분이 만약 기부를 한다면 꼭 세금을 돌려받을 수 있도록 증여증명(Gift Aid)을 받도록 하자. 이것은 굉장히 간단하다. 서류에 서명만 하면 된다.

　_ 친밀감 : 또 다른 기부방법은 어피니티 카드(affinity card)를 통한 것이다. 이것은 여러분이 기부한 금액의 일정 비율을 주는 신용 카드를 말한다. 주요 환경 단체의 대부분은 어피니티 카드에 참가할 것이다. 그때 어떤 것이 유효한 것인지를 찾아내는 유일한 방법은 여러분이 지원하고 싶은 조직에 확인하거나 신용카드회사에 확인을 하는 것이다. 이들은 자신들의 웹 사이트에 목록을 안내한다.

　하지만 주의하자. 나는 Capital One이라는 신용카드에 관한 전단지를 받은 적이 있다. 멋진 호랑이나 원숭이가 있는 사진 중에서 선택할 수 있었지만 이들은 어떤 제휴도 맺지 않았었다. 이 얼마나 아까운 기회인가!

　일반적으로 신용카드는 폴리염화비닐(PVC)로 만든다. 하지만 WWF와 그린피스를 위한 어피니티 카드는 PVC를 사용하지 않고 만든다. 그린피스는 상호 협력 은행을 통해, WWF는 MBNA를 통해 지원할 수 있다.

● 은 행 과　건 설 협 회

　영국에서 가장 친환경적인 은행은 트라이오도스이다. 이 은행의 원칙은 지속 가능한 사업을 하는 기업에게 투자하는 것이다. 아쉽게도 우리는 매일의 은행 업무를 트라이오도스로 바꿀 순 없다. 개인 계좌를 제공하지 않기 때문이다. 하지만 이 은행의 예금계좌는 젊은 예금자(Young Saver)와 자선기부 예금자(Charity Saver)인 ISA 투자를 포함한다.

　생태건설협회(The Ecology Building Society) 또한 녹색 정책을 발견할 수 있는 곳이다. 이들의 투자는 친환경적 건축 프로젝트, 환경에 적은 영향을 주는 라이프스타일과 에너지 효율성으로 예금을 통해 누구든지 여기에 참여할 수 있다. 하지만 대출은 친환경적 기준에 적합한 건물에만 가능하다.

현재 예금을 위해서 상호협력은행(The Co-operative Bank)은 해당 가치와 해당 투자의 대출기준을 연결하는 데 있어서 가장 널리 알려져 있는 곳이다. 그리고 넓은 범위의 혁신적인 친환경적 계획을 통해 이를 따르고 있다. 플라스틱 컵으로 정원 가구 만들기부터 시작해서 탄소상쇄 프로젝트에 투자하는 돈을 포함한 대출상품 판매까지 다양한 계획을 실행한다.

아마도 가장 흥미로운 지속가능한 금융계획은 HSBC에서 시행하고 있는 것 같다. 2006년, 최초로 탄소중립은행이 되었는데 이는 이론적으로 최소한 세계적 운영이 지구온난화에 영향을 미치지 않는다는 것을 의미한다. 이 과정에서 재생 가능 에너지 공급자를 변경하고 탄소상쇄와 같은 에너지 효율 개선안들을 통해 성과를 냈다.

HSBC는 또한 투자 지속 지침 안내와 산림, 청정수, 에너지 및 화학물질과 관련된 대출 관련을 선도한다. 그리고 또 다른 은행으로 Lloyds TSB는 £50,000 이상의 대출을 요청하는 기업들을 대상으로 대출 이전에 환경관련 부분에 관한 검증 절차를 밟아야 한다고 주장한다. 이것은 많은 경우 이러한 회사들이 융자 전에 그들의 배출을 깨끗이 해야만 한다는 것을 의미한다.

은행영역과 관련된 이상한 점은 기업들이 자신이 파는 친환경 제품과 관련해 할 수 있는 일이 많지 않다는 것이다. 하지만 점점 기업운영, 이 중 자신들이 엄청나게 큰 영향을 미치는 투자 부분에 적용된 조건들과 관련해서 할 수 있는 여지가 많다는 것을 깨닫기 시작한 것만은 분명하다.

지금 이 순간에 소비자들이 은행과 건설업계 간의 친환경적인 비교를 하는 것은 쉽지 않다. 관련 정보를 얻기가 쉽지 않기 때문이다. 하지만 점점 더 쉬워지리라 생각한다. 그래서 여러분의 은행에 가서 그들이 하고 있는 일은 무엇인지 물어 봐야 한다. 만약 만족할 수 없다면 좋은 일에 힘을 쓰고 있는 다른 기관으로 바꾸길 바란다.

● 보 험

여러분이 자동차 보험을 찾는다면 2006년에 출시된 Co-op의 Eco 보험을 고려하자. 그것은 가장 연료효율이 좋은 차량에게는 10% 할인을 해준다. 또한 식목(植木)과 재생가능한 에너지 계획에 투자함으로써 여러분 자동차의 이산화탄소 배출의 20%를 상쇄시켜 준다. 아울러 자동차 수리업자가 부품을 재사용할 경우 다른 보험회사보다 가능한 한 더 많이 보험료를 지급한다. 연례 여행 보험, 가정의 건물과 내용물 보험 등을 취급하는 Naturesave사는 여러분의 보험료의 10%를 환경 프로젝트에 투자하도록 하는 서약을 하였다.

● 투 자

주식과 채권을 사는 것은 감자와 자두를 구입하는 것과는 매우 다르다. 여러분은 그것들을 가지고 오거나 눈으로 볼 수 없으며, 또한 어떤 이해할 수 있는 확실한 정보를 수시로 입수하는 것이 어려울 것이다. 문제는 철저한 통제에 의해 상품에 관하여 무엇을 말해야 하고 무엇을 말하면 안 되는지에 대하여 투자 산업이 조정된다는 것이다.

여러분이 친환경 생활양식을 채택할 것을 결정하는 경우에 여러분의 투자에 대한 접근방식이 결정된다. 많은 선택이 있지만 그 중에서 가장 중요한 것은 '녹색투자'는 성과를 위해 여러분이 타협할 필요가 없다는 것이다. 여러분은 그것을 실행하고 또 그것이 여러분에게 좋게 되돌아오는 것을 기대할 수 있다.

_ 어떤 종류의 펀드? : 여러분이 환경이나

요청!

어떤 사람이 수많은 말로 매우 막연하게 어떤 항목이 좋으며 반드시 사야 한다고 재정적인 것을 추천하는 것이 지루하지 않은가? 솔직하게 말해서 나는 전문적인 재무 조언자도 아니고 그렇게 되기를 바라는 것도 아니다. 내가 쓴 것이 무엇이든지 단순히 나의 의견이고 그렇게 그 자체로 받아들여져야 한다. 언급한 바대로 투자를 결정하기 전에 여러분의 가치를 적용해서 자산 운영의 기초를 적절하게 잡는 것이 중요하다.

사회적·윤리적 문제점에 관심을 가지고 있다면 사회적으로 책임 있는 투자기금(Socially Responsible Investment: SRI)으로 알려져 있는 펀드를 찾아보도록 하자.

다음 세 가지 주요 유형이 있다.

<u>윤리</u>   이 기금은 가려진 기금으로 불리기도 한다. 부정적인 윤리 기준은 알코올, 동물성 테스트, 무기, 도박 등의 투자를 포함하고 있지만 몇몇 긍정적인 표준도 있다.
<u>최우량주</u>   이 기금의 개념은 그들의 비즈니스 업계를 주도하고 있는 회사를 선정하기 위한 것이다.
<u>기회주</u>   몇몇 기금은 환경문제로 생긴 기회를 최대한 이용하기 위해 설정된다. 따라서 그들은 오염통제 기술을 개발한 회사 또는 기후변화의 충격에서 사업 기회를 얻은 회사에 투자할지도 모른다.

> ## 최고의 친환경 기금
> - Aberdeen Ethcal World
> - Friends Provident Stewardship
> - Hendersons Grobal Care Growth
> - Impax Environmental Markets(IT)
> - Insight Evergreen
> - Jupiter Ecology Fund
> - Jupiter Green (IT)
> - Merrill Lynch New Energy (IT)
> - Norwich Union/Morley Sustainable Future Funds
>
> IT : Investment Trust(투자신탁)

사실상 많은 기금에는 3가지의 접근 요소가 모두 있다. 투자자로서 투자를 시작하기 전에 여러분이 어떤 위치에 서 있을지를 결정하는 것은 매우 중요하다. 예를 들어 여러분이 특정한 범위의 모든 기업들 중에서 선택을 하기로 한다면 기업을 제한하는 방법보다는 기회를 주도하려는 회사를 선택해야 한다는 것을 인식해야 한다.

투자에는 항상 변화가 따르고 심지어 여러분의 원칙을 따라가는 기간에도 부작용이 생긴다는 점을 기억하자. 이것은 '좋은' 일만 하는 회사가 거의 없기 때문이다. 더 청정한 기술을 개발하는 회사가 여러분이 좋아하지 않는 활동도 하고 있을지도 모른다. 예를 들면, Scottish Power는 풍력의 큰 투자자이지만 그들은 또한 석탄을 때는 발전소를 소유하고 있다. 나의 견해는 여러분의 선택 기준은 실제적이어야 하고 너무 제한적이어서는 안 된다는 것이다.

_ 조언 : 만약 투자액이 많거나 SRI 연금정책을 실시하고 싶은 경우라면 나는

몇몇 조언을 들을 것을 추천한다. 요즈음 많은 재무 조언자들이 이러한 경우에 대한 경험을 가지고 있다. 하지만 친환경 기준이 여러분의 우선순위를 차지한다면 SRI 조언 전문가를 찾아보아야 한다. 기업의 연금체계가 SRI 기준을 포함하고 있을 수 있다. 이에 대해 더 알고 싶으면 여러분 스스로 그들에게 물어보아야 하며 공정한 연금(The Fair Pensions) 웹사이트를 찾아보도록 하자.

돈과 재무 관련 웹사이트

협력 은행(Co-operative Bank) · www.co-operativebank.co.uk
Greenpeace 인척 신용 카드(Greenpeace affinity credit card)를 포함하여 eco 표준을 가진 은행 업무의 전 범위 제공

- -

생태학 건설 협회(Ecology Building Society) · www.ecology.co.uk
녹색 건물 및 eco 혁신을 촉진시키는 저당과 저축예금 제공

- -

EIRIS · www.eiris.org
윤리적인 투자 정보를 제공하고 그들의 포트폴리오의 윤리적 구성을 개인 투자자에게 조언

- -

Equator Principles · www.equator-principles.com

- -

윤리적인 투자자 그룹(Ethical Investors Group) · www.ethicalinvestors.co.uk
SRI 기금에 초점을 맞춘 독립 재무조언자들. 여러분이 가장 좋은 기금을 선택할 수 있도록 많은 정보 제공

- -

공정한 연금(Fair Penshions) · www.fairpensions.org.uk
연금기금에의 책임있는 투자를 위한 캠페인

- -

Gaeia 투자 · www.gaeia.co.uk
SRI 기금을 전문화한 독립 재무조언자. 웹사이트는 여러분이 기금을 선택할 것을 돕도록 정보 제공

- -

Lyoyd TSB · www.lloydstsb.com

- -

Naturesave · www.naturesave.co.uk
여행보험, 건물보험 등 제공. 보험료의 10%를 환경계획에 투자

- -

Triodos 은행 · www.triodos.co.uk
지속가능 또는 윤리적인 기업에 주식 발행을 제안하는 녹색 저축은행

- -

기후변화를 위해 투자

아마 여러분은 여러분의 돈으로 세계적 충격인 기후변화에 대하여 어떠한 일을 할지 생각하고 있을 것이다. 나도 그러하다. 만약 증권거래소의 급작스런 붕괴, 나아가 전체 금융 체계가 붕괴된다면 여러분의 돈을 안전하게 보관할 곳이 거의 없다는 고통스러운 답변이 돌아올 것이다. 그러나 기후변화에는 투자할 곳이 몇 군데 있다.

가장 분명한 투자요소는 재생가능 에너지이다. 머지않아 전 세계는 태양과 바람 및 조력(潮力)과 같은 화석연료 대안을 찾을 것이다. 그리고 물을 생각하자. 수요는 계속 성장하고 있으나 공급은 향후 20년 내에 1/3이 떨어질 것이라고 예견된다. 따라서 물 관리와 폐수 회사는 주가가 뜨겁게 오르게 될 것이다. 실제로 어떤 종류든지 낭비를 줄이는 것은 좋은 사업이며 특히 재생 부분이 더욱 그러하다.

그리고 친환경 수송을 잊지 말자. 이미 여러분은 하이브리드 차를 사기 위하여 몇 달을 기다려야만 한다. 나는 확실히 어린 운전자에게 스포츠카를 팔거나 도시 거주자들에게 4륜구동차량을 판매하는 회사보다는 오히려 연료효율이 좋은 수송수단의 개발이 선두에 서 있는 회사에 투자하는 것을 선호한다. 같은 종류의 선택을 건축에서도 할 수 있다. 여러분은 건설사의 우선순위에 에너지효율을 고려하지 않은 데에 투자하고 싶은가? 이 기술에 투자하고 싶은 경우에 여러분은 Jupiter Green, Hendersons 또는 Impax와 같은 기금에 가입해야 한다. 여러분은 또한 이런 대안 중에서 투자시장에서 부상하고 있는 이 분야의 작은 기업들을 찾아낼 수 있을 것이다. 그러나 여러분이 증권시장을 경계하거나 다른 접근을 원한다면 Triodos Renewables에 투자할 수 있다. 여러분의 투자금은 지방공동체에 이익을 줄 재생에너지 프로젝트의 자금이 될 것이다.

● 다시 선물하라

나의 큰아들은 누군가가 자신이 사용한 포장지를 다시 받고 있다는 것을 알까봐 걱정이다. 그러나 능숙한 가위질과 여분의 셀로판테이프로 여러분이 할 수 있는 것은 놀랄 만하다. 선물에는 재활용 기회가 엄청 많다. 오래된 카드와 포장지를 재사용하는 것 외에도 여러분이 사용하지 않는 것들을 기부하는 것은 아무런 해가 되지 않는다. 특히 새로 선물 받은 사람에게 더 나은 기쁨이 될 것이다.

원하지 않는 선물을 몇 년 동안이나 두었다가 결국 내던지는 것보다 확실히 낫다. 혹시 주변에서 여러분이 가진 물건을 원하는 사람이 누구인지를 모르겠다면, Ebay에서 팔아보거나 Rag and Bone에 기부하자.

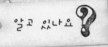

알고 있나요

매년 쓰레기통에서 나오는 포장지가 83k㎡에 달한다고 측정된다.

● Eco-공포

여러분이 카탈로그를 통해서, 시내 상점가 또는 쇼핑센터 어디에서 쇼핑하든지 간에 얼마나 많은 잡동사니(쓰레기)가 팔리고 있는지 믿어지지 않을 정도이다. 현재 나는 모든 사람이 무엇이 유용한지, 구입할 가치가 있는지에 관해 나와 같은 관점을 가지지 않는다는 것을 인정한다. 흥을 깨지 않는 것은 중요하지만 우리 대부분이 우리가 구입하는 선물과 장치들에 대해 좀 더 선택적임으로써 많은 돈과 쓰레기를 줄일 수 있다고 확신한다.

'eco-카탈로그'를 통해 물건을 구입하는 것은 분명히 도움이 되겠지만 이것이 여러분을 그 고리로부터 완벽히 떼어놓지는 않는다. eco-카탈로그는 여전히 꽤 낭비적인 물건들을 팔고 있다. 비록 재활용 재료로 만들어졌더라도 샤워 타이머를 구입함으로써 여러분이 지구를 위해 얼마나 많은 것을 할 수 있는지 확신할 수 없다. 그리고 대나무로 만든 여러분의 마우스와 컴퓨터 스크린을 대체하는 것의 이점 또한 의심스럽긴 마찬가지이다.

● 녹색 성탄절 되세요!

분명 아이들을 포함한 우리 개개인은 매년 평균 17개 정도의 크리스마스카드를 받는다. 이것은 하루에 1억 5000만 개에 달하고 전체 20,000톤의 쓰레기가 쓰레기장을 가득 채운다. 항상 만나는 이웃과 친구에게 카드를 보내는 것이 정말 필요한 일

크리스마스카드 재활용
2006년 숲 보존 재단은 쓰레기 1630톤에 비견할 만한 8200만 개의 크리스마스카드를 재활용했다.

일까? 우리는 누구에게 카드를 보낼지에 대해 훨씬 더 많은 고민을 할 필요가 있다고 생각한다. 그리고 우리가 이 습관을 도저히 못 버리겠다면 이메일로 대신하는 것은 어떨까? 이메일로 보내는 것은 카드를 전하는 데 소비되는 자원, 쓰레기, 연료 등을 아껴준다.

크리스마스 전등은 또 다른 충격이다. 특히 집집마다 축제햇불처럼 불을 밝히는 것이 최근 늘어나는 추세다. 나도 종종 아이들을 데리고 정말 정도가 지나친 전시를 보러 다니며 꽤 즐거워하고 있는 것을 인정한다. 하지만 이것은 에코 차원에서 행복하게 버려야 할 즐거움 중 하나이다.

크리스마스트리에 두세 개의 등불을 다는 것은 전기를 크게 사용하지 않기 때문에 용납할 수 있다. 하지만 트리 근처에 있지 않는 때에는 불을 끄는 것을 잊지 말자. 여러분이 잠든 때에도 크리스마스 분위기를 낼 필요는 없다. 그리고 새로운 전구를 사러 간다면, LED종류를 찾아보기 바란다. LED는 매우 넓게 활용되고, 오랜 시간 지속되며, 효율적인 에너지이기 때문이다.

인조 트리를 구입해 매년 사용한다면 그것은 실제 나무를 사서 버리는 것보다 훨씬 더 친환경적이다. 만약 여러분이 실제 나무를 꼭 쓰고 싶다면 뿌리가 있는 것을 찾아서 이식하라. 그것에 실패하면 그것이 재활용되는지 확인하자.

대부분의 협회가 나무를 조각내어 퇴비를 만들어서 뿌리덮개나 토양개량제로 사용한다.

● 꽃 을 선 물 하 지 말 자

오늘날 팔리는 절화(cut flower)는 많은 화학물질을 뿌린 플라스틱의 가짜일지도 모른다. 그리고 이렇게 흠 하나 없는 외관과 향기가 나지 않는 것은 때때로 차이를 분간하기 어렵다. 나는 절화를 좋아하는 편이 아니다. 먹을 수 있으며, 실용적이며 최소한 아름다움이 며칠 이상 지속되는 것을 훨씬 좋아한다.

이러한 가장 유행하는 선물에 대한 나의 혐오에는 몇 가지 이유가 있다. 첫째는 재배 시에 1헥타르당 꽃에 사용된 약 200kg에 달하는 엄청난 양의 농약이 그 이유다. 이 양은 다른 어떤 농작물에 소비되는 양보다 많다. 꽃에 남은 나쁜 잔여물 외에도 화학 스프레이는 원예농장 근로자들에게도 끔찍한 결과를 남기고 있다. 한 조사에 따르면 이들 절반가량이 농약 중독을 겪었다고 한다.

또 다른 문제는 그들이 하늘 위로 달리는 항공거리이다. 해마다 케냐에서 영국으로 약 3000만 송이의 꽃이 각자 6,400km의 여행을 한다. 이것만으로도 대기 중에 떠도는 33,000톤의 이산화탄소에 대한 책임이 있다. 다른 꽃들은 훨씬 더 심각할 수도 있는데 어떤 꽃들은 물통에 뿌리를 담근 채 비행을 하기 때문이다. 이는 물의 무게라는 추가적인 무게가 더해져서 그만큼의 연료가 더 소비된다. 심지어 지방의 온실에서 자란 꽃조차 온실을 데우는 데 필요한 열에너지 때문에 나쁜 건 마찬가지다.

이 나라에서 구매되는 모든 절화의 약 3/4 정도가 슈퍼마켓에서 포장된 다발로 팔린다. 내가 정말 놀란 것은 전문적인 유기농 슈퍼마켓조차도 유기농 꽃을 전혀 팔지 않는다는 것이다.

만약 여러분이 여전히 꽃을 사랑한다면 몇 년 동안 지속되는 말린꽃이나 실크꽃을 좋아하는 건 어떨까? 또는 여러분이 농약 피

좋은 꽃의 조건
· 마른 꽃 · 조화(실크꽃)
· 또는 꽃을 갖지 않는 것?
· 지방, 계절 꽃
· 여러분만의 꽃
· 신선한 생화

해를 피하고 싶다면 유기농꽃을 선택할 수 있을 것이다. 그리고 현재의 지방, 계절 꽃 또한 얻을 수 있다. 가장 최상의 선택은 만약 공간이 있다면, 여러분만의 꽃을 직접 기르는 것이다. 아파트에 사는 사람들도 화분에서 식물을 기를 수 있다. 하지만 물 주는 걸 기억해야 한다. 그렇지 않으면 여러분은 결국 절화들을 찾게 될 것이다.

선물과 행사 관련 웹사이트

대체기술센터(Centre for Alternative Technology) · www.cat.org.uk
많은 종류의 흔치 않은 친환경적 상품들이 이 가게와 카탈로그에 있음

- -

잘라냄(Cut Outs) · www.cutouts.net
재활용 재료로 만들어진 상품을 팔고, 재활용에 대한 인식을 고취

- -

환경천국(Ecotopia) · www.ecotopia.co.uk
세제를 포함한 다양한 종류의 환경친화적 상품을 판매

- -

프리사이클(Freecycle) · www.freecycle.org
만약 무언가를 버리길 원하거나 공짜를 찾는다면, 가까이서 찾아보자

- -

지구의 벗(Friends of the Earth : FoE) · www.foe.co.uk
녹색 크리스마스를 위한 20가지의 팁을 제공한다.

- -

녹색상점(Green Shop) · www.greenshop.co.uk
비즐리, 글로스터셔에 있는 상점에서 매우 광범위한 종류의 친환경 상품을 구매할 수 있고 우편 주문도 가능

- -

히피 쇼핑객(Hippy Shopper) · www.hippyshopper.com
기이하고 엉뚱하고 획기적인 상품 아이디어 리스트를 작성하고 그것들을 어디서 찾을 수 있는지 말해줌

- -

자연수집(Natural Collection) · www.naturalcollection.com
주방용품, 화장품, 세면도구, 의류 등을 판매

- -

Nigel의 에코스토어(Nigel's Eco-store) · www.nigelsecostore.com
친환경적 상품을 온라인으로 판매

- -

넝마와 뼈(Rag and Bone) · www.rag-and-bone.co.uk
버리기에는 상태가 좋은 것들을 선물로 제공

- -

흔들리는 사람(Wiggly Wigglers) · www.wigglywigglers.co.uk
계절 꽃이나 영국에서 자란 절화를 판매

- -

내 친구 아만다는 선물에 대한 내 생각이 완전하게 어리석다고 생각한다. 그녀는 세상에는 배터리 충전기나 에너지효율 전구를 선물로 받는 것을 기뻐할 사람들이 많이 있다고 믿지 않는다! 여러분은 결정하자. 선물은 선호도보다 알파벳 순서로 목록화했다.

- 배터리 충전기   재충전 가능한 배터리로 바꿔라.
- 에코 주전자   에너지 효율 주전자는 전기를 절약해준다.
- 에너지 계량기   이 영특한 감시 장치로 여러분이 얼마나 많은 에너지를 사용하는지 확인하자.
- 에너지 절약 전구   저녁을 먹으러 나갈 때면 종종 선물로 에너지 효율 전구를 가지고 간다. 나를 이상한 사람이라고 생각할지도 모르지만, 이것은 사람들이 에너지 절약에 관심을 가지게 만드는 놀라운 효과를 내곤 한다.
- 접이식 전기 자전거   만약 여러분이 자동차에서 자전거로 갈아타지 않는다면 그것은 언덕에서 페달 밟는 것 때문일 것이다. 한번 전기자전거를 사용해 보자. 그러면 그것을 기차와 버스 등에서 간편하게 가지고 다닐 수 있을 것이다.
- 대마(삼베) 패션   삼베로 만든 옷을 찾아보라. 시장에서 가장 친환경적인 섬유이다.
- 재활용 제품   옷, 문구류, 가방, 유리컵 또는 아이들 장화로 만든 바닥재 등 재활용 소재로 만든 제품을 찾아보라.
- 태양열 전등 및 용구   최근 태양열을 이용한 장난감, 전화기 충전기에서부터 계산기, 마당 전등에 이르기까지 다양한 제품을 얻을 수 있다.
- 물시계   배터리가 필요 없는 물시계를 찾아보라.
- 태엽 장치   배터리 사용을 피하는 또 다른 방법은 태엽 라디오, 태엽 손전등, 태엽 장난감을 찾는 것이다.

친환경적 죽음

무섭게 들릴지 모르겠지만 마음이 안정된 상태로 죽을 때를 대비하는 건 정말 중요하다. 더욱이 여러분이 환경 문제에 대해 관심이 많다면 더욱 그러하다. 장례식, 관(棺), 매장, 화장(火葬) 등에 대한 결정은 보통 관습에 따른다. 그래서 여러분이 대나무 관이나 조금 다른 것을 원한다면 여러분의 친척이나 친구들도 이에 대해 편안하게 생각할 필요가 있다.

● 몸 문 제

_ 땅으로 돌아가기 : 완벽한 친환경 생활양식으로 사는 건 어려울지도 모른다. 그러나 환경에 최소한의 영향을 주며 죽는 것은 더욱 어렵다고 보인다.

하나의 문제는 우리의 숫자가 너무 많다는 점이다. 약 600,000명의 사람들이 영국에서 매년 죽는다. 또 다른 문제는 큰 포유동물의 하나로서 우리 몸을 감싸고 있는 것이 적지 않다는 것이다. 그래서 우리 몸이 썩는 데 시간이 많이 걸린다. 관에 있는 시체가 썩기 위해서는 최저 75년이 소요되기 때문에 "재는 재로 먼지는 먼지로 돌아가다"(영국의 장례식에 쓰이는 말)는 말은 엄격히 보아 정확한 말이 아니다. 일부 토양상태에 따라서는 시체가 1세기 후에도 형태를 유지할 수 있다.

분해에 중요한 요인은 우리가 땅속 아주 깊이 매장되는 것이다. 그래서 지하 1.8m의 깊은 곳에는 공기가 희박하며 벌레도 없고, 우리를 흙으로 바꾸는 일을 할 극소수의 미생물만 있다. 사실 우리는 비료와 같은 흙으로 바뀌지는 않는다. 소름끼치는 진실은 우리가 천천히 썩거나 곪아서, 물속에 너무 오래 둔 화병 속의 꽃같이 된다는 것이다.

_ 방부처리는 하지 말자 : 나는 방부처리가 더 괴상하다고 생각한다. 시체가 더

살아 있는 것처럼 보이기 위해, 또 시체를 영원히 보존하기 위해 방부처리한다. 사실은 그것이 더 나쁘다. 몸속에 있는 피를 약품으로 대체한다. 일반적으로 포름알데히드가 쓰인다. 시체에게 분홍색 색상을 주는 착색된 빨강. 이것의 문제는 몸이 결국 썩더라도, 시간이 더 오래 걸린다는 것이다. 그 사이에 포름알데히드가 여과되어 나와 토양을 오염시킨다. 화장하더라도 약이 배출되어 토양을 오염시키게 된다.

몸은 냉장고 안에서 며칠 동안 있을 것이다. 보통 이 시간이 장례식 준비를 하는 시간이다. 몸이 오랫동안 보존되어야 하는 경우 냉동보존은 선택적이다. 아마도 다른 국가로 돌아가야 하는 사체의 경우에는 방부처리를 필요로 할 것이다. 하지만 알코올도 종종 사용될 수도 있다.

몸을 방부처리하는 것은 의외로 지금도 관행이다. 어떤 사람은 장례회사가 그것을 추천하기 때문이라고 한다. 그렇게 하면, 장례회사는 서비스에 대한 더 많은 보수를 받을 수 있다. 여기 두 개의 국내의 선도(leading) 장례회사가 있다. '상조(Co-op)'와 '위엄(Dignity)'이다. 둘 다 방부처리를 기본으로 한다. 그들은 그것을 위생처리라고 부르고 있다. 여러분은 그것을 원하지 않는다고 말할 권리가 있다. 하지만 만약 그들이 방부처리하지 않으면 시체가 보기 좋지 않을 것이라고 말한다면, 물론 기분이 언짢아질 것이다.

해초로 만들어진 좀 더 친환경적인 방부처리 해법이 있다. 내 생각은 우리 모두가 방부처리를 하지 않는 게 더 좋다는 것이다.

새에게 먹이다

전 세계적으로 인구가 이렇게 많이 있지 않았을 때에는 일반적으로 우리 몸은 야생동물을 살찌웠다. 현재에 이러한 접근은 매우 생소하게 여겨진다. 그리고 이것은 전부 없어진 것처럼 보인다.

인도의 파시교인은 죽은 자를 독수리들이 먹을 수 있도록 공터의 열린 단상 위에 놓아 둔다. 이것은 아주 신속하고 효율적인 재활용 방식이다. 하지만 불행하게도 독수리 수는 20년이 지난 후 8500만에서 3000~4000마리로 줄었다. 그 이유는 보통 암소, 양 및 산양에게 주는 항생제 탓이라고 여겨진다. 이러한 항생물질이 있는 짐승을 먹은 새들이 중독되어 죽는 것이다. 나는 파시교인이 죽음에서 삶을 끌어내는 또 다른 방법을 찾기를 바란다.

_ 화장터 : 한 가지 나를 항상 성가시게 하는 것은 화장장에서 관이 시체와 함께 탄다는 것이다. 그 이유는 화장은 몸 밑에 딱딱한 관이 아궁이 속으로 들어가도록 고안되어 있기 때문이다. 하지만 최근의 조사는 화장의 약 1/2에서 그것을 지지할 판자가 있는 한 시체백이나 수의를 용인하고 있음을 보여준다.

몇몇 화장터는 실제 빨리 태우고 환경오염을 줄인다는 이유로 친환경 관을 사용하는 사람들에게 할인혜택을 주고 있다. 화장장에서 배출되는 것들은 정말로 문제가 된다. 과거에는 PVC가 들어간 관이 큰 논쟁거리였지만 더 이상 그것은 허락되지 않는다. 현재는 씌운 치아에서 나오는 수은 배출과 다이옥신이 가장 큰 골칫거리가 되고 있다.

죽음에 관한 팁들

- 장기를 기증하자.
- 방부제 처리를 거부하자.
- 시체를 매장하거나 화장하기 전에 모든 보석과 금니를 제거하자.
- 시체에 최소한의 옷만을 입히자.
- 삼과 같은 천연섬유로 된 옷을 시체에 입히자.
- 친환경 관을 선택하자.
- 화장하자.
- 만약 시체를 매장한다면 다른 목적으로 사용될 장소를 찾아 보자.
- 묘비를 세우지 말자.

최근 북해물고기의 수은 오염은 11%가 화장장에서 유래하고 이것은 앞으로 10년 안에 거의 1/3까지 늘어날 것으로 전망된다. 왜냐하면 최근의 노년세대에게 치아보철이 급격하게 증가하고 있기 때문이다. 2012년까지 국내의 화장장은 배출을 없앨 수 있는 오염조절장치를 갖추어야 한다. 이것은 대단히 비싸고 배치 시에 대량의 수은을 남길 것이다.

나는 왜 화장하기 전에 보철한 치아를 제거하지 않는지 궁금하다. 이것은 고려되었지만 비현실적, 비과학적으로 느껴졌다. 그리고 그것은 문제의 일부밖에 해결하지 못한다.

화장장에서 방출되는 유독한 오염물질은 그렇다 하더라도 에너지와 기후변화 충격은 진짜로 고려되어야 할 것이다. 화장시 발생하는 열에너지가 정말 유용하게 되기 위해서는 화로가 계속 작동해야만 하기 때문에 이것이 비록 쉬운 일은

아니었지만, 생성될 열을 회수하기 위한 실험
이 몇 번 있었다. 이것은 더욱 특별한 기초 위
에서 이루어지는 것이기 때문에, 나는 화장이
연료전지에 쓰이는 수소를 생산할 수 있는지 궁
금하다.

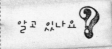

그러나 잔인한 현실이 남아 있다. 우리 몸을 태우는 것은 환경 재해이다. 대기로의 배출오염을 억제하려는 노력 또한 재정적으로 큰 부담이 되기 때문이다. 대신 우리는 몸의 처리에 관한 우리의 전체적인 접근방식을 재고할 필요가 있다.

_ 냉동 건조된 몸 : 영국에서 냉동 건조되는 것은 아직 가능하지 않다. 그러나 곧 가능할 것이다. 그 아이디어의 배후는 시체를 흙으로 가능한 한 빨리 만들기 위한 것이다.

몸과 관은 극단적으로 부서지기 쉽게 건조시키는 액체질소에 노출된다. 그 후 기계의 진동은 그것을 산산조각낸다. 마지막으로 옥수수 녹말 관의 얕은 무덤에 매장하게 되는 인스턴트 커피같이 건조한 과립(顆粒)이 된다. 잎 또는 다른 식물의 파편과 같이 몸(지금 그것의 무게는 본래의 단지 30%)은 6~9개월이 지나면 흙이 된다. 이것은 나무 키우기에 이상적일 것이다.

이러한 접근은 매장 또는 화장에 대한 '친환경' 대안일 수 있다. 이것은 확실히 배출 문제를 제거한다. 그리고 좋은 것은 병원, 비행기 등에 쓰이는 순수 산소를 만드는 데 질소가 부산물로 생산된다는 것이다.

_ 매장 : 교회 묘지는 대략 1850년까지 재사용되었다. 무덤 파는 일꾼은 일단 교회 묘지의 맞은편에 그들의 방법대로 매장하고 그 후에 전에 그들이 한 번 사용한 공간에 다시 재매장한다. 현재는 무덤 재사용은 다른 유럽지역에서는 합법이지만 영국에서는 불법이다. 그 결과로 우리는 공간부족에 처해 있다. 묘지에

대한 전체 관념, 개인적 소구획이자 묘석이 영원한 휴식처임을 알린다는 생각은 재고할 필요가 있다. 오래된 무덤을 파내고, 매장지를 재사용하며, 몸 위에 몸을 파묻는다면, 불가피하게 격렬한 저항이 있을 것이다. 여러분은 6개의 구멍에 3개까지 관을 적합하게 사용할 수 있다. 조금 더 대중적 아이디어는 공원묘지이다. 영국에는 지금 200개 이상 공원묘지가 있다. 일반적으로 친환경 관 또는 재와 자연 공원, 삼림 지대, 또는 동물이 풀을 뜯어먹기 위해 계속 사용될 지역에 만들어지도록 제안한다.

> ### 뼈 저장
>
> 매장을 위한 아이디어는 대부분 묘소에 널리 퍼져 있는 단단한 찰흙 땅을 모래로 대체하는 것이다. 이것은 극적으로 분해의 속도를 증가시킬 것이다. 몸은 한정된 기간, 말하자면 20년 동안 얕은 무덤에 묻힌다. 그 후 모든 뼈가 제거되고 나서는 누군가 다른 사람이 이 땅을 사용한다. 이것이 독일에서의 일반적인 관행이다.

제일 좋은 위치에는 묘석을 허용하지 않으며 잔디를 1년에 2번 이상 베어내지 않기 위하여 국부적으로 나무 종을 지정하고, 야생 생물을 보호하는 상세한 계획이 있다. 그러나 주의해야 한다. 땅을 너무 가꾸려고 하는 경우에는 오히려 자연묘지 대상을 파괴하여 묘지로밖에는 쓸 수 없는 땅이 된다.

지구의 공간문제 때문에 우주로 시체를 방출시키는 것이 좋은 아이디어라고 생각할지도 모른다. 나는 이것이 시체 처리에 관한 이기적인 접근이라고 생각한다. 우주여행의 기후변화 충격은 더욱 끔찍하다.

● 관 이 야 기

'친환경' 관은 현재 대부분 장의사에서 만들어지고 대략 5%가 팔려나가지만 어떤 것들이 가장 친환경적이고, 무엇이 여러분에게 적합한지를 결정하기란 쉽지 않다. 여기 몇 가지 예가 있다.

단단한 나무 관 (나의 점수 : 1/10) | 단단한 나무 관은 오크나무로 만들지만 요즘에는 일반적이지 않다. 그것은 비싸고 아마도 환경적으로는 최악의 선택일 것

이다. 왜냐하면 단지 우리는 아름다운 나무를 버리고 있기 때문이다. 그래도 꼭 나무 관을 사용해야 한다면 여러분은 그 나무가 FSC에 의해 인증되었다는 것을 확인해야 한다.

소나무 관 (나의 점수 : 5/10) ┃ 간단한 소나무 관은 강도 높은 목재에서 개량한 것이다. 소나무는 매우 빨리 자라기 때문이다. 하지만 여러분은 다시 한 번 그것들이 FSC에 의해 인증되었다는 것을 확인할 필요가 있다.

나무 토막 관 (나의 점수: 포름알데히드 : 3/10 ┃ 포름알데히드 미포함: 8/10) ┃ 오늘날 대부분 관은 나무토막으로 만든다. 버린 나무 조각을 모아 포름알데히드와 섞어서 사용한다. 만약 그것들이 독성의 접착제가 아니라면(나는 포름알데히드가 없는 나무조각 관에 대해 어떤 것도 알고 있지 않다) 이것은 좋은 재활용 재료가 될 것이다.

마분지 관 (나의 점수 : 9/10) ┃ 다양한 종류의 마분지 관이 있지만 그것 중 대부분은 직접 조립하는 방식이다. 여러분은 그것들 중 무색의 마분지 관이나 흰색 마분지 관(기본적인 마분지 관)에다가 색을 칠할 수도 있고 그림을 그릴 수도 있다. 하지만 많은 사람들은 기본적인 색깔을 선호한다. 그들은 많은 양이 재활용될 수 있다고 확신한다.

버드나무 관 (나의 점수 : 7/10) ┃ 버드나무 목재는 동일한 절기 안에 성장하는 나무에서 수확된다. 1그루의 나무는 대략 35~40년간 계속해서 수확할 수 있다.

대나무 관 (나의 점수 : 8/10) ┃ 대나무는 잔디와 같이 자르면 빠르게 재생된다. 흥미롭게도 대나무는 산소를 생산하고 기후를 변화시키는 이산화탄소를 흡수하는 식물이다. 그리고 여러분이 알다시피 모든 물량은 중국으로부터 수입된다. 중국에서 영국까지 운송되는 연료의 양을 수량으로 나누면 자동차로 3마일 가는 데 필요한 연료의 양과 같다.

Ecopods (나의 점수 : 9/10) ┃ 나는 이러한 모양의 관을 좋아한다. 이것은 콩껍질같이 유선형으로 디자인되었다. 식물에 근거하는 접착제와 함께 재생 종이로 만들었기 때문에 친환경적이다. 게다가 친환경 페인트를 쓴다. 남은 재료는 물에

희석해서 재생할 수 있다. 그것은 수작업으로 만
들어져서 비싸지만 최근에 대량생산이 시작되었기
에 값이 인하될 것이다.

재사용하는 관 (나의 점수 : 7/10) | 이 관의 개념은 시체를 마분지관에 넣은 다
음, 이 관을 모두가 보는 외부의 예쁜 수제(手製) 관에 넣는다는 것이다. 매장할 때
외부 관의 뚜껑이 열리면서 내부 관이 미끄러져 나온다. 관의 밖은 우리 모두가
볼 수 있다. 하지만 시체가 묻힐 때는 그것은 아무에게도 보이지 않는다. 그렇기
때문에 이를 재사용한다면 많은 사람들에게 경제적인 이득을 줄 수 있다.

옷가지와 장식품의 기념비 | 관을 덮는 천에 대한 염려를 극복하는 또 다른 아
이디어로는 천으로 만든 보로 관을 덮는 방법이 있다. 기독교의 가운같이 이것은
다음 세대로 전해줄 수 있다. 단순한 관이 보여줄 시각적 염려를 극복할 수 있는
한 가지 좋은 방법은 장식된 덮개나 천으로 관을 씌우는 것이다. 기독교 세례식
에 입는 가운같이 사용한다면 여러 세대를 걸쳐 물려줄 수도 있을 것이다. 다른
방법으로는 같은 덮개 천을 사용하는 사람들을 위해 특정한 상징을 자수로 수놓
는 것이다.

● 나의 의지

나는 항상 독수리나 다른 야생동물에 의해 먹히는 방식을 좋아하지만 현재
는 실현가능하지 않다고 평가한다. 나의 주요 의지는 내 시체가 가급적 빨리 영
양소로 바뀌는 것, 그리고 포장은 최소화하는 것이다. 이러한 것을 고려해 볼
때 냉동 건조과정이 좋은 선택일지도 모르겠다. 아니면 나무숲에 얕게 매장되
는 것을 선택하고 싶다. 이상적으로는 나는 관이 없길 바라지만, 그러나 차라리
Ecopod를 선호한다는 걸 인정한다. 마지막 이별의 순간 지인들에게 아마 관대해
질 것이다(마음대로 하자). 나는 나의 유체 위에 나무가 자라고, 인터넷상에서 추억
되길 바란다.

친환경 죽음 관련 웹사이트

자연 묘지 협회(Association of Natural Burial Grounds) · www.anbg.co.uk
자연사망센터(Natural Death Center)가 운영. 여기에서 발행한 자연사 수첩(Natural Death Handbook)에는 200여
개소 묘지에 관한 상세한 내용이 실려 있음.

자연대나무 관(Bamboo Eco Coffins) · www.ecoffins.co.uk
대나무와 버드나무 관 판매

에코파드(Ecopod) · www.ecopod.co.uk
에코파드 관 제작

영원한 사주(Eternal Reefs) · www.eternalreefs.com
화장장에서 재를 통합하는 인공 사주(砂洲)를 만들어낸다.

숲 청지기직 위원회(Forest Stewardship Council/FSC) · www.fsc-uk.org
계속 유지할 수 있는 나무의 증명서 계획

녹색 결말(Green Endings) · www.greenendings.co.uk
런던과 M25 지구에 대한 장례식 조정

추억의(Memory of) · www.memory-of.com
추억하는 웹사이트

자연사 센터(Natural Death Centre) · www.naturaldeath.org.uk
"녹색" 장례에 광대한 정보를 그들의 자연사수첩(Natural Death Handbook)에서 제공

천연 삼림지대(Native Woodland) · www.nativewoodland.co.uk
천연 삼림지대 매장지 안내

기관과 조직 기부금 · www.organdonor.gov
기관과 조직 기부금을 기부하는 공식적인 웹사이트

프로메사(Promessa) · www.promessa.se
냉동건조 과정을 개척한 스웨덴 회사

삼림지대 장례(Woodland Burials) · www.woodlandburials.co.uk
장례식의 유무에 관계없이 매장을 안내

06

결론 – 앞으로의 길

● 얼마나 많은 행성이 필요한가?

나는 1961년에 태어났다. 1961년은 거꾸로 뒤집더라도 1961년으로 표기되는 해이다. 뒤집더라도 숫자는 변하지 않지만 나의 출생 이후 45년 동안 세상은 뒤집혀졌다.

놀랄 만한 사실은 40년 전 모든 세상 사람이 우리와 같은 라이프스타일로 살 수 있었다는 것이다. 그랬다면 지금 우리에게는 이러한 생활을 유지하기 위해서 행성 세 개가 필요했을 것이다. 그리고 만약 우리 모두가 일반 미국인(감사하게도 우리 모두는 아니다)처럼 살기를 원한다면 우리에겐 6개의 행성이 필요할 것이다. 세계적 규모로 인간은 지구가 생성할 수 있는 것보다 더 많은 자원을 매년 사용하고 있다. 얼마나 더 이것을 지속할 수 있을까?

우리가 생활수단을 초과하여 사는 주요 이유는 꽤 단순하다. 그것은 지구상의 인구수와 우리의 소비량에 귀착된다. 몇몇 사람은 우리가 소비하는 것에 대한 관심은 너무 많고 우리의 존재가 얼마나 많은지에 대한 관심은 충분치 않다고 우려한다. 나는 이 견해에 어느 정도 공감한다. 나는 우리가 지구 인구를 감소시킬 조처를 취해야 한다고 믿는다. 최소한 인구성장을 제한할 최소한의 시도를 해야 한다고 믿는다. 나는 또한 이 문제가 얼마나 잔인하게 논쟁적인지 알고 있다. 그래서 나의 초점은 개인으로서의 우리가 할 수 있는 것, 우리의 생활습관에서와 기술을 통한 것의 2가지에 맞추어져 있음을 기쁘게 생각한다.

● 효과 내기

최상위의 관점은 소비자가 변화를 위한 힘을 가졌다는 것이다. 이 말에 반대하는 자들은 이런 말을 한다. 소비자들은 철저하고 충분한 힘을 가지고 있지 않고, 오직 정부만이 강력하게 문제를 해결할 수 있다고 주장한다. 나는 이 말에 전혀 동의하지 않는다.

개인적인 활동은 성과를 만든다. 특히 수백만이 함께할 때 효과를 낸다. 심지어 더 중요한 사실은 우리가 하는 것은 우리가 믿는 것의 매우 강력한 지표라는 것이다. 그리고 사업가와 정부 양자는 여론에 반응하고, 또 반응해야만 한다. 그렇지 않으면 우리는 그들의 상품을 사지 않고 그들에게 투표하지 않을 것이기 때문이다. 그렇기 때문에 소비자들이 그들의 행동을 바꾸지 않는다면 사업자와 정부 역시 바꾸지 않을 것이다.

그러나 우리는 모두에게 들어맞는 보편적 지원은 결코 없다는 사실에 직면해야만 한다. 채택된 어떤 중요한 규칙들도 거기엔 승자와 함께 패자도 존재함을 의미하게 될 것이다. 진짜로 열심히 일한 자는 필요에 의해 보상받겠지만, 또

캐비아 질문

고려해보자. 캐비아를 생산하는 철갑상어의 곤경은 균형과 관련 있음이 분명하다. 우리는 철갑상어 비축량을 관리하고, 서식지를 유지하며 캐비아 판매를 제한하려고 노력함으로써 이를 관리할 수 있다.

그러나 또 다른 다음과 같이 의견이 있다. "도대체 무슨 말 하는 거야? 어쨌든 철갑상어는 다 죽을 거야. 그래서 나는 철갑상어가 다 죽기 전에 가능한 한 캐비아를 많이 먹을 거야."

이 두 가지 대비되는 접근방법은 내가 최근에 가입한 사치품 브랜드 회의에서 투표에 붙여졌다. 결과는 거의 50:50이었다.

다른 많은 사람은 단지 그들의 방식을 바꾸어야만 한다. 그리고 그것은 어려운 일일 수 있다.

● 가장 해야 할 것과 하지 말아야 할 것!

긍정적인 면은 과거에 직면했던 문제를 의식한 사람들보다 오늘날 우리가 직면하는 문제를 의식하는 사람 수가 훨씬 많다는 것이다. 좋지 않은 점은 우리가 어떻게 대응할 것인가에 대한 의견에 커다란 차이가 있다는 것이다. 분명한 건 시간이 흐르면 흐를수록 문제는 더욱 심각해진다는 것이다. 우리는 지금 무엇인가를 해야만 한다. 그리고 내가 말하고 싶은 부분은, (단지 재활용을 의미하는 것이 아니라) 우리가 할 수 있는 일이 대단히 많다는 사실이다.

이 책, The New Green Consumer Guide는 아이디어로 충만하다. 그리고 다음 페이지는 가장 해야 할 것과 하지 말아야 할 것들의 목록이다.

해야 할 것	하지 말 것

해야 할 것

· 에너지 효과 전구를 사용하자.
· 집을 단열 · 방음하자.
· 옷을 저온에서 세탁하자.
· 재충전 가능 전지를 사용하자.
· 지역에서 나는 계절 음식을 먹자.
· 주변사람들과 차량을 동승하자.
· 할 수 있는 만큼 재생하자.
· 세면장에 물 저축 장치를 설치하자.
· 돈을 책임 있게 투자하자.
· 친환경 장례를 실천하자.
· 재생 물질로 만든 제품을 사자.
· 나무 및 종이제품에 FSC 증명서가
  붙어 있는지 검사하자.
· 자전거를 타거나 걷도록 하자.
· 종이 양쪽에 인쇄하자.
· 재사용할 수 있는 쇼핑백을 사용하자.
· '친환경' 전기 공급자로 전환하자.
· 에너지 효율이 좋은 전기제품을 구입하자.
· 목욕보다는 샤워가 좋다.
· 새 물건을 사기보다 수선, 사용하자.
· 방을 떠날 때 불을 끄자.
· 보일러에 격리 재킷을 두자.
· 선물 포장지를 재사용하자.
· 유기 용기를 사자.
· 자연 음식을 먹자.
· 염료와 화학제품에서 오염을 감소시키기 위한
  노력을 패션 소매상인에게 요구하자.
· 비행기 여행을 줄이거나 없애자.

하지 말 것

· 병에 넣은 물을 사는 것
· 비행기로 들여온 상품 또는 음식을 사는 것
· 너무 많은 옷을 사는 것
· 컴퓨터, 텔레비전 및 다른 장비를 대기상태로
  두는 것
· 금 또는 다이아몬드를 사는 것
· 휴일 목적지로 비행하는 것
· 많은 고기를 먹는 것
· 블랙리스트에 있는 물고기를 사는 것
· 가스 폭음 차를 운전하는 것
· 집을 필요 이상으로 뜨겁게 유지하는 것
· 전기건조기를 사용하는 것
· 에어컨을 설치하는 것
· 원하지 않는 선물을 버리는 것
· 잔디밭을 카펫처럼 보이게 하는 것
· 가스난로나 화석연료를 이용하는 것
· 휴대 전화를 자주 바꾸는 것
· 일회용 카메라나 바비큐 기계를 사는 것
· 백열 할로겐램프를 사는 것
· 빠르게 그리고 불규칙하게 운전하는 것
· 토탄을 이용하거나 토탄에서 성장한 식물을
  사는 것
· 과하게 포장된 상품을 구매하는 것
· 면세라는 이유로 불필요한 주류를 구매하는 것
· 꺾어버린 꽃을 구매하는 것
· 차량을 공회전하는 것
· 집(또는 사무실)을 과열하는 것

나의 희망목록 20

우리 문제의 해결책을 여전히 찾아낼 수 있다는 믿음은 매력적이다. 나는 이것이 그 경우라고 생각지는 않지만, 이룰 수 있고 효과를 낼 수 있는 희망목록 20가지를 그려보았다. 이러한 변화를 만들어 나가는 데 있어서 가장 큰 장애는 동기(動機) 부족이다. 거기에 친환경 소비자가 들어올 이유가 있다. 만약 우리가 아래와 같은 종류의 발안에 대하여 지지한다면, 우리는 그것들이 실제 일어나게 만들 수 있다. 만약 우리 다수가 함께 일하며, 편지를 쓰고, 쇼핑습관을 친환경화하고, 우리의 전망이 알려진다면, 우리는 소비자(동시에 시민)로서 이 세상을 더 좋게 바꾸는 데 우리의 투표권을 사용할 수 있게 될 것이다.

1. **에너지를 분산되도록 전환하자** 석탄, 가스나 핵을 이용한 대규모 집중 발전소 대신에 우리 가정 주변에서 만들어진 에너지를 생산하기 위한 시스템을 설치해야 한다.

2. **바다에서 얻는 에너지** 우리가 파도와 조력에 투자를 더 한다면 우리는 필요한 에너지의 상당부분을 바다로부터 얻을 수 있다.

3. **썩는 쓰레기의 메탄을 이용하자** 썩는 쓰레기에서 배출된 가스는 차량을 움직이고 빌딩에 열을 가하는 엄청난 잠재력이 있다.

4. **전기 요금을 바꾸자** 전기회사가 고에너지 사용자에게 더 많은 요금을 부과하도록 요구하자.

5. **친환경 건물 정책** 모든 신축 건물은 에너지와 물 사용량이 최대한 효율적이어야 한다.

6. **에너지 효과적 점등 요구** 모든 새로운 조명기구는 에너지 효과가 큰 전구를 사용해야 한다.

7. **전국적으로 물 사용 기준을 제시하자** 물 사용 기준은 모든 영국 가구에 맞춰져야 한다.

8. **친환경적인 냉각을 하자** 여러 종류의 수송 차량, 슈퍼마켓 및 다른 소매상인이 사용하는 냉각가스는 친(親)기후변화적이어야 한다.

9. 컴퓨터와 전자쓰레기를 재생하자 컴퓨터 또는 전자쓰레기는 매립 처리되지 않으며, 대부분이 재생가능하다.

- -

10. 숲을 보호하자 엄격한 조치가 콩기름이나 팜유를 얻기 위한 농업의 확장으로부터 숲을 보호하기 위해 도입되어야 한다.

- -

11. 지역에서 구매하는 물고기 우리는 가까운 거리에서 잡힌 물고기를 구매해야만 한다.

- -

12. 연료효율 차의 입법화 모든 신차는 갤런(4.546 l ; 미국에서는 3.7853 l)당 최소 50마일은 가야 한다.

- -

13. 자동차의 에어컨을 제한하자 자동차의 에어컨 장치는 값비싼 차의 옵션이어야만 한다.

- -

14. 친환경적인 여행에 인센티브를 제공하여야 한다 혁신적이고, 값이 싼 공공수송기관체계는 카풀제도와 함께 영국 전역에 소개되어야 한다.

- -

15. 공항 확장을 멈추자 새로운 공항과 활주로는 건설되지 않아야 한다.

- -

16. 비행료를 올리자 항공 운임이 더 비싸져야 한다. 자동차 연료와 같은 방식으로 항공 연료에 과세해야 한다.

- -

17. 항공수송 수입품을 금지해야 한다 만약 항공을 통하여 들어온다면 그것이 과일이든 꽃이든 수입을 중단해야 한다.

- -

18. 대마 산업을 장려해야 한다 모직에 사용하기 위하여, 면의 많은 부분이 대마로 바뀌어야 한다.

- -

19. 오래된 금 및 합성 다이아몬드를 이용하자 새로운 금 또는 다이아몬드를 채굴하지 말아야 한다. 오래된 금 및 합성 다이아몬드를 이용하자.

- -

20. 친환경 죽음 법을 개정하여 냉동건조시체, 얕은 매장 그리고 묘지의 재사용을 허용해야 한다.

햄힐(Ham Hill)

서머셋의 햄힐에 있는 기념비는 나의 기억에 확고하게 새겨져 있다. 내가 자란 집에 있는 침실 창에서 그것을 볼 수 있었다. 내가 여덟 살 때 간 기숙학교로부터, 또 내가 18세에 집을 떠나 살게 된 런던에서부터 나는 자주 고향에 돌아와 맑은 날이나 비가 오는 날이나 철기시대에 주변지역을 지배하던 요새였던 채석장 언덕의 위아래를 달리면서 오후를 보냈다.

내가 1995년에 서머셋으로 돌아왔을 때, 틴틴헐(Tintinhull)에 있는 국가신탁주택(National Trust house)으로 이사를 하였다. 틴틴헐은 햄힐의 그늘 속에 있었고 그 맞은편에는 나의 어렸을 적 고향집이 있었다. 내가 집을 빌려 살았던 그 10여 년 동안 세 명의 아들 중 두 명이 위층 침실에서 태어났다.

비록 나는 화장을 바라지는 않지만, 때때로 나의 재가 햄힐에 뿌려지는 것을 생각해 보았다. 이제는 내가 죽으면 냉동건조된 유체를 가까운 곳 어딘가에 낙엽더미 아래 흩뿌리는 것이 가능하리는 걸 알고 있다. 그리하여 나는 삶과 죽음을 한 바퀴 돌아 제자리로 오게 될 것이다.

세계 여행

학교를 마치고 곧 나는 1년을 파리에서 보냈다. 노숙자나 길거리 악사도 아니었지만 꽃을 팔고 은박지로 감싼 프라이팬, 강아지 똥 부삽을 팔았다. 런던으로 돌아왔을 때 나의 경력은 더 이상 쓸모가 없었다. 나는 테디베어를 셀프리지스(영국의 유명백화점)에서 팔고 셔츠와 점퍼를 집집마다 다니면서 판매했다. 그리고 몇 개월을 Metal Box 공장에서 푸딩 요리사로 일을 하였다.

이후 남아메리카와 중앙아메리카를 여행하면서 나는 열대우림이 잘려나가고, 지방인구의 도시 이주와 함께 빈민가가 광대하게 퍼져나가는 것을 보게 되었다. 조금 더 개인적인 수준에서는 나의 동료 선원들이 호화로운 경주용 요트 위에서 온갖 종류의 쓰레기를 바다에 내던지는 것에 소름이 끼쳤다. 당연히 이 여행에는 항공여행도 포함되어 있다. 당시에는 이에 대한 논쟁거리가 전혀 없었다. 이제 항공여행이 기후변화에 끼치는 영향을 생각할 때, 붕 하고 지구 주위를 날아가는 이러한 방법이 우리를 생각하게 만든다. 여행의 경험에서 더 많은 사람이 지구온난화의 위험을 깨달을 수 있다. 반면에 우리의 여행 습관은 문제를 더 심각하게 만든다.

녹색 소비자

나는 동쪽과 서쪽 해안을 경유해서 중앙아메리카에서 돌아왔고 러시아워 시간에 롤러스케이트를 타고 브로드웨이로 가는 것을 배웠다. 이것을 나는 런던에서도 계속하였다. 이번에는 북캔싱턴(North Kensington)에서 반스(Barnes)까지인데, 여기에서 나는 존 엘킹턴(John Elkington)과 같이 일했다. 그와 나는 1986년에 힘을 합하여 지속가능성(SustainAbility)이란 회사를 설립하고 계속해서 『그린 컨슈머 가이드 Green Consumer Guide』란 책을 집필하였다. 이 책은 전 세계에 1백만 권이 팔려 나갔다. 나는 우리가 그것을 쓰지 않았더라도 누군가는 썼을 것이라고 믿는다. 이 책은 시대에 딱 맞는 책이었다. 존의 생각은 사업이 친환경화(化)가 될수록 더 많은 고객을 불러들인다는 것을 사업가들이 알게 되면 사업은 더 친환경화될 것이라는 것이다. 나는 다른 방향에서 그것을 보고 있다. 대부분의 사람들이 자신의 쇼핑 습관이 환경에 주는 영향을 알면 더 나은 친환경적인 선택을 할 것이다.

존이나 내가 예상하지 못한 것은 기업계의 반응이었다. 우리는 컨설턴트로서, 그들 역시 환경문제의 중요성을 인식하고 있으나 과연 자신이 무엇을 할 수 있는가라고 말하는 회사들에게 공격을 당하였다. 슈퍼마켓 중에서 그게 특별히 눈에 띄었다. 심지어 지금 이 시간에도 환경관리자를 임명하기에 바쁘다는 걸 알게 되면 여러분은 놀랄 것이다.

기후 현황

『그린 컨슈머 가이드』가 출간된 지 거의 20년이 되었다. 중간시기에 나는 그 주제에 관해 여러 책을 썼고, 브리티시 항공사, ICI, 마크 앤 스펜서, Procter & Gamble 등 기업의 컨설턴트로 일했으며, 전 세계적으로 강연을 했다. 『지속가능성』을 빼면, 지금 나는 프리랜서이다. 현대어로 하면 포트폴리오 근로자라고 할 수 있다. 내가 자주 설명하는 것은 내게 모자가 많다는 것인데 그게 모두 초록색이다.

몇 년 전에 우리 가족은 지금도 개조 중인 빅토리안 농장으로 이사를 갔다. 나의 경험들 중 몇몇은 새로운 『뉴 그린 컨슈머 가이드』에도 들어가 있다. 예를 들어 친구의 부엌 기구를 재사용하는 것과 적당한 에너지효율 전구를 찾는 일 등이다. 하지만 여전히 나는 앞으로 할 일이 많이 있으며 나의 웹사이트(www.juliahailes.com)에 보고서를 올릴 것이다. 또한 나의 컨설팅 일과 강연에 관한 소식도 거기에 있을 것이다. 세계는 환경문제를 인식하였고 그 결과 사람들이 내가 하는 일에 대해 지지한 올해는 내게 굉장한 한 해였다. 그러나 아직도 나는 해야 할 일 투성이다. 하지만 나는 햄힐을 시야에서 놓지 않았다. 나는 다만 다른 쪽으로 관심을 옮겼을 뿐이다.

_2007년 2월, 서머셋에서

여러분이 지구를 도울 1개의 혁신적인 아이디어 또는 여러분 자신의 목록이 있을 것이다. 나에게 이메일을 보내고(julia@juliahailes.com) 무엇인지 설명해주길 바란다. 나는 각자에게 답해주도록 노력할 것이다. 그리고 가장 좋은 아이디어를 나의 웹사이트에 올릴 것이다. **www.juliahailes.com**

뉴 그린 컨슈머 가이드